# 创意写作教程

CHUANGYI
XIEZUO
JIAOCHENG

**主　编**　李洪华　李建军　冯　昊
**副主编**　龚奎林　唐东堰　刘旭东

百花洲文艺出版社
BAIHUAZHOU LITERATURE AND ART PRESS

**图书在版编目(CIP)数据**

创意写作教程 / 李洪华，李建军，冯昊主编.—南昌：
百花洲文艺出版社，2025.7.　-- ISBN 978-7-5500-5426-4

Ⅰ. H193.6

中国国家版本馆 CIP 数据核字第 20257JU087 号

CHUANGYI XIEZUO JIAOCHENG

# 创意写作教程

李洪华，李建军，冯昊　主编

| | |
|---|---|
| 出 版 人 | 陈　波 |
| 责任编辑 | 周　晓 |
| 书籍设计 | 温　霞 |
| 制　　作 | 胡红源 |
| 出版发行 | 百花洲文艺出版社 |
| 社　　址 | 南昌市红谷滩区世贸路 898 号博能中心Ⅰ期 A 座 20 楼 |
| 邮　　编 | 330038 |
| 经　　销 | 全国新华书店 |
| 印　　刷 | 江西骁翰科技有限公司 |
| 开　　本 | 720 mm × 1000 mm　　1/16 |
| 印　　张 | 21.5 |
| 版　　次 | 2025 年 7 月第 1 版 |
| 版　　次 | 2025 年 7 月第 1 次印刷 |
| 字　　数 | 350 千字 |
| 书　　号 | ISBN 978-7-5500-5426-4 |
| 定　　价 | 49.00 元 |

赣版权登字 05-2025-161

邮购联系　0791-86895109

网　　址　http://www.bhzwy.com

图书若有印装错误，影响阅读，可与承印厂联系调换。

# 创造性与母语和人脑的尊严

中文系不培养作家的传说由来已久。中文系培养作家的实践也由来已久。20 世纪 80 年代，北京大学、北京师范大学、复旦大学等多所高校都开设了作家班，且成绩斐然。国外大学以美国爱荷华大学、波士顿大学等为代表，其文学系或新闻系，培养作家的历史，已经超过百年。国内高校的学科设置，也经历了从偏重应用写作的"写作教研室"（二级学科隶属于文学理论专业，90 年代逐步撤销），到兼顾学历教育和市场需求的"艺术硕士"（Master of Fine Arts，缩写为"MFA"，两年制"专硕"），再到最近十年来的"文学创作专业"（北京师范大学）或"创造性写作专业"（中国人民大学）的演变。2024 年，教育部颁布《研究生教育学科专业简介及其学位基本要求（试行版）》，在"中国语言文学"一级学科下，新增"中文创意写作"二级学科，使之与文艺学、古代文学、现当代文学、比较文学等专业并列。

母语教育，是人文教育中最基础、最古老的专业。相对口头表达而言，文字表达（识字和书写）需要较长时间的训练；"言文合一"式写作则要求更高。而文字表达又可以分为基础的应用性写作以及高阶的创造性写作。创造性写作，是母语运用的最高形式。它能让母语运用变成艺术创造，从而将母语的尊严提升到最高级别。与我们终生相伴的"母语"，不仅是交流信息和传播思想的工具，更是审美的表现和艺术的创造，这是一件幸福且荣耀的事情。与此同时，在科学技术高度发达、传播媒介丰富多样的今天，应用型文字表达中的部分功能，比如统计、搜索、综述、总结等功能，可能会被人工智能（Artificial Intelligence，缩写为"AI"）所取代。但是，运用母语进行原创性表达，亦即艺术创造，是人工智能无法取代的，这也是人脑最核心的部分。因此，通过母语体现出来的审美创造性，充分体现了人脑不可替代的"无中生有"的原创力。所以，以母语为基础的创造性写作，不仅是母语尊严的体现，更是"人机互动"中人脑尊严的体现。

母语运用的创造性和艺术性，不是少数人的专利，而应该是多数人的理想。"中文创意写作"二级学科的设立，使得这一理想，由原来的"自发"状态变成了"自觉"状态。中文创意写作专业教育和教学的目标定位，主要是在培养一般中文写作能力的基础上，重点培养以下三种能力，或者说培养三种人才：第一，具有原创力的文学创作人才；第二，具有深厚的专业基础和创意才华的高层次应用型人才；第三，在新媒介新技术背景下，专注创意写作学相关领域的研究型人才。因此，中文创意写作专业要培养的是"创作""创意""研究"三足鼎立、三位一体的复合型人才。

按照我的理解，"创作"一词，主要是指传统文学创作包含的原创思维和人文情怀，以及母语审美特性的呈现，这是"中文创意写作"学科的基础和根本。"创意"一词，主要是面对当下新的人文环境和新媒介变化而言，这既是创意写作服务社会的当代使命，也是人文学与技术性相结合的新探索和实践领域。"研究"一词，主要是面对"中文创意写作"这一应用与原创兼顾、人文与技术合一、理论与实践结合的新学科，进行全方位研究，并承担指导该学科教学实践、毕业设计的学科考核任务。上述三位一体的学科性质，使得这一人文学科的教学科研，具有实践性、技术性和可操作性。

李洪华教授通过微信，发来他主编的《创意写作教程》的电子稿，希望我在前面说几句话。我想起 10 年前的往事。2015 年，北京师范大学文学院成立了相当于二级学科设置的"文学创作研究所"，与文艺学、古代文学、现当代文学等学科并列。而且从 2014 年开始，已经招收了"文学创作与批评"专业的硕士研究生。只是当时没有"中文创意写作"这个二级学科。因此，每年招收 10 名左右学制三年的全日制研究型硕士，是作为中国现当代文学二级学科下面的一个方向来培养和授学位的。2017 年，北京师范大学文学院又与中国作家协会鲁迅文学院合作，开设"文学创作研究生班"，每年招收 15 名左右学生，至今已持续了 9 届。

作为"文学创作研究所"（现已更名为"中文创意写作研究所"）的首任所长，我曾经为该专业设置撰写说明书，其中的核心意思，就是将文学创作才能，作为母语教育或母语运用的高阶训练来对待。也就是说，我们的母语，除了作为交流信息、传播思想、延续文化的工具这一基本功能之外，还有一项更高级的功能，那就是将母语的使用，提升到艺术创造的层次。要实现这一层次的目标，最好的路径，就是创造性写作（文学创作）教育，亦即培养用语言文字做材料，来建构艺术世界的创造性人才（作家）。

十几年来，我们在研究生和本科高年级学生的教学实践中，在课程设计、教学模块、成绩考核、毕业论文、学位授予等环节中，积累了一些经验。事实证明，懂文学创作和文学理论的教授（开设学位必修课），加上创作经验丰富和卓有成就的作家（开设选修课或系列讲座），再加上择优录取的文学新苗，这种"三结合"的教学模式，取得了较好的效果，许多毕业的学生，目前都活跃在文学创作与批评第一线。我们认为，只要确立了符合中国国情的有效教学思路，找到了适应当下青年学生创作实际的创造性教学方法，"中文创意写作"专业大有可为。与此同时，在人工智能越来越先进、越来越发达的今天，初级文案工作有可能逐步被人工智能所取代。也正因为如此，真正意义上的"创意写作"教学，就显得越发不可或缺；"无中生有"的艺术想象力，就显得越发重要；"创造性想象"就越发能够突显母语的尊严和人脑的尊严。

中文创意写作专业的教材编写，以及相应的教学模块设计、学业或毕业考核、创作实践训练等环节，都只是刚刚起步，需要在实践中不断探索和完善。但有的学校招生工作已经启动，2025秋季入学就要使用教材。李洪华教授和他的江西同行，在短短的一年时间里，就拿出了一部近30万字的教材书稿（我称之为"赣版创意写作教程"），实属不易。教材的章节设计也比较合理，涉及的主要内容也大致齐全。我抽看了其中的部分章节，觉得符合该学科理论与实践相结合的要求，符合该学科课堂教学和工作坊相结合的教学特点。

中文创意写作专业，列入高等教育二级学科目录，乃高瞻远瞩、意义重大之举，引起了全国高校和相关领域专家的重视，都纷纷响应，或启动招生，或编写教材，或筹备师资。首先要感谢江西高校同行们，他们筚路蓝缕，迈开了该学科建设"万里长征"的第一步。希望他们在教材的使用过程中，多积累经验，多收集意见，以便下一次的"修订版"显得更加完美。拉拉杂杂，权作序言。

国家一级作家
北京师范大学教授　张柠
资深创意写作导师

2025 年 4 月 15 日
于北京西直门北大街寓所

# 目　录

# 绪　论

在我国,虽然现代意义上的"创意写作"概念来自西方,但若"辨章学术,考镜源流"①,从广泛意义上的"创造性写作"的角度而言,其历史渊源可以追溯至几千年以来的文章写作传统。在传统的文章学中,既有"文以载道"的理念,也有对文体、修辞、语法、篇章和句读等表达问题的专门探究。"写什么"和"怎么写"历来是我国传统文章学的两大柱石。因而,我国的创意写作在借鉴西方路径时,也要重视本土资源。

## 一、创意写作的兴起

一般认为,"创意写作"(Creative writing)的概念最初是由爱默生(Emerson)1837 年在美国大学优等生荣誉学会的一次题为《美国学者》(*The American Scholar*)的演讲中明确提出来的。爱默生认为,人在阅读和写作过程中,主动性被激发,因而阅读和写作是一种创造性活动。整个文学教育,同样具有创造性。其中,文学研究从属于更高等级的、持续不断的文学创造与再创造(re‐creation)。研究的基础和对象,不再仅仅是文学作品,而是文学活动(literary

---

① 　章学诚著,王重民通解:《校雠通义通解》,上海古籍出版社 2009 年版,第 1 页。

act）。① 19世纪末，美国高校开始成为创意写作探索实践的场所，印第安纳大学、加利福尼亚大学、佐治亚州贝茜·蒂夫特学院等，纷纷开设写作课程，成立文学与写作学院。然而，从创意写作教育的角度而言，真正意义上的创意写作教学的开启是哈佛大学开设高级写作课程。1880年，哈佛大学首次开设了高级写作的选修课程，写作系的教师亚当斯·希尔曼·希尔、巴雷特·温德尔、勒巴隆·布里格斯、查尔斯·汤森·科普兰等先后进行了写作教学的探索。他们在写作教学中，强调书写日常经验和自我表达，将文学教学的中心从分析研究转向写作实践，认为"文学研究最理想的结局，就是文学创作的开始"，创立了"每日一题"的教学方法，即"主题必须是写作当天的见闻，表述控制在100字左右，文笔生动、流畅"。② 这些理念和实践包含了现在所认可的创意写作要素，"这种教学不是教学生记忆课本上已经讲过的内容，而是要他们说出自己的理解，不再把英语当成是一门事实陈列和语言学意义上的考试，而是成为一门通过表达自我的方式来促进个人发展的课程。英语课是为了表达自己，而不是为了显示学生对英语语言和文学概念的掌握"③，"能够造就卓越的毕业生的课程，必然包括文学方面的建设性的努力"④。

创意写作在美国的兴起，与20世纪早期新闻训练职业化和高等教育扩张有着密切关联。1908年至1915年间，美国17所大学创立了新闻专业，开设新闻写作训练课程。作为一种技艺性的职业培训，新闻写作训练改变了人们此前关于写作的固有认识，即写作不全是天赋，也是一种技艺。爱荷华大学作家工作坊（Iowa Writers' Workshop）是美国第一个创意写作学位项目，被认为是创意写作发展的摇篮。1897年春季学期，爱荷华大学开设了第一门创意写作课程

① 葛红兵、许道军主编：《创意写作教程》，高等教育出版社2017年版，第4页。

② 葛红兵、许道军主编：《创意写作教程》，高等教育出版社2017年版，第6页。

③ 刁克利：《创意写作的历史经验与当代建构》，《学习与探索》，2023年第11期。

④ ［美］D. G. 迈尔斯：《美国创意写作史》，高尔雅译，上海大学出版社2022年版，第103页。

"诗歌创作"(Verse-Making,也称"韵文写作"),并开始邀请驻校作家和访问学者教授创意写作。1936年,作家工作坊开始招收创意写作研究生,一批诗人和小说家聚集于此,爱荷华大学英语系随后也因此在美国文学理论领域中声名鹊起。

第二次世界大战后,美国的大学开始扩大招生规模,一方面,"高校突破了教学、研究的传统职能,进而为包括文学在内的多种艺术提供场所",创意写作项目和作家工作坊逐渐在全国普及开来;另一方面,"创意写作成为助力战后美国高校扩张的主要动力之一"。[①] 1967年,13个创意写作项目的15位作家代表发起成立美国作家与创意写作项目协会(the As-sociation of Writers & Writing Program,简称 AWP)。1970年,美国创意写作的研究生项目增加至44个;1980年,100多所大学设立了创意写作硕士项目。作为一种自主的非营利性机构,美国作家与创意写作项目协会负责创意写作项目的规范和推广,并在师资遴选、学生录取、课程设置、教师待遇、项目评估等方面进行全方位的指导。目前,美国作家与创意写作项目协会拥有550个大学项目会员和50000名作家个人会员。[②] 在美国,创意写作教育并不只是局限于校园,而且还走向社会,深入社区,被一般民众广泛接受。迈尔斯在《美国创意写作史》中感叹道:"创意写作一经发端,便如闪电霹雳一发而不可收。"[③]创意写作的开展极大地推动了美国文学的繁荣发展,提升了美国文化的国际影响力。

20世纪70年代以后,创意写作很快从美国扩展到欧洲,并在全世界范围内传播开来。1970年,英国东英吉利大学(UEA)的马尔科姆·布雷德伯(Mal-colm Bradbury)和安格斯·威尔逊(Angus Wilson)引进美国创意写作学科体系,并邀请著名作家 W. G. 塞巴尔德(W. G. Sebald)、安吉拉·卡特(Angela

---

① [美]D. G. 迈尔斯:《美国创意写作史》,高尔雅译,上海大学出版社2022年版,第215页。

② 刁克利:《创意写作的历史经验与当代建构》,《学习与探索》,2023年第11期。

③ [美]D. G. 迈尔斯:《美国创意写作史》,高尔雅译,上海大学出版社2022年版,第147页。

Carter)等著名作家担任创意写作教师,从而建立起较完整的创意写作体系。随后,创意写作在英国得到迅速发展,并"激活"了美术、音乐、时尚和表演艺术等相关创意产业,目前英国已有近90所大学开设了创意写作课程。[①]

20世纪90年代初,澳大利亚政府将文化创意产业确定为国家发展战略。1994年,政府支持成立布里斯班创意产业研究中心,为创意写作提供发展平台,随后,创意写作在澳大利亚高校得到迅速发展,阿德雷德大学、莫纳什大学、墨尔本大学、昆士兰科技大学、悉尼科技大学、阳光海岸大学等高校在创意写作教育方面各具特色,享有盛誉。新世纪以来,创意写作在中国、韩国、新加坡、马来西亚、印度尼西亚等亚洲国家得到广泛推广。

### 二、文学写作的传统

创意写作的前身是文学写作。我国古代有着十分悠久而丰富的文学写作传统,"它在数千年中虽屡屡向异质文化汲取养分,却始终保持了一个连贯的、从未中断的发展过程,这在世界上是一个独特的现象"[②]。尽管中国文学写作经历了"五四"时期的现代转型,但新文学的源流仍然与传统血脉相连。因而,中国特色创意写作教育及其学科的建立,在借鉴西方的同时,必须高度重视传统资源的继承和创造性转化。

在我国古代,"文学"通常是一个宽泛的概念,指称一切文字文本,注重其作为"言志""载道"的工具价值,忽视或否认其审美本体性。最早的"文学"一词出现在《论语》中,作为"孔门四科"之一,"德行:颜渊,闵子骞,冉伯牛,仲弓;言语:宰我,子贡;政事:冉有,季路;文学:子游,子夏"(《论语·先进》)。这里的"文学"是文教制度之学的总称,自春秋战国至汉唐时期,都以此为"文学"之义。[③]孔子重视诗的教育功能和感染力,提出"诗可以兴,可以观,可以群,可以怨"(《论语·阳货》)。魏晋南北朝时期,"文学"概念的内涵有了较大变化,

---

① 葛红兵、许道军主编:《创意写作教程》,高等教育出版社2017年版,第9页。
② 骆玉明:《简明中国文学史》,复旦大学出版社2004年版,第1页。
③ 沈立岩:《先秦语言活动之形态、观念及其文学意义》,人民出版社2005年版,第361页。

由文教制度之学转而为"文章、文辞之学"。人们开始注意到不同文体的特征及区别,产生了"文笔之辨",即根据作品的音韵和抒情特点,称有韵之文为"文",无韵之文为"笔"。曹丕的《典论·论文》、陆机的《文赋》、钟嵘的《诗品》和刘勰的《文心雕龙》等专门性文论,提出了"诗赋欲丽""缘情""辞采""风骨"等关于文学的阐释。唐代,韩愈、柳宗元等发起了反对骈文的"古文运动",提出了"明道""载道"的文学观,对于后来的文学写作产生了深远影响。北宋时期,欧阳修等再次发起"古文运动",强调"明道""载道"的传统,他们在强调文章政治教化功用的同时,在一定程度上消解了文学审美的独立性。

宋明时期,一方面出现了以程朱理学与陆王心学为代表的新儒学,前者提倡"格物致知""存天理,灭人欲",后者强调"宇宙便是吾心""心外无物""心外无理"。① 另一方面,文学上反对理学的性灵主张开始出现,李贽提出"童心"说,公安派袁宏道等提出"独抒性灵,不拘格套"。清代中叶,袁枚等继承公安派传统,突破程朱理学观念,提出性灵说,主张文学写作直抒"性情",表现真情实感。清代朴学盛行,文学写作在思想、语言和文体等各方面失去了创造力,充斥着陈词滥调,正如梁启超所说:"诗之境界,被千余年来鹦鹉名士占尽矣,虽有佳章佳句,一读之,似在某集中曾相见者,是最可恨也。"②清末民初,传统文学观念发生了解体,在"新民""启蒙"的过程中,西方的"文学"(literature)概念被广泛引介和推广,用来指小说、诗歌、散文、戏剧等语言艺术作品的统称。虽然中国古典文学写作传统中只有文笔之分和韵散之别,但诗歌、散文、小说和戏剧等各体文学写作的传统源远流长。

我国古代诗歌有着丰富的写作资源。"诗言志",即诗歌的抒情功能在古

---

① 理学有广义狭义之分,广义理学指宋明以来形成的占主导地位的儒家哲学思想体系,包括程朱理学与陆王心学,狭义专指程朱理学。宋明理学自周敦颐发端,程颢与程颐承传发展,至朱熹集大成,提出理学的最高范畴"天理",所谓"人伦者,天理也",主张天理是道德规范的"三纲五常",强调"存天理,灭人欲",把知识、道理、天理联系起来,提出"格物致知"。陆王心学指以陆九渊、王阳明为代表的主观唯心主义,提出"宇宙便是吾心""心外无物""心外无理"。

② 梁启超:《饮冰室合集》专集之二十二,中华书局 1989 年影印本,第 189 页。

代诗歌写作中得到充分重视,从而导致中国古代诗歌的抒情传统发达,而叙事资源不够。古代最早的诗歌总集《诗经》,收集了西周初年至春秋中叶的诗歌,所开创的现实主义精神、抒情诗传统和赋比兴手法等,奠定了中国诗歌写作的优良传统。屈原的《离骚》以大量的比喻和丰富的想象表达了理想与现实的冲突,开创了"骚体"浪漫主义诗歌的写作传统。魏晋时期被鲁迅称为"文学自觉的时代",其诗歌既表现了慷慨悲凉、刚健清新的"风骨",又不乏率直任诞、清俊通脱的"风度",曹操的《短歌行》、曹植的《洛神赋》、阮籍的《咏怀诗》、陶渊明的《归园田居》等是其中的名篇。

中国古代诗歌创作在唐代达到鼎盛。李白和杜甫分别代表了浪漫主义和现实主义诗歌创作的高峰。李诗豪放飘逸的魅力在《古风》《梦游天姥吟留别》《将敬酒》《渡荆门送别》等名作中得到充分体现;杜诗的沉郁顿挫以《春望》《兵车行》《自京赴奉先咏怀》与"三吏""三别"等为代表,前者彰显盛唐文化气象,后者见证了由治而乱的转变。张若虚的《春江花月夜》融诗情、画意、哲理为一体,素有"孤篇盖全唐"之誉。孟浩然和王维将山水田园诗歌推向了新的高度,前者亲切自然,如《过故人庄》;后者"诗中有画",如《山居秋暝》。高适和岑参是盛唐边塞诗人的代表,前者雄健,如《燕歌行》;后者绮丽,如《白雪歌送武判官归京》。王之涣的《凉州词》、王昌龄的《出塞》、崔颢的《黄鹤楼》等是盛唐名作,白居易、李贺、刘禹锡等为中唐诗人的代表,《长恨歌》《雁门太守行》《西塞山怀古》分别是他们诗歌中的名篇。晚唐诗歌失去了自信奔放的盛唐气象,笼罩着一片失望和沮丧,这在杜牧、李商隐、温庭筠、韦庄等的诗歌中得到充分体现,如《赤壁怀古》《无题》《瑶琴怨》《秦妇吟》等。晚唐时期,写词渐为流行,至五代十国时期,倚声填词蔚然成风,南唐后主李煜成就最为突出,《虞美人》《相见欢》等充满了亡国之音的感伤色彩。

宋代诗歌失去了唐代的自由直率,而走向知性平淡,但宋词却大放异彩(词也是诗歌的一种)。苏轼与柳永的词代表了豪放与婉约两派风格。苏轼的《水调歌头》《江城子》《念奴娇·赤壁怀古》《定风波》《江城子·密州出猎》等,景、情、理交融互渗,自由豪放,代表了宋词的最高成就。柳永对宋词进行全面革新,大力创作慢词,将敷陈其事的赋法移植于词,名作有《雨霖铃·寒蝉凄切》《望海潮·东南形胜》《八声甘州·对潇潇暮雨洒江天》等。北宋后期,诗词创作的代表人物是黄庭坚和秦观,前者诗歌追求新奇、用典,开"江西诗派",名作如《登快阁》《寄黄几复》;后者以词著称,风格清新婉丽,如《满庭芳·山抹微云》《踏莎行·雾失楼台》等。南宋偏安江南,诗词失去了北宋的浓烈,以李清照、陆游、杨万里、辛弃疾等为代表。李清照由北徙南,经历巨变,前期词委婉细腻,后期愁苦悲凉,《如梦令》《醉花阴》《一剪梅》《声声慢》皆为名作。陆游有着强烈的爱国情怀,《书愤》《示儿》《卜算子·咏梅》《诉衷情·当年万里觅封侯》等广为传颂。杨万里善于从日常生活和自然风景中发现诗意,开创"诚斋体",诗风清新自然,如《小池》《游丰湖》等。辛弃疾改造和提升了宋词的境界,《青玉案·元夕》《丑奴儿·书博山道中壁》《菩萨蛮·书江西造口壁》《清平乐·村居》《永遇乐·京口北固亭怀古》《破阵子·为陈同甫赋壮词以寄之》《摸鱼儿·更能消几番风雨》等皆为名作,情感炽热,境界开阔,充满了英雄的豪情与壮志未酬的悲愤。我国古代诗歌写作至宋代以后再也未能"东山再起"、重铸辉煌了。

古代散文写作始自先秦。春秋战国时代,文化下移,出现了"百家争鸣"的文化景观,"士"的兴起推动了文学的发展,《尚书》《春秋》《左传》《战国策》《论语》《孟子》《老子》《庄子》等历史散文和诸子散文,体现了文史交融、语体共生的特征。秦汉时期,封建专制和思想统一极大束缚了学术文化的自由发展,铺张扬厉的辞赋和整饬严谨的散文成为文学创作的主流,司马相如的《子虚》、扬雄的《甘泉》、李斯的《谏逐客书》、贾谊的《过秦论》等是其代表。司马迁的《史记》,被鲁迅称为"史家之绝唱,无韵之离骚",既是史学名著,也是散文杰作,"善序事理,辨而不华,质而不俚"(刘向语),而其名文《报任安书》以激愤之情表达了不幸遭遇和积极的人生态度,历来备受赞誉。唐宋诗文革新在散文写作方面也有突出的表现,代表人物是唐代的韩愈、柳宗元,宋代的欧阳修、苏轼、苏洵、苏辙、王安石、曾巩等"八大家"。韩愈散文气势雄伟,说理透彻,有深度和力量,如《论佛骨表》《师说》。欧阳修是北宋中期文坛领袖,《朋党论》《醉翁亭记》《秋声赋》是其散文名篇。苏轼诗文兼备,名作不胜枚举,如《前赤壁赋》《石钟山记》。晚明小品文是传统散文写作的新路径,特点是短小精练,生活化和个人化,注重真情实感,喜欢在文章中反映自己日常生活状貌及趣味,渗透着晚明文人特有的生活情调和审美趣尚,代表作如张岱的《陶庵梦忆》《西湖梦寻》、袁宏道的《游盘山记》、王思任的《让马瑶草》等。清代桐城派散文是"古文运动"的余脉,讲究"义法",即言之有物、言之有序,内容上以宣扬程朱义理、封建伦理道德为主,结构谨严,文辞雅洁,杂以说理,辅以考证,前期以戴名世、方苞、刘大櫆、姚鼐等为代表,后期以曾国藩、吴汝纶、严复、林纾等为代表,名篇如方苞的《左忠毅公逸事》《狱中杂记》、姚鼐的《登泰山记》、严复的《天演论》《原富》等。桐城派的崛起标识了传统散文写作的最后成就。

由于科举考试制度的影响,我国传统文学写作以诗文为正宗,小说和戏剧没有受到足够重视,主要在民间流传。古代小说写作大致分为五个阶段:上古到先秦两汉为萌芽期,以神话传说和寓言故事的形式促成了小说的孕育和形成,如《女娲补天》《夸父逐日》《精卫填海》等;魏晋南北朝为成长期,出现了志人志怪小说,情节结构比较简单,如干宝的《搜神记》和刘义庆的《世说新语》等;唐传奇的出现标志着中国古代小说的成熟,多传述奇闻逸事,有了较为广阔的社会视野和浓郁的生活气息,虽运用散体,但句法整齐,讲究文采,如李朝威的《柳毅传》、元稹的《莺莺传》、沈既济的《枕中记》和李公佐的《南柯太守传》等。宋元为古典小说的发展期,鲁迅认为,宋元话本的出现"实在是小说史上的一大变迁"(《中国小说的历史的变迁》),话本(即说话人的底本)主要分为"小说"与"讲史"两类,情节曲折,描写细腻,如《五代史平话》《大宋宣和遗事》《全相平话五种》等。明清两代是古典小说的高峰期,章回体成为古典小说的成熟形式,讲究情节曲折,结构完整,人物典型,多用第三人称叙事,如《三国演义》《水浒传》《西游记》《金瓶梅》《聊斋志异》《儒林外史》《红楼梦》等。曹雪芹的《红楼梦》以贾、史、王、薛四大家族的兴衰为背景,以贾宝玉与林黛玉、薛宝钗的爱情婚姻悲剧为主线,描绘了上至皇宫、下及乡村的广阔历史画面,刻画了众多丰富生动的人物形象,广泛而深刻地反映了封建社会末代复杂深刻的矛盾冲突,在思想艺术上代表了古典小说的最高成就。

戏剧是戏曲和话剧的统称。中国传统戏剧是戏曲,话剧是"五四"以后从西方引进的"舶来品",也称"文明戏"。传统戏剧经过长期的发展演变,逐步形成了以京剧、越剧、黄梅戏、评剧、豫剧等五大戏曲剧种为代表的中华戏曲。中国戏曲起源于春秋、秦汉时期的歌舞、俳优和百戏，《诗经》中的"颂"和《楚辞》中的"九歌"，均属于先人歌舞时的唱词。唐代戏剧艺术逐渐形成，"俳优戏"和"参军戏"已有了特定的角色，为中国戏曲的形成奠定了重要基础。我国戏曲成熟的标志是宋元南戏和元杂剧。南戏融歌唱、舞蹈、念白、科范于一炉，表演一个完整的故事，而且故事情节比较曲折。元杂剧以歌唱为主，结合说白表演，已经具备了戏剧的基本特点，涌现出一批著名的杂剧作家，如关汉卿、王实甫、马致远、白朴、郑光祖、纪君祥等，他们的代表作分别为《窦娥冤》《西厢记》《梧桐雨》《墙头马上》《倩女离魂》《赵氏孤儿》等。元杂剧达到了很高的文学水准，通常将唐诗、宋词、元曲并称。王国维在《宋元戏曲序》中指出："唐之诗，宋之词，元之曲，皆所谓一代之文学……"元杂剧题材广泛，内容丰富深刻，具有强烈的现实性和斗争精神。在艺术方面，元杂剧形式新颖独特，精心设置关目，戏剧矛盾集中，情节紧凑而富于变化，具有强烈的戏剧效果，语言丰富多彩，具有很强的表现力。元杂剧吸收了大量的民间语言并使之与文学语言融为一体，形成通俗流畅、率直生动的特色，是我国文学创作从文言向白话发展的一个显著变化。明清是中国古代戏曲的繁荣发展时期，成就最大的是汤显祖，代表作《牡丹亭》通过杜丽娘和柳梦梅感人的故事，歌颂了反对封建礼教、追求完美爱情的反抗精神。明代后期开始流行折子戏，是戏曲中的精彩片段，情节浓缩，人物个性鲜明，如《牡丹亭》中的《惊梦》、《玉堂春》中的《苏三起解》、《白蛇传》中的《断桥》等。清代地方戏的题材主要可以分为历史戏、妇女戏、婚姻爱情戏、神话戏、诙谐戏等，而京剧是在清代地方戏高度繁荣发展的基础上产生的，具有广泛的影响力，将中国的戏曲艺术推进到一个崭新高度。

　　"文艺创作不仅要有当代生活的底蕴，而且要有文化传统的血脉。'求木之长者，必固其根本；欲流之远者，必浚其泉源'。"①创意写作不是无源之水、无本之木，"我们要结合新的时代条件，传承和弘扬中华优秀传统文化，传承和弘

---

　　①　习近平：《在文艺工作座谈会上的讲话》，《求是》，2024 年第 20 期。

扬中华美学精神"①,才能创作出无愧于时代的优秀作品。

### 三、新文学写作的发展

自"五四"提倡新文学以来,中国文学写作进入到现代阶段,即"用现代文学语言与文学形式,表达现代中国人的思想、感情、心理的文学"②,这一"文学的现代化"是在对中国传统文学的变革和对西方现代文学的借鉴中进行的。

在新文学写作的开拓时期,鲁迅的小说因"表现的深切和格式的特别"③而显示了"文学革命"的实绩。鲁迅最初是抱着启蒙的初衷从事写作的,小说集《呐喊》《彷徨》中的作品"多采自病态社会的不幸的人们中,意思是在揭出病苦,引起疗救的注意"④。鲁迅对于写作向来主张"选材要严,开掘要深"⑤,"当先求内容的充实和技巧的上达,不必忙于挂招牌"⑥,并始终坚持"写不出的时候不硬写"⑦的原则。在人物塑造上,鲁迅主要采取"杂取种种人,合成一个"⑧的方法。在语言上,鲁迅主张简洁,强调文章"写完后至少看两遍,竭力将可有可无的字、句、段删去,毫不可惜。宁可将可作小说的材料缩成 Sketch(速写,笔者注),决不将 Sketch 材料拉成小说"⑨。郁达夫是早期抒情小说的代表。他认为,一切小说都是作者的"自叙传",这种"自叙传"小说不是为自己立传,而是想"赤裸裸地把我的心境写出来"⑩。他的小说如《沉沦》等不追求完整的情节,而注重写出个人的情绪流动和心理变化。早期自叙传式抒情小说的代表还有

---

① 习近平:《在文艺工作座谈会上的讲话》,《求是》,2024 年第 20 期。
② 钱理群等:《中国现代文学三十年》,北京大学出版社 1998 年版,前言第 1 页。
③ 鲁迅:《鲁迅全集》第六卷,人民文学出版社 2005 年版,第 246 页。
④ 鲁迅:《鲁迅全集》第四卷,人民文学出版社 2005 年版,第 526 页。
⑤ 鲁迅:《鲁迅全集》第四卷,人民文学出版社 2005 年版,第 377 页。
⑥ 鲁迅:《鲁迅全集》第四卷,人民文学出版社 2005 年版,第 84 页。
⑦ 鲁迅:《鲁迅全集》第四卷,人民文学出版社 2005 年版,第 373 页。
⑧ 鲁迅:《鲁迅全集》第六卷,人民文学出版社 2005 年版,第 538 页。
⑨ 鲁迅:《鲁迅全集》第四卷,人民文学出版社 2005 年版,第 373 页。
⑩ 郁达夫:《郁达夫文集》第 7 卷,花城出版社 1983 年版,第 155—156 页。

庐隐的《海滨故人》和丁玲的《莎菲女士的日记》。现代小说是在 30 年代发展成熟的,其标志是茅盾、巴金、老舍和沈从文等中长篇小说大家的出现。茅盾的小说以长篇《子夜》为代表,擅长通过社会经济生活和理性思维来塑造人物,反映时代风貌,自觉追求"巨大的思想深度"和"广阔的历史内容"①。茅盾认为,"一个做小说的人不但须有广博的生活经验,亦必须有一个训练过的头脑能够分析那复杂的社会现象"②,他的小说也因此被认为有理念化倾向。巴金的小说创作前期以《家》为代表,充满了青春的"激情",后期以《憩园》《寒夜》为代表,流露出深沉的悲悯,他说自己是"从探索人生出发走上文学道路的"③,主张"文学的最高境界是无技巧,是文学和人的一致","要表现自己的人格,不要隐瞒自己的内心"④,"要写人,得接近人,关心人,了解人,而且爱人"⑤。老舍的小说以书写北京市民生活著称,具有浓郁的"京味",语言纯净幽默,这些在以《骆驼祥子》《四世同堂》等为代表的长篇小说和以《离婚》《断魂枪》等为代表的中短篇小说中表现得十分突出。老舍认为,短篇小说"最需要技巧";事实本身不是小说,"太信任材料就容易忽略了艺术";"经验丰富想象,想象确定经验"⑥;"小说的成败,是以人物为准,不仗着事实",描写人物"必须首先把个性建树起来,使人物立得牢稳;而后再设法使之在普遍人情中立得住"⑦;小说的语言"应当力求自然","专在修辞上讨好,有时倒误了正事","短句足以表现迅速的动作,长句则善表现缠绵的情调"⑧。沈从文是新文学中另走一路的写作者,在《边城》《长河》等作品中,他创造性地运用一种抒情性或诗性小说体式,

① 钱理群等:《中国现代文学三十年》,北京大学出版社 1998 年版,第 224 页。
② 茅盾:《茅盾论创作》,上海文艺出版社 1980 年版,第 8 页。
③ 巴金:《巴金论创作》,上海文艺出版社 1983 年版,第 16 页。
④ 巴金:《巴金谈文学创作——答上海文学研究所研究生问》,《文学报》,1982 年 4 月 1 日。
⑤ 巴金:《巴金论创作》,上海文艺出版社 1983 年版,第 491 页。
⑥ 老舍:《老舍论创作》,上海文艺出版社 1980 年版,第 33—36 页。
⑦ 老舍:《老舍论创作》,上海文艺出版社 1980 年版,第 83、89 页。
⑧ 老舍:《老舍论创作》,上海文艺出版社 1980 年版,第 95、97 页。

结构散漫,"不重情节与人物,强调叙述主体的感觉、情绪","通过描摹、暗示、象征甚至穿插议论,来拓展叙事作品的情念、意念,加深小说文化内涵的纵深度,制造现实与梦幻水乳交融的意境"。① 他强调,写人"要贴到人物来写","作者对所写的人物不能用俯视或旁观的态度。作者要和人物很亲近。作者的思想感情、作者的心要和人物贴得很紧,和人物一同哀乐、一同感觉周围的一切"。② 20世纪40年代小说写作的代表人物是张爱玲,在《金锁记》《倾城之恋》《沉香屑·第一炉香》等作品中,运用"参差对照的写法"③,表现乱世背景下"千疮百孔"的都市人生,揭示人性的自私和灰暗,有一种"苍凉"的美。

新文学进入当代后,小说写作艺术直到新时期以后才取得实质性的进展。80年代初,汪曾祺的《受戒》《大淖记事》《故里三陈》等作品取材于故乡风物,在日常世俗生活中表现生命和人性的美,传达出民族文化精神和传统美德,写人不同性格和心理,而求"神似,轻轻几笔,神全气足"④,体现出一种"诗化""散文化"小说的从容雅致。路遥擅长以现实主义凝重而细腻的笔触,反映社会转型时期城乡交叉地带的生活变迁,《人生》《平凡的世界》是这类小说的代表。陈忠实长期关注历史和现实社会中的农民命运和传统伦理道德,长篇力作《白鹿原》借关中平原白、鹿家族的兴衰浮沉反映中国近代社会和民族历史变迁,具有宏阔凝重的史诗性品格。贾平凹具有持续的创作力,从80年代的"商州系列",到90年代的《废都》《土门》《高老庄》等,到新世纪的《怀念狼》《秦腔》《山本》等,虽然题材各不相同,但始终关注改革开放时期城乡生活变动及其深刻影响,在关于精神家园的省思中流露出自觉的忧患意识。莫言小说擅长以想象激活历史,在《透明的红萝卜》《红高粱》《酒国》《檀香刑》《生死疲劳》等作品中,大胆借鉴魔幻现实、象征隐喻、夸张变形等现代派手法,创造出丰富奇

① 钱理群等:《中国现代文学三十年》,北京大学出版社1998年版,第283—284页。

② 汪曾祺:《我的老师沈从文》,大象出版社2009年版,第4页。

③ 张爱玲:《流言》,花城出版社1997年版,第174页。

④ 汪曾祺、施叔青:《作为抒情诗的散文化小说》,《上海文学》,1988年第4期。

特的生活图景和艺术世界。余华的早期小说《现实一种》《河边的错误》等多以冷漠的笔调叙写苦难、死亡、暴力等主题,具有先锋实验性质,后来的《活着》《许三观卖血记》等关注苦难中小人物的悲欢,笔调转向温情和悲悯。苏童的小说写作也经历了从形式探索到故事讲述的转变,"枫杨树系列"作品《1934 年的逃亡》《罂粟之家》等,有意设置多重人称,制造间离效果和奇幻色彩;"香椿树街"作品《城北地带》《黄雀记》等,描写的是南方旧城小人物的晦暗生活,叙述娴熟从容,具有一种迷离颓败的美感。王安忆的小说写作始终保持创造的活力和艺术的高度,在《长恨歌》《天香》《考工记》《富萍》《骄傲的皮匠》等作品中,从历史到现实,从本邦人到外来者,王安忆在都市的繁华旧梦和人物的命运浮沉中演绎时代的变迁。

　　新诗写作自胡适《尝试集》开始,虽然在"诗的散文化"和"诗的白话化"方面努力"尝试",但仍有脱胎旧诗的痕迹。五四时期,真正"开一代诗风"的是郭沫若,代表作《女神》真正实现了"诗体解放",充满了丰富奇特的想象,彰显了现代自由精神。冯至是继郭沫若之后"杰出的抒情诗人",诗集《昨日之歌》《十四行集》追求"诗情的哲理化",思考生命的意义和人类的前途,充满感伤苦闷,节奏舒缓,具有幽婉柔美的风格。新月派诗人提出"理性节制情感"的美学原则和"新诗格律化"主张,闻一多强调新诗的"三美",即音乐的美、绘画的美、建筑的美[1],在诗集《红烛》《死水》中得到充分体现;徐志摩的诗追求"爱""自由"和"美",代表作《再别康桥》《雪花的快乐》等体现了空灵飘逸的风格。象征派诗人穆木天、冯乃超、王独清等追求"纯诗"的创作,提出诗是"内生命的反射",强调诗的"暗示"与"朦胧",另一位象征派代表李金发也在新诗语言和表达方式上进行了大胆尝试,《弃妇》是其代表。30 年代新诗写作的代表人物是戴望舒和卞之琳等现代派诗人。他们"用现代的词藻排列成的现代的诗形",表达"现代人在现代生活中所感受到的现代的情绪"[2]。戴望舒的《雨巷》和《我底记忆》,体现了从忧郁感伤的抒情到日常生活审美的变化。卞之琳的《断章》

---

① 　闻一多:《闻一多全集》第 2 卷,湖北人民出版社 1994 年版,第 141 页。
② 　施蛰存:《又关于本刊的诗》,《现代》,1993 年第 4 卷第 1 期。

《尺八》等,将西方现代主义诗歌艺术、中国古典美学传统和主体人生体验等创造性地融汇在一起,形成了隐晦朦胧的艺术风格。艾青是 20 世纪 40 年代新诗写作成就的体现者。他认为:"最伟大的诗人,永远是他所生活的时代的最忠实的代言人;最高的艺术品,永远是产生它的时代的情感、风尚、趣味等等最真实的记录。"①《大堰河——我的保姆》《北方》《雪落在中国的土地上》等代表诗作,反映了民族和人民的苦难,有着深沉忧郁的情调,体现了感觉、情绪、想象和理性的综合。

在当代诗歌写作中,朦胧诗以"新的美学原则"标识了新起点。北岛的诗歌具有鲜明的怀疑和批判精神,《回答》《结局或开始》等以象征隐喻的方式,表达了历史转折时期"'觉醒者'的内心冲突和理想精神"②。舒婷的诗歌具有鲜明的女性意识和启蒙精神,《致橡树》《双桅船》等以抒情浪漫和象征隐喻的方式,表达了个性意识的觉醒和对价值理想的追寻。顾城被称为"童话诗人",他认为,"诗就是理想之树上,闪耀的雨滴",要表现"纯净的美",③《生命幻想曲》《弧线》等以丰富奇特的想象营造梦幻的童话世界,具有一种纯净天然的美。海子是朦胧诗潮之后的代表性诗人,早期主要创作抒情短诗,《麦地》《以梦为马》《面朝大海,春暖花开》等富有浪漫梦幻色彩,常常出现麦地、村庄、月亮、天空等原型意象,后来致力于长诗《太阳七部书》写作,试图在宏阔的地域空间"成就一种民族和人类的结合,诗和真理合一的大诗"④。

在新文学写作中,"散文小品的成功,几乎在小说戏曲和诗歌之上"⑤。鲁迅的《朝花夕拾》《野草》开创了"闲话风"和"独语体"的散文样式。周作人的《自己的园地》《雨天的书》平和冲淡,融知识、哲理与趣味于一体。冰心的《往事》《寄小读者》以清丽雅致的笔调表达了对自然、母亲和儿童的爱,形成了柔和委婉的"冰心体"风格。朱自清的《踪迹》《背影》等作品文笔清丽、真挚动人,

① 艾青:《诗论》,人民文学出版社 1980 年版,第 160 页。
② 洪子诚:《中国当代文学史》,北京大学出版社 1999 年版,第 302 页。
③ 顾城:《请听听我们的声音》,《诗探索》,1980 年第 1 期。
④ 海子:《海子诗全编》,上海三联书店 1997 年版,扉页。
⑤ 鲁迅:《鲁迅全集》第四卷,人民文学出版社 2005 年版,第 592 页。

为白话美文提供了典范。何其芳的《画梦录》以绮丽精致的语言和优美繁复的意象,委婉传达了丰富复杂的情愫。梁实秋的《雅舍小品》取材日常人生,抒发人生情趣,表露出清雅通脱的"闲适"。

当代散文写作,五六十年代多运用"以小见大,托物言志"的书写方式,杨朔的《香山红叶》《荔枝蜜》等,常常从写景入手,然后引出风景中的人物,提炼出宏大的政治性主题;刘白羽的《日出》《长江三日》等,运用现实与历史交织的方式,抒发激越的情感;秦牧的《社稷坛抒情》《土地》等联想丰富,融思想性、知识性和趣味性于一体。八九十年代,散文写作向多元化发展。在忆旧散文中,巴金的《随想录》在历史的反思与自我拷问中,敞现知识分子的责任;杨绛的《干校六记》以简约温婉的笔致,记述特殊时代的见闻感受,具有一种朴素的美;孙犁的《晚华集》以超然平和的笔调叙述人生的悲喜,流露出患难余生的"痛定思痛"。在抒情散文中,周涛的《巩乃斯的马》以诗的语言描绘边陲风光和马的形象,表达了对不羁生命力与进取精神的赞美;史铁生的《我与地坛》突破传统散文的框架,将抒情、描景、叙事与议论巧妙融合,表达了对母亲的缅怀,探寻了苦难与生命的意义。余秋雨的《文化苦旅》将学者的理性思考融入感性表达,在"人文山水"的建构中,开辟出散文写作的新境界。

现代话剧不同于传统戏曲,主要借鉴西方。田汉是早期戏剧创作的代表人物。他的"新浪漫主义"剧作《咖啡店之一夜》《古潭的声音》《南归》等,表达了青春的感伤和漂泊的孤独,在浓郁的抒情和神秘的气氛中显示出象征主义的影响。曹禺是中国现代话剧成就最高的剧作家,《雷雨》《日出》《原野》《北京人》等经典名作,表达了对自然人性的赞美和对生命委顿的批判,在戏剧人物、冲突、结构和语言等方面,为中国现代话剧创作提供了典范。在戏剧观念上,曹禺既强调反映社会现实,又反对拘泥于现实的狭隘的实用主义,主张超越现实的"诗"的戏剧观。他认为,有生活和才能的剧作家,要"从高处看,从整个的人类,从文明的历史,从人的自身去思考问题,去反映社会,去反映生活"[1]。

新中国成立后,现实题材戏剧创作并不如人意,老舍、田汉等的历史剧创作

---

[1]　曹禺:《曹禺论戏剧创作(一)》,《中国戏剧》,2001年第5期。

取得了一定成绩。老舍的《茶馆》运用"侧面透露法"和"图卷戏"的结构形式，通过小人物的命运反映时代的变迁。田汉的《关汉卿》在史料处理和艺术想象之间为历史剧写作提供了新的经验，具有浓郁的诗情和浪漫主义色彩。八九十年代戏剧创作在实验探索中前行。沙叶新的《耶稣·孔子·披头士列侬》运用虚拟神话的荒诞剧形式，在虚拟的时空中将古今中外人物汇聚一起，表达了对拜金主义和文化偏执的批判。李龙云的《小井胡同》以经纬交织的网状结构，在大跨度的历史流变中，通过小人物的悲欢离合反映大时代的历史变迁。魏明伦的《巴山秀才》把传统戏曲艺术、西方现代派手法和巴蜀地域文化融汇一体，创造出新颖活泼、雅俗共赏的现代戏剧样式。孟京辉的《恋爱的犀牛》运用新奇的先锋手段和舞台元素对戏剧美学进行了全新探索，成为"先锋派"戏剧的代表。

自"五四"以来，中国新文学在追求现代性和民族性的历史进程中，形成了具有中国特色的新文学传统，新文学作家在思想认识和写作实践中，积累了丰富的经验，这些无疑是当下创意写作可以直接借鉴的资源。

### 四、作为学科的创意写作

在中国，作为学科的创意写作最初源于大学文学课程的开设。1902年，张百熙主持颁布《钦定京师大学堂章程》，在京师大学堂设"文学"科，包括七门科目，"一曰经学，二曰史学，三曰理学，四曰诸子学，五曰掌故学，六曰词章学，七曰外国语言文字学"[①]。"文学写作"相关课程由此成为"文学"科系的授课内容，而真正意义上的新文学写作及其课程教学应与"五四"后新文学作家大量进入大学校园密切关联。以北大、清华为例。北京大学之所以成为"五四"新文学的摇篮，显然与胡适、陈独秀、鲁迅、李大钊、周作人、刘半农、冯至等在北大任教的新文学名家的积极倡导和率先垂范分不开。据1917年5月26日北京大学上报给教育部的《北京大学四年度周年概况报告书》显示，北京大学1915—1916

---

① 舒新城编:《中国近代教育史资料》，人民教育出版社1981年版，第546页。

学年度中国文学门开设的文学写作相关课程有文学史、词章学与文学研究法等，但主要是旧文学。1921 年 10 月订立的《中国文学系课程指导书》提出，本学年若有机会，拟即随时增设小说、新诗歌之研究、新戏剧之研究、新小说之研究等新文学写作相关课程。1931 年，胡适出任北京大学文学院院长后推行"新文艺试作"课程 。据 1935 年度《文学院中国文学系课程一览》，当年开设了 5 门"作文"课，分别为作文一（附散文选读）（冯文炳）、作文二（韵文实习）（顾随）、作文三（新文艺试作：散文、小说、诗）（冯文炳）、作文四（剧本）、作文五（古文），此外，还有胡适主讲的传记专题实习，新文学写作课程明显成为主流。① 1929 年 6 月，杨振声受聘为清华大学文学院院长兼国文系主任，当时国文系教师 13 人，其中赵元任、钱玄同、杨振声、朱自清、俞平伯等都是新文学作家。② 在谈及国文系的宗旨和课程体系时，杨振声认为，"校雠目录之学""语言文字之学""文学史"等皆"非文学也"，虽然"都可以包核在国文学系，但这不过是研究文学之方法，不是研究文学之宗旨"，国文系的宗旨应该是"创造我们这个时代的新文学"。③ 1931 年，他的继任者朱自清同样认为："我们并不看轻旧文学研究考证的工夫，但在这个时代，这个青黄不接的时代，觉得还有更重大的使命：这就是创造我们的新文学。"④1929 年，清华大学发布《大学本科学程一览》，其中《中国文学系的目的和课程的组织》明确提出，"中国文学系的目的，很简单的，就是要创造我们这个时代的新文学"⑤，并在中国文学系开设"中国新文学研究"和"新文学习作"课程。然而总体来看，20 世纪初新文学写作课程在大学文学教学中并不如人意，正如胡适当年所言："这种氛围 ，导致国文系的

---

① 　陈平原、夏晓虹编：《北大旧事》，生活·读书·新知三联书店 1998 年版，第 207 页。

② 　沈卫威：《现代大学的新文学空间——以二三十年代大学中文系的师资与课程为视点》，《文艺争鸣》，2007 年第 11 期。

③ 　参见《清华中国文学会有史之第一页》，《国立清华大学校刊》，1928 年第 22 期。

④ 　朱自清：《中国文学系概况》，《清华周刊·向导专号》，1931 年第 35 卷第 11、12 期合刊。

⑤ 　齐家莹编撰：《清华人文学科年谱》，清华大学出版社 1999 年版，第 84 页。

教学,重古典,轻现代;重考据,轻批评;重学术,轻创作。在国文系的特殊语境中,不要说教'新文艺试作'很难,讲外国文学的,同样不被重视。"①作为新文学摇篮的北京大学尚且如此,其他大学可见一斑。抗战时期,西南联大中文系虽然开设了"现代中国文学讨论及习作"、"世界文学名著选读及试译"、"现代中国文学"(杨振声)、"各体文习作"、"创作实习"(沈从文、李广田)、"文学概论"(李广田)等一系列新文学写作相关课程,但从中文系的整体课程设置来看,古代文学相关课程占了绝大比重,据《国立西南联合大学校史》记载,在三、四年级的文学选修课二十一门中,古代文学占了十七门,仅有四门属于现代文学,而这四门中,还有一门是"文学概论",一门是"世界文学名著选读及试译","可见在西南联大的课程设置中,中国现代文学的分量还是很轻的"②,以至于40年代初罗常培担任西南联大中文系主任时,明确提出,"中国文学系,就是研究中国语言文字、中国古代文学的系。爱读新文学,就不该读中文系"③,"大学是不培养作家的,作家是社会培养的"④。直至五六十年代,时任北京大学中文系主任的杨晦仍然坚持"中文系不培养作家"的看法,大学中文系注重文学研究忽视文学写作的惯习一直延续至今。

新中国成立以来,我国的大学体制仿效苏联,注重实用。1950年6月召开的第一届全国高等教育会议提出,高等教育要为社会主义政治和经济建设服务,要在高等教育体系中开设一批既具有坚定的理论基础,又能适应国家实际应用所需要的课程。在此背景下,一方面文学写作在大学文学教育中被遮蔽,另一方面实用性写作课程受到重视。第一次全国高等教育会议通过的《高等学校课程草案——文法理工学院各系》,把中文系的课程设置分为必修和选修

① 陈平原:《知识、技能与情怀(上)——新文化运动时期北大国文系的文学教育》,《北京大学学报(哲学社会科学版)》,2009年第6期。

② 王彬彬主编:《中国现代大学与中国现代文学》,上海人民出版社2011年版,第327页。

③ 余斌:《漫说西南联大中文系》,《边疆文学》,2005年第1期。

④ 汪曾祺:《星斗其文,赤子其人——回忆沈从文先生》,河南文艺出版社2020年版,第45页。

两类,公共必修课开设国文与写作,写作课分为散文报道、文艺、理论文、应用文等四门,共 12 学分,"是必修课中学分最多的一门课程"①。"课程草案"关于写作课规定:"为使学生具备各种写作能力,每年级均有写作课程。以散文、报道习作为主,给学生以各种写作的基础训练,培养其联系实际的精神,并可就学生性之所近,习作诗歌、散文、小说、戏剧等,为进一步从事文艺写作的准备。并设理论文写作,以培养学生分析、综合、推论的能力;设应用文习作,培养学生写作各种应用文字的能力。关于写作训练,均应注意思想方法及语法修辞,并酌选范例以资观摩。各种习作先后顺序,得由各校自定。"②虽然草案明确指出开设写作课的目的是"为使学生具备各种写作能力",强调了写作训练的重要性,提出"习作诗歌、散文、小说、戏剧等,为进一步从事文艺写作的准备",但实际上,所开设的写作课程是广义上基础写作,而不是文学创作。这种强调理论、注重实用的基础写作理念成为大学中文学科写作课程的主导思想。因而,长期以来,虽然我国大学中文系大多开设写作课程,相关写作教材为数不少(据估计已达数百种,可能是人文学科中教材数量最多的③),但从学科角度而言,写作课程及其教学的问题较为突出:

一是注重理论知识传授,忽视写作能力训练。以往的写作课,在课程性质和设置目的方面,强调写作课是"汉语言文学专业的一门基础课",目的在于培养学生,"具有必要的写作理论知识以及对于一般常用文体的分析、评价和实际写作能力"。④虽然也提出要培养学生的"独立创造能力",但在教学内容和考核目标方面,更注重的是"基础理论知识""文体写作知识"和"作品阅读分析",而对操作性的"作文"部分没有合理的体现,"逐渐形成了'绪论、题材、主

① 王铁仙、王文英主编:《二十世纪中国社会科学·文学学卷》,上海人民出版社 2005 年版,第 406 页。

② 中央人民政府教育部编印:《高等学校课程草案——文法理工学院各系》,光明日报社 1950 年版,第 3 页。

③ 孙绍振:《建设中国当代写作学的操作性理论体系》,《福建论坛(文史哲版)》,1994 年第 6 期。

④ 王光祖、杨荫浒主编:《写作》,华东师范大学出版社 1999 年版,第 405 页。

题、结构、表达、语言、修改、文风'的所谓'八大块'理论体系"①。对此,有识之士指出:"写作不同于文学理论、语言学、逻辑学之处就在于它不是一种传授知识的学科,在这一点上不清醒,遂导致写作学的架空。写作学是一门实实在在的实践的学问,而实践的学问是不能靠理论的演绎来完成……"②二是注重综合性的广义写作,忽视专业性的文学写作。以往的写作课,在课程名称上"五花八门",诸如"写作""大学写作""写作学教程""基础写作教程""写作学高级教程"等,既包括"主题""材料""结构""语言""表达方式"等写作基础知识的介绍,也包括"记叙文体""议论文体""说明文体""应用文体"等各类文体写作知识的讲解,从而使得汉语言文学专业本身的文学写作没有得到足够重视。三是缺乏明确的理论体系和学科范畴。"中国当代写作学至今仍然未能形成自身的学科理论体系,因而仍然停留在学科建设的草创阶段。草创阶段的学术理论其最明显的标志是学科范畴缺乏稳定内涵,并且处于各自独立的状态,不能构成自洽性"③,20 世纪 90 年代孙绍振先生关于写作学科的这一判断至今仍然没有得到实质性改变。中国当代写作学仍然缺乏明确的理论概念、稳定的学科范畴以及由此构建的逻辑自洽和体系完备的理论体系,即便是方兴未艾的"创意写作"也不例外。四是专业教育和师资力量存在严重的结构性缺失。长期以来,"写作"是作为基础课、通识课或选修课在大学中文专业开设的,缺少独立的二级学科身份④,承担大学写作课程的教师主要来自中文学科的各个专业,没有写作专业背景,大多缺乏写作实践经验,更谈不上掌握写作必备的技

---

① 周姬昌主编:《写作学高级教程》,武汉大学出版社 2009 年版,第 5 页。

② 孙绍振:《建设中国当代写作学的操作性理论体系》,《福建论坛(文史哲版)》,1994 年第 6 期。

③ 孙绍振:《建设中国当代写作学的操作性理论体系》,《福建论坛(文史哲版)》,1994 年第 6 期。

④ 2009 年,复旦大学开始在全国设立首个创意写作专业学位硕士点(MFA);2014 年 12 月,上海大学创意写作计划外二级学科获教育部批准设置,随后设立我国首个创意写作专业博士点;2024 年 1 月,教育部中国学位与研究生教育学会公布《研究生教育学科专业简介及其学位基本要求(试行版)》,"中文创意写作"正式列入中国语言文学一级学科下的二级学科。

巧。尽管近年来,一些高校开始实行"驻校作家"制度,但这些"杯水车薪"的举措并没有改变大学写作教学"纸上谈兵"的尴尬处境。

新世纪以来,随着我国高等教育改革的进一步深化,为了改变传统写作课程及其教学的滞后状况,创意写作开始兴起。通常认为,作为学科教育的"创意写作"在 2009 年前后进入中国,其标志主要有三个方面:一是著名作家王安忆和王宏图教授等在复旦大学领衔设置国内首个创意写作硕士点(MFA);二是葛红兵教授团队在上海大学率先成立国内第一个创意写作研究机构"上海大学文学与创意写作研究中心";三是中国人民大学出版社出版"创意写作书系"。经过 10 多年的发展,目前创意写作教育在中国迅猛发展,越来越多的高校开设创意写作专业或课程,实施"驻校作家"和"写作工坊"制度,支持创意写作教材出版,逐步实现传统写作向创意写作的转变。然而,在创意写作热潮"方兴未艾"的当下,如何正确认识创意写作,合理推进学科建设,避免矫枉过正,这些无疑是需要我们正确面对和认真思考的。

众所周知,创意写作的概念来自西方。目前,关于创意写作的概念界定和学科定位尚无共识。在美国,创意写作主要指"文学写作",马克·麦克格尔的《创意写作的兴起:战后美国文学的"系统时代"》、D. G. 迈尔斯的《大象教学:1880 年以来的创意写作》、格雷姆·哈珀的《创意写作研究》、黛安娜·唐纳利的《作为学术科目的创意写作研究》、艾伦·泰特的《什么是创意写作》、马修·莫里森的《创意写作的核心概念》、温迪·毕肖普与大卫·斯塔基的《创意写作关键词》等著作中,创意写作主要指"诗歌""小说""剧本""故事"等文学文体的写作;而在英国、澳大利亚等国家,"在高校,文学写作为主,但在社区大学、社会培训机构、社区工作坊,偏向于事务写作、跨媒体写作、跨文体写作"[1]。我国学界关于创意写作的界定也主要有两种:一是认为,创意写作"就是我们通常说的文学创作"[2];二是认为,"创意写作是指以写作为样式、以作品为最终

---

① 　许道军:《"创意写作是什么":不同的提问与回应》,《中国创意写作研究》(第十一辑),2023 年第 2 期。

② 　刁克利:《译者序——作家是可以培养的》,见多萝西娅·布兰德著《成为作家》,中国人民大学出版社 2011 年版,第 2 页。

成果的一切创造性活动"①，或者说，"'创意写作'是一切创造性写作的统称"②。

通常而言，创意写作在学科定位和培养目标上主要有两种模式：一是培养作家模式，集中进行文学写作训练，美国的大学创意写作多属于这种类型。国内以复旦大学和北京师范大学为代表，"致力于首先培养优秀的、有独立审美追求的写作者"。二是文化创意写作培训模式，"不仅教文学写作，还要教文案策划等"③，英国、澳大利亚的大学创意写作多属于这种类型。国内以上海大学、北京大学为代表，提出"不仅培养作家，还更多地着力于为整个文化产业发展培养具有创造能力的核心从业人才，为文化创意、影视制作、出版发行、印刷复制、广告、演艺娱乐、文化会展、数字内容和动漫等所有文化产业提供具有原创力的创造性写作从业人员"④。

综上所述，我们认为，创意写作的关键在于"创意"，"创意"即具有独创性、创造性、开创性的创新想法和构思。创意写作有广义和狭义之分，广义的创意写作指一切有创造性的写作，狭义的创意写作指文学创作。本书主要在狭义上运用"创意写作"的概念，以文学写作为主要内容，同时兼及新兴的网络文学写作和文学评论写作，而一般意义上的应用文写作和新闻写作不在此列。在学科性质上，根据 2024 年 1 月中国学位与研究生教育学会网站发布的《研究生教育学科专业简介及其学位基本要求(试行版)》，中文创意写作属于中国语言文学一级学科下的二级学科，"本学科以培养学生的中文写作能力为主要目标，通过课程的讲授和写作方法、技能的训练，促使学生具有应用文及一般写作的基本素质，并发掘和鼓励文学创作及相关研究的专门人才。本学科也包含写作方

---

① 葛红兵、许道军主编：《创意写作教程》，高等教育出版社 2017 年版，第 2 页。

② 葛红兵、许道军：《中国创意写作学学科建构论纲》，《探索与争鸣》，2011 年第 6 期。

③ 葛红兵、雷勇：《英语国家创意写作学科发展研究》，《社会科学》，2017 年第 1 期。

④ 葛红兵：《创意写作学的学科定位》，《湘潭大学学报(哲学社会科学版)》，2011 年第 5 期。

法研究和文学教育研究"。

尽管《研究生教育学科专业简介及其学位基本要求(试行版)》在创意写作学科介绍和学位要求中提出,"作为新兴的交叉学科,中文创意写作既重点培养具有原创力的文学创作人才和具有深厚专业基础、出色创意才华的高层次应用型写作人才,也包括对创意写作学及新媒介写作研究、创作理论、写作教育等研究人才的专业培养",但本书作为主要面对中国语言文学本科和大专学生的创意写作教材,以文学写作为主要内容,强调在教学过程中"特别注重创造力的激发、养成和拓展"的同时,也不能忽视创作理论和传统资源的学习运用。本书在编写方式上遵循理论—学习—实践的基本思路,每章首先介绍相关理论知识,然后精选典范作品进行解析和仿写,最终落实到写作训练上来。当前,各类普通写作或创意写作教材颇有"乱花渐欲迷人眼"之势,本书试图围绕教、学和练,在创意写作教学方面做一些努力和尝试。

# 第一章　开启创意

【学习目标】

1. 知识目标:理解"写作障碍""创造性态度"等概念的基本内涵。

2. 能力目标:掌握突破写作障碍、开启创意的基本理念和方法。

3. 价值目标:能够从认识自我的角度理解自己在学习写作中遇到的各种障碍,找到克服障碍和开启创意的方法,做一个自我实现的人。

【学习重点】

通过理解写作障碍与创意开启的关系,建立创造性写作的观念。

【学习难点】

理解创意是写作的本体。

创意是写作的本体,这是创意写作的理论基石。广义上的创意,是指一个写作者的创造性思维和创造性能力;狭义的创意则是指一部作品所包含的创造性想法。如何激活学生的创意灵感,培养创意思维,开启学生的创意能力,是创意写作首先需要做的工作。也就是说,在正式进入到具体写作过程之前,有一个充分的"开启创意"的阶段。

创意意味着对固有观念、思维定式的批判、否定,生成新想法。这个过程总是与写作的障碍联系在一起的。在写作的过程正式开始之前,包括作家从零开始寻找写作对象,以及已确定写作对象后进入具体构思两个阶段,同时贯穿着

"克服障碍"与"生发创意"两项内容。克服障碍是生发创意的前提和基础,而创意的生发是对障碍进行克服和转化的结果,二者相辅相成。

当然,创意是一种不断发展的能力,创意能力需要贯穿创意写作教育的整个过程。但是,写作起点处的"创意"最为关键,它是否具有新颖性、独特性和深刻性,往往在作家动笔之前,就已决定了整部作品的成败。

## 第一节 突破写作障碍

### 一、写作障碍

写作行为,离不开三个具体的对象,即写作主体、写作客体、写作主体与写作客体之间的关系。创意的生发,与三个对象都有关联,但是与写作主体的关联最为直接。所谓写作主体,就是在写作活动中占据主导地位的作者,其突出特征就是具有一定的知识修养、技巧积累和主观能动性。

传统的写作教育,往往是将没有掌握足够的语言能力或者写作技巧看作是想要写作的人,或写作的初习者的主要障碍。但是,创意写作对此有不同的认知和出发点:"一般的学生或大多数初学写作者所遇到的困难并不是小说创作技巧所能够解决的困难,他需要解决的是我能不能写的自信心问题。"①写作的障碍是写作者的心理愿望与实际行动之间的差距,从宏观角度来看,可分为两种——一是技术障碍,一是心理障碍,但是心理障碍对于写作的初习者来说,影响要大得多。能否建立起写作的信心,有没有勇气动手去写,是一个人走向写作之路的基础。

创意写作教师多萝西娅·布兰德总结了写作初习者经常面临的四种困难:一是"写作本身的困难,要不要写作"。很多人认为必须要掌握足够的技巧,积

---

① [美]多萝西娅·布兰德:《成为作家》,刁克利译,中国人民大学出版社2011年版,第3页。

累了足够多的情感和人生经验后,才能开始写作,如果是这样,那么他就永远不会开始写作。二是"一本书的作者",就是写作者通过习作完成一自传的一个片段,释放了生命中某种压力或激情之后,再也难以开始下一部作品的写作。三是"间歇性写作",即完成一部作品之后,需要经过漫长的灵感等待,才能开始下一次写作。四是"不均衡的作家",即很多写作者的作品的开头或开始几页都写得非常好,但越是往下写,越是感觉到无法掌控自己的写作。在多萝西娅·布兰德看来,以上四种困难,表面上都与写作技巧相关,但实质上都是写作的信心问题,即写作者有着求完美的心理,害怕失败,或者太年轻,过于自卑和羞涩,或者虚荣心过强,或者太过于担心,无法始终持有激情……这一切都可能导致写作者的自信心缺失,或者自信心在写作过程中悄悄流失。

创意写作的心理障碍分为四种:自卑心理、自责心理、拖延心理和焦虑心理。自卑心理打击写作者的自信心,使他不断自我怀疑;自责心理则是以批评家的内视眼光,不断自我指责,从而导致自我怀疑;拖延心理影响写作的执行,很多写作有创意的苗头,但是没有办法推进;而焦虑心理,严重影响写作的整体性行为,使得写作者没有办法将心思集中到写作之上。[①] 这四种心理,归结到一点,也还是写作的自信心问题。

创造性总是与自我怀疑交织在一起。所有想要开启创意写作的人都要记住一点:首先不是写作的技巧问题,而是写作者要建立起自信心的问题。

### 二、突破写作障碍的基本理念

一个人的心理特征,既与先天气质有关,也跟他的成长经历,特别是童年经历密切相关。关于如何突破心理障碍,建立起写作的自信心,心理学、教育学、文艺心理学、创意写作学等不同学科已有很多研究成果。

郑学诗总结了转化写作障碍,提高写作主体抗压能力的六种理念。[②] 简述如下:

---

① 雷勇:《创意写作的创意理论研究》,上海大学出版社 2021 年版,第 89 页。
② 郑学诗:《走出写作障碍》,山西教育出版社 2014 年版,第 24—28 页。

第一种，承认写作障碍的客观存在。困难是写作实践中不可分离的一部分，勇敢地正视它，不但不会构成写作的限制，反而会激发创作者追求创作成功的勇气。

第二种，端正写作动机。动机是促使写作者有信心进行写作行为的直接因素，是把内在的心理表达意向转化为外在行为活动的直接原因。写作动机有高下之分，决定着写作者面对困难时的心理强度和付出的努力程度。自古以来，有着强烈审美追求的写作者，无不受到高尚写作动机的驱动。

第三种，根据自己的写作水平，确立实事求是的写作标准。也就是从实际的写作能力出发来确定自己的写作目标，这样就可以保证自己的创作心态的稳定性；同时，随着写作能力的提升，有序调整自己的目标。

第四种，向自己挑战，强化自己的意志。写作者需要持之以恒地把自己的注意力集中到写作目标之上，牢牢控制自己的行为，这样就会不知不觉战胜各种障碍。

第五种，于限制中运用巧思。就是写作者通过强化自身的素养，加强对于世界的观察和思考，认真研习写作的规律和规范，可有效帮助写作者克服写作的困难。

第六种，克服写作障碍的"经济原则"。写作离不开知识和经验的积累，但是如何积累知识和经验，是有方法的。写作者需要学会对知识的筛选、提炼、分析和综合，建构知识网，形成新认识。建立起了新的知识观、世界观，才有可能写出具有创造性的作品。

以上六种方法，比较全面地总结了写作主体转化写作障碍的理念，但还是停留于比较抽象的论述之上。特别是对于心理的复杂性、能动性的发掘不够。

是什么阻碍了我们的写作？英国畅销书作家凯西·伦岑布林克认为"写作时95%的部分都在与自我怀疑做斗争"，"大多数作家在大部分时间都认为他们自己是垃圾。这只是写作过程的一部分。我还没有摆脱自我怀疑，但我现在知道这种怀疑是不客观的，我能做的最好的事情，就是让自己拿起笔坐在书桌前"。

凯西·伦岑布林克提出了战胜写作障碍的一种方法,叫"说出它并驯服它"[①]。具体是这样的:组织一批创作爱好者,让各自将自己在写作时所遭遇的现实和心理困难,都说出来;当你说出你的担忧和恐惧时,你就会如释重负,而且你会发现别人也面临着同样的困境,这时候你就不会觉得孤单;而且,当你能够说出你的担忧和恐惧时,这就显示了你直面它的勇气,就可以识别它,理解它,战胜它或者跳过它。

### 三、建立创造性态度

克服怀疑、焦虑和拖延等写作的心理障碍,是建立创造性态度的前提。创意写作强调创意本位,其最终的追求并不是落脚于创作,而是要以写作为抓手,培养出能够自我实现的人,也就是培养出能够让创意成为习惯的人。著名人本主义心理学家马斯洛曾指出:"'专注于此刻'的能力是任何一种创造必不可少的前提。"为此,马斯洛提出了一种以"专注于此刻"为核心的创造性态度,马斯洛把这种态度看作是创造的先决条件。

如何专注于此刻呢? 这里摘要介绍马斯洛的几个研究论点。

1.抛弃过去。过去虽然能够为现在的行动提供经验,但是也会形成思维限制。过去是一人背负着的惰性的、未消化的异物。要想创造性地处理一个当前问题,最重要的就是全身心投入它之中,在问题的里面寻找答案,而不是臆想答案;全身心投入当下之时,才可以将过去的经验进行融会贯通。

2.抛弃未来。我们不能把现在仅仅视为实现未来目标的工具,这种功利化的态度本质上是贬低当下的价值。忘记未来是全身心投入现在的必不可少的前提。忘记未来最好的办法是不要为未来担忧。

3.在感知、理解和行为上变得"纯真",以及缩小意识范围。纯真通常是具备高度创造性的人才具备的品质,这类人常常胸怀坦荡,无先入之见,无所谓"应当"与"不应当",不教条。具有一颗纯真的心的人,往往能做到缩小意识范

---

[①]　[英]凯西·伦岑布林克:《生活,写下来吧!》,四木译,上海社会科学院出版社 2023 年版,第 19 页。

围,也就是对于自我与他们的关系,对责任、希望、恐惧等意识都有所降低,更加少受到他人和外在环境的羁绊。

4.信赖而非控制。对自我和世界充满信赖,根据当下的情况,允许自己暂时放弃努力、控制意识和决断,然后放松、等待和接受。

5.最大程度的自发性。专注于当下,专注于事物的本身,我们就易于以自发的、不加努力的、本能般的、自动的和不假思索的方式,完全自主地发挥和表现出我们的能力,也就意味着力量和勇气。创造性的态度需要力量和勇气,需要充分展示自己的独特性,追求人与世界的融合。

## 第二节　开启创意的作家经验

范文一

# 学习写作[①]（存目）

### 沈从文

沈从文在《学习写作》这篇文章里强调了"学习写作"的一个核心观念:用生命来投资,不计成败地写下去。在这个过程中,步步都会有障碍,充满了人生辛酸,所以就需要培养自身忍耐力、适应力和脑子的张力,"永远不灰心,永远充满热情去生活、读书、写作",让写作成为一种习惯,这种习惯会增强你对于写作和生活的信心,让你变得成熟,情绪稳定,提升你的人生境界,以一种超越普通人的心与眼来认识生活,书写时代的经典。

---

① 沈从文:《沈从文全集》第17卷,北岳文艺出版社2002年版,第330—332页。

范文二

# 致年轻作家[①]（存目）

[美]乔伊斯·卡罗尔·欧茨

"写出你的心声"。美国作家乔伊斯·卡罗尔·欧茨对我们有一个告诫：写作的秘诀就在于勇敢地"写出你的心声"，不要自设禁区，要勇敢，不要对于你写的任何题材、你为写作投入的激情，以及你的理想主义而感到羞愧，那些在你的生命中"被禁止的"情感，恰恰是你的燃料，推动着你的写作。

范文三

# 寻找灵感[②]（存目）

莫 言

灵感即创意，是创意的最常见的具体形式。莫言给我们分享了他寻找灵感的多种方式，笼统概括起来，无非就是有意识地观察生活，从阅读中寻找，或者无意识地从生活和书本中获得。"一部好的作品，必是被灵感之光笼罩着的作品。而一部平庸的作品，是缺少灵感的作品。我们祈求灵感来袭，就必须深入到生活里去。"但是，在这篇文章里，莫言似乎更想告诉我们的是，尽管寻找灵感的方式多种多样，因人而异，但是有一个前提，那就是人格上的"大胆"："真正的胆大，其实也不是杀人不眨眼，其实也不是视死如归，其实也不是盗窃国库时面不改色心不跳，而是一种坚持独立思考、不随大流、不被舆论左右、敢于在良心的指引下说话、做事的精神。"

---

① [美]乔伊斯·卡罗尔·欧茨：《作家的信念——生活、技巧、艺术》，刘玉红译，人民文学出版社 2021 年版，第 18—22 页。
② 莫言：《寻找灵感》，《文艺报》，2015 年 6 月 17 日。

# 第三节　创意的开启与生成

## 一、开启创意的两个阶段

在正式进入到具体写作过程之前,有一个"开启创意到生成创意"的过程,而这个过程又可细分为两个具体阶段。

一是写作对象尚未确立之时,为了寻找写作的灵感和素材,写作者可以充分调动自己的主观性,进行创意激发。具体来说,有三种方式——

1. 胡思乱想。在确定写作对象之前,写作者需要充分放飞自我,不拘一格地展开想象和联想。例如,海子被认为是天才诗人,他从 1982 年至 1989 年不到 7 年的时间里,创作了近 200 万字的作品。根据西川的回忆,海子一晚可以写几百行的长诗,但开始两个小时所写的几乎是废品。我们认为,海子写废品的这个阶段,恰恰是诗人在胡思乱想、孕育灵感、寻找具体的写作对象的过程。磨刀不误砍柴工,这是大多数写作者都有过的共同体验。

2. 从生活中寻找创意的基础。如果胡思乱想并不能提供一个比较明确的想法,写作者就可以转换路径,从书斋中走出来,走到生活当中去做观察、调查,说不定会有意外之喜。例如雨果在去探索巴黎圣母院之时,看到墙上刻着"命运"一词,"他多方寻思,尽力猜测那痛苦的灵魂是谁,他为什么一定要把这个罪恶的或悲惨的印记留在古老教堂的额角上之后才肯离开人世","正是由于这个单词,作者写下了这部著作"。(《巴黎圣母院·原序》)如前面阅读的《寻找灵感》一文,莫言早年在月夜里寻找灵感,虽然没有直接寻找到灵感,但是却为他日后写出成名作《透明的红萝卜》提供了灵感生成的感受性基础。

3. 从阅读中寻找创意的基础。例如,鲁迅的短篇小说集《故事新编》即是向书本寻找创意的典范。如其中最有名的篇目《铸剑》,鲁迅给徐懋庸的信中交代了这篇作品的缘起:"《铸剑》的出典,现在完全忘记了,只记得原文大约二三百字,我是只给铺排,没有改动的。也许是见于唐宋类书或地理志上(那里的'三王冢'条下)……"①施蛰存利用现代精神分析的方法,对古代文学和文化中的人物形象进行了重新解读,生成了新的创意,写出《石秀》《将军底头》等名篇。

二是在写作对象确立之后,作者需要围绕具体的对象来进行创造性联想和想象,这个过程充满痛苦思量和反复的过程。一个突出的表现是,很多作品是不断推倒重来,作家写了一稿又一稿,不断回到一个新的起点,最终成为名作。贾平凹《秦腔》全书40万字,作者却是四易其稿,不断推倒重来,前后写了115万字的手稿。托尔斯泰关于《安娜·卡列尼娜》的创作过程就经常被人提及。在托尔斯泰最初的想象中,他想要写一位已婚的上流社会女性,但她品行不端,风骚卖弄,他打算把这个迷失了自我的女人写得"既可怜又无罪",但后来托尔斯泰超越了个人的道德观,没有简单地写一个男女私通的故事,而是从个人感情与社会道德之间的冲突的角度,塑造了一个品格高尚、敢于追求真正的爱情与幸福的且具有反叛精神的女性形象,揭示了俄国社会中妇女的地位以及对它的批判。不仅如此,在小说的初稿中,所有角色围绕主要人物安娜·卡列尼娜展开,托尔斯泰在重写稿中增加了基蒂和康斯坦丁·列文这条情节线,列文作为托尔斯泰的化身,展示了很多社会性思考。

## 二、开启创意的程序与方法训练

第一步,在不知道写什么之前,充分进行胡思乱想。

找到一个安静的写作空间,让自己得到完全放空,这时候你的脑海中会闪烁着各种语言的信号或情境。不要思索它们,只需要捕捉它们,在白纸上快速地写下你捕捉到的任何信息。不要追求语句的完整,只需要写下词语或者破碎的短句。

第二步,仔细比较速记下的各种语言信息,找出你在当下最有兴趣去写的内容,它可以是一个词语或短句,也可以是几个词语、几个短句的组合。

第三步,在初步确定了写作对象之后,围绕这个对象再次进行自由联想和

---

① 鲁迅:《鲁迅全集》第十四卷,人民文学出版社2005年版,第30页。

想象,仿照第一步的训练方法,将环绕着这个对象而出现的任何语言信息,以词语或短句的形式,记录在纸上。

第四步,将第三步所记录的全部语言信号进行分类和分板块整理,并按照某种逻辑顺序将其进行排列。

完成了以上四步,你就可以进入到第五步,也就是具体写作的阶段。

**【创意训练】**

课堂练习:

按照"开启创意的程序与方法",进行创意开启和生成训练。

课后练习:

按照"开启创意的程序与方法"(不限定时间),每天进行创意开启和生成训练,每天写一篇作文,坚持一周。

**【延伸阅读】**

1. [美]多萝西娅·布兰德:《成为作家》,刁克利译,中国人民大学出版社2011年版。

2. 沈从文:《沈从文全集》第17卷,北岳文艺出版社2002年版。

3. [美]乔伊斯·卡罗尔·欧茨:《作家的信念——生活、技巧、艺术》,刘玉红译,人民文学出版社2021年版。

4. 李晓君:《时光镜像》,百花文艺出版社2006年版。

# 第二章 设计安排

【学习目标】

1.知识目标:学生能够掌握目标设计、方法设计、生成设计等方面的知识。

2.能力目标:通过课堂讲解、案例分析、小组讨论、实践创作等多种教学方法,引导创意写作中的设计安排,并能运用所学进行创意写作实践。

3.价值目标:培养学生的创新思维和审美素养,使学生既能够从独特的视角观察世界、表达情感和思想;又能科学、谨慎地安排自己的创意写作训练。

【学习重点】

阶段性目标的实施与反馈,模仿与创新的结合,主题选择的独特性与创新性从构思到创作的转化。

【学习难点】

自由写作的练习,自我反思的方法,主题的呈现与深化,结构的类型。

设计即筹划。写作中的设计牵涉的范围较为宽泛,恰当的学习可帮助初学者突破思维定式,激发创新灵感,培养独特的创意视角和思维方式,在写作中展现出个性和创造力,避免作品的千篇一律和模式化。有了一定的设计理念,初学者易于将抽象的创意转化为具体、生动、富有感染力的文学作品,有利于解决创作动力、主题创意、语言表达、情节逻辑等写作中可能出现的一些问题。

# 第一节　目标设计

在创意写作训练中,明确目标是至关重要的第一步。目标不仅为训练提供了方向,还能帮助写作者保持动力和专注。明确目标可以从以下几个方面入手:

## 一、确定具体目标

具体目标是写作训练的核心。不同的写作目标对应不同的训练内容和方法。以下是一些常见的具体目标:

提升叙事能力:叙事能力是写作的基础之一,尤其是在小说、散文、回忆录等文体中。叙事能力的提升包括如何构建故事情节、塑造人物形象、设置冲突与解决,以及如何通过细节描写增强故事的感染力。训练可以通过分析经典叙事作品、模仿写作以及创作短篇故事等方式进行。

增强逻辑表达:逻辑表达在议论文、说明文、学术论文等文体中尤为重要。增强逻辑表达意味着能够清晰地组织论点、合理地展开论证以及有效地使用证据支持观点。训练可以通过逻辑思维练习、结构化写作以及辩论等方式进行。

掌握特定文体:不同的文体有不同的写作规范和技巧。例如:新闻报道要求简洁明了、客观公正;诗歌则需要注重韵律、节奏、修辞和意象的表达。掌握特定文体意味着不仅要了解其基本特征,还要通过大量练习来熟练运用。训练可以通过阅读经典作品、模仿写作以及接受专业指导等方式进行。

目标不仅要明确,还要具体化和可衡量。例如,如果目标是"提升叙事能力",可以进一步细化为"在三个月内完成四十首短诗,每首诗歌行数不少于20行,并通过自我评估和他人反馈进行修改"。这样的目标不仅具体,还可以通过完成的作品数量和质量来衡量进展。

目标不仅要明确,还要有个性化。每个人的写作基础和兴趣点不同,因此目标设定应具有个性化。例如,对于初学者来说,目标可能是掌握基本的写作技巧和规范,而对于有一定写作经验的人来说,目标可能是突破创作瓶颈、探索新的写作风格或创作出一部好的作品。个性化目标能够更好地激发写作者的潜力。

## 二、确定阶段性目标

长期目标的实现往往需要时间和积累,因此将长期目标分解为阶段性目标是写作训练中的重要策略。阶段性目标不仅能够帮助写作者保持动力,还能通过逐步实现小目标来增强信心。长期的阶段性目标的训练与实现最终会转化为长期目标的实现。

### (一)阶段性目标的设定原则

长期目标通常是宏观的、综合性的,例如"完成一部小说"或"成为一名专业作家"。而短期目标则是具体的、可操作的,例如"每周完成2000字的写作"或"每月阅读四本相关书籍"。通过将长期目标分解为多个短期目标,写作者可以更清晰地看到自己的进展,并在每个阶段获得成就感。

阶段性目标的设定可以有以下几个原则。

1.可操作性。阶段性目标应该是具体且可操作的。例如,"提升写作技巧"是一个模糊的目标,而"在本月内完成三篇不同文体的写作练习"则是一个可操作的目标。

2.可衡量性。阶段性目标应该是可以衡量的,以便写作者能够清楚地知道自己是否达成了目标。例如,"提高文章的逻辑性"可以通过"在每篇文章中使用至少三个逻辑连接词"来衡量。

3.时间限制。阶段性目标应该有明确的时间限制,以帮助写作者保持进度。例如,"在两周内完成一篇短篇小说"比"尽快完成一篇短篇小说"更具激励性。

4.灵活性。阶段性目标应该具有一定的灵活性,以便根据实际情况进行调整。例如,如果某个阶段的目标过于困难,可以适当降低难度或延长完成时间。

### (二)阶段性目标的实施与反馈

在设定阶段性目标后,写作者需要制订具体的实施计划,并定期进行自我评估和反馈。例如,可以每周或每月进行一次总结,检查目标的完成情况,分析存在的问题,并调整下一阶段的目标。反馈不仅来自自我评估,还可以通过他人(如老师、同伴或读者)的反馈来获得更全面的视角。

(三)阶段性目标的示例

以下是一个长期目标与阶段性目标结合的示例:

长期目标:完成一部 15 万字的小说。

阶段性目标:

第一阶段(第 1—3 个月):确定小说主题、人物设定和基本情节框架,完成前两章的写作(约 3 万字)。

第二阶段(第 4—6 个月):完成中间五章的写作(约 7 万字),并进行初步修改。

第三阶段(第 7—9 个月):完成后三章的写作(约 5 万字),并进行整体修改。

第四阶段(第 10—12 个月):进行最终修改和润色,完成小说的定稿。

通过这样的阶段性目标设定,写作者可以有条不紊地推进写作进程,并在每个阶段获得具体的成果。

### 三、影响目标设定的心理因素

目标设定不仅仅是技术层面的问题,还涉及心理因素。写作者在设定目标时,需要考虑自己的动机、兴趣和抗压能力。

1.动机与兴趣。动机是推动写作者持续写作的内在动力。目标设定应与写作者的动机和兴趣相一致。例如,如果写作者对科幻小说充满兴趣,那么设定与科幻小说相关的写作目标会更容易激发其写作热情。相反,如果目标与兴趣不符,写作者可能会感到厌倦或动力不足。

2.抗压能力。写作是一个需要长期投入的过程,写作者在追求目标的过程中难免会遇到挫折和压力。因此,目标设定应考虑到写作者的心理承受能力。过于激进的目标可能会导致写作者感到焦虑或挫败,而过于宽松的目标则可能无法激发其潜力。适度的挑战性目标能够在激励写作者的同时,避免过大的心理压力。

3. 自我效能感。自我效能感是指写作者对自己完成写作任务的信心。目标设定应有助于提升写作者的自我效能感。例如，通过逐步实现小目标，写作者可以逐渐积累信心，从而更有动力去挑战更大的目标。相反，如果目标设定过高，写作者可能会因为屡次失败而丧失信心。

目标设定是写作训练中的核心环节，它不仅为写作者提供了明确的方向，还通过阶段性目标的分解和实现，帮助写作者逐步提升写作能力。明确目标、设定阶段性目标、考虑心理因素以及使用有效的工具和方法，都是目标设定中的重要内容。通过科学的目标设定，写作者可以更有条理地推进写作进程，并在每个阶段获得具体的成果和成就感。

在日常的写作训练中为了更好地设定和管理目标，写作者可以借助一些工具和方法。

4. 写作日志。写作日志是记录写作进展和反思的工具。写作者可以通过写作日志记录每天或每周的写作情况，包括完成的任务、遇到的问题以及下一步的计划。写作日志不仅有助于跟踪目标的进展，还可以帮助写作者进行自我反思和调整。

5. 目标可视化

目标可视化是指通过图表、清单等方式将目标具象化。例如，写作者可以制作一个目标进度表，将每个阶段的目标和完成情况标注出来。目标可视化不仅有助于写作者清晰地看到自己的进展，还能增强目标的现实感和紧迫感。

## 第二节　方法设计

在创意写作训练中，方法设计是确保训练有效性的关键。通过科学的方法设计，写作者可以系统地提升自己的写作能力，逐步从模仿走向创新，从基础练习走向高级创作。以下将从模仿与创新、自我训练、反馈与修改三个方面进行详细探讨。

### 一、模仿与创新

(一)模仿的意义与方法

模仿是写作训练的起点,尤其对于初学者来说,模仿经典作品可以帮助他们快速掌握写作的基本技巧和规范。模仿不仅是对经典作品的学习,更是对写作规律的探索。

1. 模仿的意义

通过模仿经典作品,写作者可以学习到如何构建情节、塑造人物、使用语言等基本技巧。不同文体有不同的写作规范,通过模仿,写作者可以更好地理解这些规范,并在自己的写作中加以应用。模仿经典作品可以帮助写作者积累写作经验,逐步形成自己的写作风格。

2. 模仿的方法

选择与自己写作目标相符的经典作品进行模仿。例如:如果目标是提升叙事能力,可以选择叙事性强的经典小说;如果目标是提升议论文写作能力,可以选择经典的议论文。仔细分析经典作品的结构,包括情节安排、人物塑造、语言运用等,理解作者的写作思路和技巧。在理解经典作品的基础上,尝试模仿其写作风格和技巧,进行类似的写作练习。例如:可以模仿经典小说的叙事方式,写一篇类似的故事;或者模仿经典议论文的论证方式,写一篇类似的议论文。

(二)创新的意义与方法

创新是创意写作训练的目标,通过创新,写作者可以形成自己的写作风格,创作出独特的作品。创新不仅是对模仿的超越,更是对写作常规的突破。

1. 创新的意义

通过创新,写作者可以逐步形成自己的写作风格,使作品具有独特性。创新意味着突破常规,尝试新的写作方式和表达手法,使作品更具吸引力。创新需要写作者具备较高的创造力,通过创新训练,写作者可以不断提升自己的创造力。

2. 创新的方法

在掌握基本写作技巧后,尝试写作不同题材的作品,探索新的写作领域。

在写作中尝试突破常规的结构安排,例如使用非线性叙事、多重视角等,增强作品的吸引力。在语言表达上尝试创新,例如使用新的修辞手法、创造新的词汇等,增强作品的表现力。

(三)模仿与创新的结合

模仿与创新并不是对立的,而是相辅相成的。在写作训练中,写作者可以通过模仿经典作品学习技巧,逐步积累经验,最终实现创新。

1. 从模仿到创新的过渡。在初期阶段,写作者可以通过模仿经典作品学习技巧,逐步积累经验;在后期阶段,写作者可以尝试在模仿的基础上进行创新,逐步形成自己的写作风格。

2. 模仿与创新的平衡。在写作训练中,写作者需要平衡模仿与创新的关系,既不能一味模仿,失去自己的风格,也不能无节制创新,忽视基本技巧的掌握。

(四)模仿与创新过程示例(小说写作)

第一阶段(第1—3个月):选择几部经典小说进行模仿,分析其叙事结构、人物塑造、语言运用等,尝试模仿其写作风格,完成两篇短篇故事。

第二阶段(第4—6个月):在模仿的基础上,尝试进行创新,例如使用非线性叙事、多重视角等,完成两篇具有创新性的短篇故事。

第三阶段(第7—9个月):进一步创新,尝试写作不同题材的小说,例如科幻小说、历史小说等,完成两篇具有独特风格的小说。

第四阶段(第10—12个月):在创新基础上,完成一部具有个人风格的长篇小说。

通过一段时间的系统训练,你或许可以完成自己的第一部小说,在写作技巧和叙事能力上会有一定的提升;通过模仿经典作品学习技巧,逐步积累经验,最终实现了创新,形成了自己的写作风格。当然,这只是一个虚拟的过程,在践行的过程中,不同的个体会有一些细微的差异。

**二、自我训练**

自我训练是写作训练的核心环节,通过不同类型的写作练习,写作者可以全面提升自己的写作能力。以下将介绍几种常见的方法。

(一)自由写作

自由写作是一种不受限制的写作练习,写作者可以自由选择题材、文体和表达方式,甚至不用考虑文体,你只是写一段自己愿意写的、迫切想要表达心情的文字。自由写作的目的是激发写作者的创造力,培养写作活动与写作者自我的良好的依存关系。

1. 自由写作的意义

自由写作不受限制,写作者可以自由发挥,激发创造力。通过定期进行自由写作,写作者可以培养写作习惯,逐步提升写作能力。自由写作可以帮助写作者释放情感,表达内心的想法和感受。

2. 自由写作的方法

(1)好的环境。选定一个适合你专心写作的环境,可以是教室、图书馆、实验室、一个无人干扰的房间,凡此种种。

(2)设定时间。每天或每周设定固定的时间进行自由写作,例如每天写30分钟,每周写2000到5000字,或者每周写若干段有意味的句群。

(3)不设限制。在自由写作中,不设题材、文体和表达方式的限制,写作者可以自由发挥。

(4)定期回顾。定期回顾自由写作的内容,分析其中的优点和不足,逐步提升写作能力。

(二)命题写作

命题写作是一种有明确主题或题目的写作练习,写作者需要根据给定的主题或题目进行写作。命题写作的目的是培养写作者的写作能力和应变能力。

1. 命题写作的意义

命题写作要求写作者根据给定的主题或题目进行写作,可培养写作能力。命题写作要求写作者在有限的时间内完成写作,可提升应变能力。命题写作要求写作者围绕给定的主题进行写作,可增强文字表达的主题意识。

2. 命题写作的方法

(1)选择主题。选择与自己写作目标相符的主题进行写作,例如:如果目标是提升叙事能力,可以选择叙事性强的主题;如果目标是提升议论文写作能力,可以选择议论性强的主题。

(2)设定时间。在命题写作中,设定固定的时间进行写作,例如 30 分钟或 1 小时,提升应变能力。

(3)定期练习。定期进行命题写作,逐步提升写作能力和应变能力。

(三)限时写作

限时写作是一种在规定时间内完成写作的练习,写作者需要在有限的时间内完成一篇完整的文章。限时写作的目的是提升写作者的写作速度和应变能力。

1.限时写作的意义

限时写作要求写作者在有限的时间内完成写作,可提升写作速度。限时写作要求写作者在有限的时间内完成写作,可增强应变能力。限时写作要求写作者合理安排时间,可培养时间管理能力。

2.限时写作的方法

(1)设定时间。在限时写作中,设定固定的时间进行写作,例如 30 分钟或 1 小时。

(2)选择题材。选择与自己写作目标相符的题材进行写作,例如:如果目标是提升叙事能力,可以选择叙事性强的题材;如果目标是提升议论文写作能力,可以选择议论性强的题材。

(3)定期练习。定期进行限时写作,逐步提升写作速度和应变能力。

(四)反馈与修改

反馈与修改是写作训练中的重要环节,通过反馈与修改,写作者可以不断改进自己的作品,提升写作质量。

首先,自我反思。自我反思是写作者对自己作品进行分析和评价的过程,通过自我反思,写作者可以发现作品中的优点和不足,并进行相应的修改。通过自我反思,写作者可以发现作品中的优点,增强自信心。通过自我反思,写作者可以发现作品中的不足,进行相应的修改。通过自我反思,写作者可以逐步提升自己的写作能力。

自我反思可注意以下几点:定期回顾自己的作品,分析其中的优点和不足。

在自我反思中,记录下自己的发现和思考,逐步积累经验。根据自我反思的结果,制订改进计划,逐步提升写作能力。

其次,同伴互评。同伴互评是写作者之间相互评价作品的过程,通过同伴互评,写作者可以获得他人的反馈,发现作品中的优点和不足,并进行相应的修改。通过同伴互评,写作者可以提升自己的评价能力,逐步学会如何评价他人的作品。通过同伴互评,写作者可以增强合作意识,学会如何与他人合作。

同伴互评可注意以下几点:选择与自己写作目标相符的同伴进行互评,例如,如果目标是提升叙事能力,可以选择叙事性强的同伴;如果目标是提升议论文写作能力,可以选择议论性强的同伴。定期互评,定期进行同伴互评,逐步提升评价能力和写作能力;记录反馈,在同伴互评中,记录下他人的反馈,逐步积累经验。

再次,教师反馈。教师反馈是教师对写作者作品进行评价和指导的过程,通过教师反馈,写作者可以获得专业的指导,发现作品中的优点和不足,并进行相应的修改。通过教师反馈,写作者可以逐步提升自己的写作能力,增强学习动力。

在与专业的写作教师的交往中可注意以下几点:参与到教师组建的分类别的写作工作坊中,这是获取教师反馈的最为便捷的方式;定期向教师提交作品,获得专业的指导和反馈;在教师反馈中,记录下教师的指导和反馈,逐步积累经验;根据教师反馈的结果,制订改进计划,逐步提升写作能力。

方法设计是写作训练中的重要环节,通过科学的方法设计,写作者可以系统地提升自己的写作能力,逐步从模仿走向创新,从基础练习走向高级创作。模仿与创新、自我训练、反馈与修改是方法设计中的核心内容,通过模仿经典作品学习技巧,逐步积累经验,最终实现创新;通过自我训练,全面提升写作能力;通过反馈与修改,不断改进作品,提升写作质量。总而言之,通过谨慎的方法设计,初学者可以更有条理地推进写作进程,并在每个阶段获得具体的成果和成就感。

# 第三节　生成设计

在创意写作训练中,生成设计指的是如何完成一件既定的作品。通过谨慎而切身的设计,写作者经历酝酿主题、搭建结构、初稿的生成、修改与完善这几个阶段后,完成自己认可的一个文本。由于这个过程具有很大的发散性,所以,涉及的范围比较宽泛,既可以是个人在完成一件作品时的具体的工作,又可以是他此前的所有的准备过程,还可以是修稿、写作者的自我反馈、读者反馈等等。为方便起见,我们将讨论的关键放在四个点上:主题的酝酿、结构的搭建、初稿的生成、修改与完善。

## 一、主题的酝酿

在创意写作中,主题设计是构建整个作品的核心与灵魂,它决定了作品的方向和深度,为故事的展开、情感的表达以及思想的传达奠定了基础。主题不仅是一个故事的中心思想,更是作者对人生、社会、自然的深刻理解和感悟的体现。在创意写作中,主题的选择和设计至关重要,它要求作者具备敏锐的观察力、深刻的思考力和丰富的想象力。主题设计是创意写作的核心,它如同灯塔,为作品指引方向,赋予作品深度和内涵。一个好的主题不仅能够吸引读者的目光,更能触动他们的心灵,引发深刻的思考。

### (一)主题的来源

个人经历与情感是主题的重要源泉。主题隐藏在生活的各个角落,等待着我们去发现。个人的生活经历是主题的重要来源之一。例如陈世旭的作品,他从自身的成长、对社会现实的观察与感悟中捕捉灵感,其成名作《小镇上的将军》就融入了他对那个特殊时代的深刻理解和个人情感,通过小镇上将军的故事展现了时代的变迁和人性的光辉。马尔克斯的《百年孤独》从家族的传说、个人的成长经历以及对拉丁美洲大陆的深刻观察中捕捉灵感,描绘了布恩迪亚家族七代人的传奇故事,展现了时间的轮回、命运的无常以及家族和民族的孤独。书中那些奇幻的情节、独特的人物,都深深烙印着马尔克斯个人的情感与对生活的理解,让读者沉浸在一个充满魔幻色彩的世界里,同时也感受到了人性的复杂与世界的深邃。

社会现象与问题是主题的富矿。关注社会热点、现象和问题,能够引发读者的共鸣和思考。如一些反映当代社会中人际关系疏离、环境污染、科技发展对人类生活的影响等主题的作品,具有较强的现实意义。狄更斯的《雾都孤儿》关注当时英国社会底层儿童的悲惨遭遇,如贫困、剥削、虐待等问题,通过奥利弗的经历,揭示了社会的黑暗面,呼吁社会的公平与正义。这部作品不仅是对一个时代的记录,更是对人性善良与丑恶的深刻剖析,让读者对社会问题有了更深刻的认识,也激发了人们对改变社会现状的思考。陈忠实的《白鹿原》的主题设计堪称典范。它以白鹿原上白、鹿两大家族的兴衰为线索,通过描绘家族成员之间的恩怨情仇、生死离别,展现了中国农村从清末到新中国成立半个多世纪的历史变迁。从主题来源看,陈忠实扎根于关中大地的历史文化和民间传说,深入挖掘当地的风土人情和社会生活,将自己对这片土地的热爱与对历史的思考融入其中。他从白鹿原上的古老传说、家族故事以及农村社会的现实问题出发,获取灵感,构建了作品丰富的主题内涵。在江西,江子的散文常聚焦于乡村社会在现代化进程中的变迁,像《赣江以西》,通过对乡村土地流转、传统农耕文化式微以及乡村人际关系变化等现象的描写,探讨了乡村在时代浪潮冲击下的迷茫与新生,引发读者对乡村发展路径的思考,展现了社会现象与文学创作的紧密联系。

文化传统与历史故事是主题的宝库。丰富的文化传统和悠久的历史为主题设计提供了广阔的素材。可以对经典的历史故事进行改编或重新诠释,挖掘其中蕴含的永恒主题,如爱情、忠诚、勇气等,也可以从独特的地域文化中寻找灵感,展现地方特色和文化底蕴。陈世旭的《青藏手记》是一部以青藏高原为背景的长篇纪实散文。这部作品的主题设计非常成功,它通过对青藏高原自然风光、人文景观和民族风情的深入描绘,展现了这片神秘土地的独特魅力和深厚底蕴。同时,作品还通过对当地人民生活的真实记录,揭示了青藏高原在现代化进程中所面临的挑战和机遇。这种将自然景观与人文关怀相结合的主题设计,使得作品不仅具有高度的艺术性,还具有深刻的思想性。托尔斯泰的《战争与和平》以 19 世纪初俄国的历史为背景,展现了战争与和平交替时期的社会风貌和人们的生活。他巧妙地将历史事件与虚构人物相结合,探讨了爱情、友情、家庭、荣誉、战争等诸多主题,使作品既有历史的厚重感又不失文学的艺术性。读者在阅读中仿佛穿越时空,亲身经历那个动荡而又充满激情的时代,感受到历史的波澜壮阔和人性的光辉与挣扎。而李晓君的作品《时光镜像》,深入挖掘江西本土的历史文化,以赣江流域的历史变迁为脉络,串联起古往今来的人物故事、文化传承与社会变革。从古代的书院文化、陶瓷技艺到近现代的革命斗争,将地域文化传统与历史故事有机融合,展现出江西独特的文化魅力与历史底蕴,使读者在文字间领略到这片土地深厚的文化积淀。

(二)主题的选择原则

1. 独特性与创新性

通过创作者的眼光、思考跳跃普通主题的平庸,力求在生活经验、阅读经验与创意思维中脱颖而出,同样是写情感主题,可以从独特的角度切入,如跨越时空的爱情、人与动物之间的情感纽带等,给读者带来全新的阅读体验。《了不起的盖茨比》中,菲茨杰拉德没有选择普通的爱情故事模式,而是通过描绘 20 世纪 20 年代美国社会的奢华与虚伪,以及盖茨比为了追求爱情而不惜一切代价的悲剧,以独特的视角展现了"美国梦"的破灭。这种独特的主题选择,使作品在众多爱情小说中独树一帜,成为经典之作。江子的散文集《去林芝看桃花》以一次旅行经历为线索,通过描绘林芝桃花的美丽景色,表达了作者对大自然和美好生活的热爱与向往。这部作品的主题设计简洁明了,却富有深意。它通过对桃花的细腻描绘,展现了自然界的生机与活力,同时也寄托了作者对美好生活的期盼和追求。这种以自然景物为载体,表达人生哲理和情感的主题设计方式,在创意写作中非常常见,也极具感染力。范晓波的《去看白桦林》,在主题上别出心裁,不只是单纯描绘白桦林的外在美,而是将白桦林作为一种精神象征,融入自己对生命坚韧、时光流转以及人与自然关系的独特思考,使读者在欣赏白桦林美景的同时,能感受到更深层次的精神内涵,与常见的自然写景散文形成鲜明对比,彰显了独特的主题魅力。

2. 深度与广度

一个好的主题不仅要有一定的深度,能够引发读者的深入思考,还要有足够的广度,涵盖丰富的内容和层面,使作品具有较强的可读性和耐读性。陈忠实的《白鹿原》不仅仅是一部简单的家族史或农村变迁史,而是深入探讨了人性、道德、伦理、政治等诸多方面的问题。如白嘉轩作为传统儒家文化的代表,他坚守着一些古老的道德观念和家族规矩,但在时代的变革中也面临着挑战和困惑;黑娃从一个叛逆的土匪最终又回归到传统文化的怀抱,这一系列人物的命运轨迹展现了人性的复杂和历史对人的塑造。同时,作品的深度和广度令人赞叹,它涵盖了从农村社会的基层结构到宏观历史背景下的社会变革,从家族内部的矛盾冲突到民族命运的跌宕起伏,使读者在阅读中感受到历史的厚重和生活的真实。列夫·托尔斯泰的《安娜·卡列尼娜》,主题不仅涉及爱情与婚姻,还深入探讨了当时俄国社会的政治、经济、道德、宗教等诸多方面。安娜的爱情悲剧不仅仅是个人的命运,更是时代的产物,反映了社会变革时期人们的困惑与挣扎。作品通过众多人物的刻画和情节的展开,展现了广阔的社会画卷,让读者在阅读中感受到生活的复杂与真实。作家阿袁的作品常聚焦于高校知识分子群体,如《子在川上》,在主题上既有对知识分子个体情感、学术追求与精神困境的深度挖掘,又通过人物间复杂的人际关系、学术竞争等展现了高校这一特殊社会环境的多面性,从校园生活的细微之处折射出社会文化、时代思潮对知识分子阶层的影响,在一定程度上拓展了同类题材作品的深度与广度。

3. 与受众的关联性

考虑目标受众的兴趣和需求,选择能够引起他们共鸣的主题。不同年龄段、性别、文化背景的读者对主题的喜好有所不同,因此在主题设计时要充分考虑受众因素。J. K. 罗琳的《哈利·波特》系列,它以魔法世界为背景,吸引了全球无数读者,尤其是青少年。作品中所展现的友谊、勇气、成长等主题,与青少年的内心世界紧密相连,让他们在阅读中找到共鸣,同时也激发了他们的想象力和对未知世界的探索欲望。

（三）主题的呈现与深化

主题设计的过程，实际上是一个从感性认识到理性认识，再到艺术表现的过程。作者需要从生活实际出发，通过观察和体验，捕捉到能够触动人心的事件或现象，进而对这些素材进行提炼和升华，形成具有普遍性和深刻性的主题。在这个过程中，作者需要运用各种文学手法，如象征、隐喻、对比等，来呈现与深化主题的表现力和感染力。在创意写作中，主题的设计还需要注重创新和个性。优秀的作品往往能够突破传统观念的束缚，以独特的视角和新颖的表现手法来探讨主题。这就要求作者在主题设计时，要敢于打破常规，勇于尝试新的思路和方法，以创造出具有独特魅力的作品。

1. 通过人物塑造呈现主题

人物是主题的载体，通过人物的性格、行为、命运等来展现主题。例如，在塑造一个勇敢追求梦想的人物形象时，自然地传达出关于梦想与坚持的主题思想。在《简·爱》中，夏洛蒂·勃朗特通过塑造简·爱这一坚强、独立、自尊自爱的女性形象，展现了女性追求平等、自由和爱情的主题。简·爱的每一个选择、每一次抗争，都在向读者传达着她对自由和平等的渴望，使读者深刻感受到主题的力量。陈忠实的《白鹿原》通过众多生动的人物形象来展现主题。白嘉轩的正直、固执，鹿子霖的精明、世故，田小娥的反抗、无奈，这些性格鲜明的人物在历史的舞台上演绎着各自的命运，他们的行为和选择都深刻地反映了主题。江西作家温燕霞在《围屋里的女人》中，通过塑造众多性格各异的客家女性形象，如坚韧勤劳的阿菊、聪慧勇敢的阿秀等，展现了客家女性在传统礼教束缚下对自由、爱情和尊严的不懈追求。从她们在围屋中的日常生活、生育劳作到情感挣扎，人物的命运与性格紧密交织，深刻地反映了客家文化中女性的地位与抗争精神，使主题在人物的一举一动中得以生动呈现，让读者对客家女性的世界有了深刻的理解与感悟。

2. 借助情节发展深化主题

情节的推进是主题呈现的重要手段。合理安排情节的起承转合，使主题在情节的发展中逐渐深化。如在一部悬疑小说中，随着案件的逐步侦破，揭示出背后更深层次的社会问题和人性弱点,从而深化了主题。在《老人与海》中,海明威通过老人圣地亚哥与大海和大鱼的搏斗情节,从最初的满怀希望,到遭遇挫折,再到最后的不屈不挠,深刻地展现了"一个人可以被毁灭,但不能被打败"的主题。情节的层层推进,使主题在故事的发展中不断升华,给读者留下了深刻的印象。作家江子《回乡记》等一些散文作品,如描写乡村选举的篇章,以选举过程中的种种波折为情节线索,从候选人的拉票活动、村民的态度转变到最终选举结果的产生,逐步揭示出乡村民主进程中的问题与希望,深化了对乡村社会治理与发展的主题探讨,使读者在情节的推进中对乡村现实有了更深入的思考。

3. 利用细节描写强化主题

细节描写能够增强作品的真实感和感染力,使主题更加深入人心。一个生动的细节,如人物的一个眼神、一个动作、一件物品等,都可能蕴含着丰富的主题内涵,起到画龙点睛的作用。在《呐喊》中,鲁迅对孔乙己的外貌、语言、动作等细节描写入木三分。如孔乙己"站着喝酒而穿长衫"的独特形象,"窃书不能算偷"的经典话语,以及分茴香豆给孩子们吃的动作,这些细节生动地刻画了孔乙己深受封建科举制度毒害又善良迂腐的形象,深刻地揭示了封建科举制度对人的摧残和当时社会的冷漠,使主题更加深入人心。李晓君的《时光镜像》中,对赣江古渡口的一块斑驳的青石板、一艘破旧的渔船等细节描写,不仅勾勒出了岁月的沧桑痕迹,更承载着历史的记忆与文化的传承,强化了作品对地域文化变迁与坚守的主题表达,让读者在细微之处感受到时光的厚重与文化的底蕴。

## 二、结构的搭建

结构是创意写作中不可或缺的重要环节,它如同作品的骨架,支撑着整个故事的发展,使作品层次分明、逻辑连贯,从而更好地传达作者的意图和情感。它决定了作品的稳定性和流畅性,使故事有条不紊地展开,让读者能够轻松跟上作者的思路,沉浸在作品的世界里。在设计思路结构时,作者可以借鉴一些常见的结构模式,如线性结构、环形结构、网状结构等。同时,也可以根据作品的具体内容和主题特点,创新性地设计独特的结构形式,以突出作品的个性和特色。

(一)结构类型

1.线性结构

按照时间顺序或事件发展的先后顺序来组织故事,情节依次展开,具有清晰明了的优点,容易让读者理解和接受。例如,许多传统的小说和传记都采用线性结构,如陈世旭的一些作品,以时间为线索,展现人物在不同阶段的经历和成长。路遥的《平凡的世界》,以孙少安和孙少平两兄弟为中心,从他们的少年时代开始,依次讲述了他们在家庭、爱情、事业等方面的经历和成长。读者随着时间的推移,见证了他们在贫困的农村生活中挣扎、奋斗,以及在时代的浪潮中追求梦想的过程。这种结构清晰明了,让读者能够直观地感受到人物命运与时代背景的紧密联系,仿佛亲身经历了那个平凡而又伟大的时代。温燕霞的小说《红翻天》也采用了线性结构。作品以土地革命战争时期为背景,以时间顺序讲述了一群客家女红军从普通女性成长为坚强战士的历程。从她们最初在家庭中的生活,到受到革命思潮影响参加红军,再到经历战斗的洗礼和艰难困苦的考验,读者能清晰地看到她们在不同阶段的思想变化和性格成长。这种线性叙事使读者能深切感受到历史的进程对人物命运的塑造,以及客家女性在革命中的坚韧与奉献精神,与作品展现的红色历史主题相得益彰。

2.倒叙结构

先呈现故事的结果或某个关键情节,然后再回溯事件的起因和发展过程。这种结构能够制造悬念,吸引读者的注意力,使他们产生强烈的好奇心,想要了解事情的来龙去脉。克里斯托弗·诺兰的电影《记忆碎片》,影片一开始就呈现了主角莱纳德患有短期记忆丧失症却执着于寻找杀害妻子凶手的情节,然后通过碎片化的倒叙,逐步揭示他在调查过程中的种种经历和背后隐藏的真相。这种结构充满了悬念,让观众始终保持着强烈的好奇心,不断地在脑海中拼凑故事的全貌,增强了作品的吸引力。江子的散文《去林芝看桃花》在局部段落中运用了倒叙手法。文章开篇先描述在林芝看到桃花盛景时内心的震撼与触动,随后回溯自己一路上的经历和心境变化,从出发前的期待,到旅途中的见闻与感悟,最后再回到桃花树下的沉思。这种倒叙的运用,使读者在开篇就被桃花的美所吸引,引发好奇,进而跟随作者的笔触深入了解其旅行背后的故事和情感,丰富了文章的叙事层次,也增添了阅读的趣味性。

3. 插叙结构

在叙述主要情节的过程中,插入与主线相关的回忆、背景介绍或其他次要情节,丰富故事的内容和层次,使作品更加丰满立体。《穆斯林的葬礼》中,霍达在讲述韩新月的故事过程中,穿插了她父母韩子奇和梁君璧的过去,以及家族的历史背景。这些插叙不仅丰富了故事的内容,使人物形象更加丰满立体,还展现了不同时代的社会风貌和文化冲突,让读者更深入地理解人物的行为和命运背后的深层次原因,使作品的层次更加丰富。马尔克斯的《霍乱时期的爱情》的思路结构独具匠心,以时间为线索,展现了阿里萨和费尔米纳之间跨越半个多世纪的爱情故事,从他们年轻时的相遇、相爱,到中年后的各自经历,再到老年时的重逢,读者可以清晰地看到时间在他们爱情上留下的痕迹,这是线性结构的体现。同时,在叙述过程中,马尔克斯穿插了大量的回忆、历史事件和社会背景描写,如对哥伦比亚内战、霍乱疫情等的描述,以及人物家族的故事等。这些插叙丰富了作品的内容,使读者不仅能感受到爱情的曲折,还能了解到当时的社会风貌和人们的生活状态,使故事更加立体丰满。阿袁的小说《鱼肠剑》巧妙地运用了插叙结构。故事围绕着高校教师的生活展开,在主线情节推进中,不时穿插主人公对过往求学经历、学术生涯关键事件以及与同事、朋友间过往纠葛的回忆。例如,在处理一次学术竞争的情节时,插入主人公早年在导师指导下进行学术研究的艰辛过程,以及曾经遭遇的学术挫折和从中获得的成长。这些插叙不仅丰富了主人公的人物形象,使其性格和行为动机更加复杂多元,还通过展现不同时期的学术环境和文化氛围,让读者对高校学术圈的生态有了更全面的认识,深化了作品对知识分子群体生活与精神世界的探讨。

4. 环形结构

它打破常规线性叙事的单向性,宛如一条首尾相接的神秘链条,故事从某一节点出发,历经曲折后又回归初始,构建起一个闭合回路,让故事的开头与结尾相互呼应、相互映照。在这个结构中,情节、人物的命运或者主题在循环往复中深化,给予读者一种周而复始、无尽轮回的感觉,引发对故事深层意义的思索。陈世旭《小镇上的将军》具有独特的环形叙事特征。故事开篇描绘小镇居民对将军的崇敬与怀念,奠定了将军在小镇人心目中的崇高地位。随着情节推进,读者跟随作者的笔触,回溯将军光辉又坎坷的一生,他从小镇走出投身革命,历经战火洗礼,建立赫赫战功。在故事的发展中,将军的形象逐渐丰满立体,他的英勇、智慧以及对家乡的深情一一展现。到了结尾,故事又回到小镇,将军落叶归根,他的精神深深烙印在小镇的每一寸土地和每一个居民心中,与开篇的崇敬怀念相呼应。这种环形结构巧妙地强化了将军与小镇的紧密联系,深化了将军精神在家乡传承不息的主题,让读者在故事的循环中,感受到将军精神的永恒力量。曾纪虎的诗歌《风在安隐》在结构上具有一定的环形特征。诗歌开篇以风在安隐之地的吹拂为引子,描绘出一种宁静而神秘的氛围,接着通过意象的转换和情感的推进,展现了在这方土地上的人们的生活、劳作以及与自然的互动,抒发了对这片土地的眷恋与哲思。在结尾处,风又回到最初的安隐状态,与开篇相呼应,形成一种循环感。这种环形结构使诗歌的主题在往复中得到强化,让读者深刻感受到这片土地的独特气质和永恒魅力,以及人与自然之间的紧密联系。

5. 网状结构

在这种结构中,没有单一的主线,而是多条线索并行发展,它们在不同的时间和空间节点交会、碰撞,如同一张错综复杂的大网,各个情节线索、人物关系相互交织、彼此关联,形成一个庞大而复杂的叙事网络。每个线索和人物都具有独立性,又在整体上相互影响、相互作用,共同推动故事的发展。网状结构极大地拓展了故事的广度和深度,展现出生活的丰富性和多面性。如王安忆的《长恨歌》构建了一个纷繁复杂的网状结构,故事以王琦瑶的一生为主线,同时穿插了众多人物的命运轨迹,如李主任、程先生、康明逊、老克腊等。这些人物与王琦瑶的情感纠葛、利益冲突形成了多条并行的情节线索。例如:李主任与王琦瑶的相遇,开启了她繁华却充满无奈的人生;程先生对王琦瑶默默的爱贯穿始终,成为她情感世界的一抹底色;康明逊与王琦瑶的情感波折,让她陷入困境;老克腊与王琦瑶的忘年交,又为她的晚年生活增添了别样色彩。这些线索相互交织,在不同的时间和场景中交汇,展现了上海从民国到现代的社会变迁,以及在这一过程中人物的命运沉浮。通过这种网状结构,作品深刻地反映了时代对个人命运的影响,以及人性在复杂环境中的多样表现。李晓君的《时光镜像》采用了网状结构,以赣江流域的历史文化为背景,将不同历史时期、不同阶层人物的故事相互交织。既有古代文人墨客在江畔的吟诗作赋与仕途沉浮,又有近现代革命者在这片土地上的奋斗与抗争,还有普通百姓的日常生活与情感变迁。这些线索如同经纬线,编织出一幅宏大的地域文化与历史画卷。例如,在描写某一古镇的章节中,同时展现了当地传统手工业者的传承困境、年轻一代的外出闯荡以及古镇在旅游开发背景下的文化变迁,不同线索相互关联又各自发展,全方位地呈现了时代浪潮下地域社会的多元面貌,深刻揭示了历史与现实、传统与现代的复杂关系。

(二)结构的原则

1 逻辑性与连贯性

故事的发展要符合逻辑,情节之间的过渡要自然流畅,避免出现突兀或不合理的情节跳跃。各个部分之间要有紧密的联系,共同服务于主题的表达。在柯南·道尔的《福尔摩斯探案集》中,福尔摩斯通过细致的观察和严密的推理来破解案件。每一个线索的发现、每一次推理的过程都环环相扣,逻辑严密,从犯罪现场的蛛丝马迹到嫌疑人的行为动机,都能让读者清晰地理解案件的侦破思路,使整个故事具有很强的说服力。马尔克斯的《霍乱时期的爱情》的逻辑性和连贯性非常强。阿里萨和费尔米纳的每一次情感变化、每一个人生选择都有其内在的原因和逻辑。例如,费尔米纳年轻时因为对爱情的懵懂和家庭的影响而拒绝了阿里萨,中年后经历了婚姻的平淡和生活的磨砺,她对爱情和人生有了新的认识,这些都为她晚年与阿里萨的重逢和重新审视他们的爱情关系奠定了基础。整个故事的发展自然流畅,没有突兀之感。节奏感方面,作品在爱情的漫长等待和短暂重逢之间巧妙切换,如阿里萨在五十三年七个月零十一个日日夜夜的等待中,穿插着他的各种经历和情感纠葛,使故事既有平淡岁月中的坚守,又有重逢时刻的激动人心,张弛有度。统一性上,作品始终围绕着爱情这一主题,无论是爱情的美好、痛苦、执着还是无奈,都在不同的情节和人物命运中得到了体现,同时也反映了时代背景对爱情的影响,使主题贯穿始终,构成了一首完整而富有深度的爱情史诗。范晓波的散文《去看白桦林》充分体现了逻辑性与连贯性原则,文章从前往白桦林的路途见闻写起,自然地过渡到对白桦林景色的细致描绘,再到由白桦林引发的对自然、生命的思考,每一个环节都紧密相连。在描写白桦林时,从树干的色泽、纹理,到枝叶的形态、光影变化,逻辑清晰,让读者仿佛身临其境。情感上也从最初的期待,到观赏时的惊叹,再到深入思考后的感慨,过渡自然流畅,始终围绕着人与自然的主题,没有丝毫的脱节与跳跃,使读者能够很好地理解作者的情感脉络和创作意图,沉浸在作品营造的氛围中。

2. 节奏感与张力

合理安排情节的疏密和节奏的快慢,使作品既有紧张刺激的高潮部分,又有舒缓放松的过渡段落,形成张弛有度的节奏感。通过设置悬念、冲突和矛盾等手法,增强故事的张力,吸引读者的阅读兴趣。金庸的武侠小说,在情节的安排上常常张弛有度。在紧张刺激的打斗场面之后,会穿插一些人物之间的情感交流或轻松幽默的情节。比如在《射雕英雄传》中,郭靖与敌人激战的情节扣人心弦,而他与黄蓉之间的爱情故事则温馨动人,这种节奏的变化使读者在阅读过程中既能感受到紧张的氛围,又能得到情感上的舒缓,增强了作品的可读性。同时,通过设置悬念、冲突和矛盾等手法,如江湖中的正邪对抗、人物之间的爱恨情仇,使故事充满张力,吸引读者不断深入阅读。阿袁的短篇小说《子在川上》以一位大学女教师的生活为题材,通过细腻的心理描写和生动的情节安排,展现了当代知识分子在物质与精神之间的挣扎与选择。这部作品的思路结构设计非常巧妙,它以女教师的内心独白为主线,通过回忆与现实、梦境与现实的交织,构建了一个既真实又虚幻的世界。同时,作品还通过巧妙的情节转折和悬念设置,使读者在阅读过程中不断产生好奇和期待,增强了作品的吸引力。

3. 统一性与完整性

整个作品要有一个统一的主题和中心思想,各个情节和元素都要围绕主题展开,不能偏离主题。同时,要确保故事有一个完整的结局,给读者一种圆满或意犹未尽的阅读体验。一部优秀的作品要有一个明确的主题,并围绕这个主题展开所有的情节和元素。如《红楼梦》，虽然描写了众多人物和复杂的情节，但始终围绕着封建贵族家庭的兴衰以及贾宝玉、林黛玉、薛宝钗之间的爱情悲剧这一主题。从家族的日常生活、社交礼仪到人物的情感纠葛、命运起伏，每一个细节都与主题紧密相连，共同构成了一个完整而宏大的故事世界。作品的结局也给人一种意犹未尽的感觉，既为故事画上了一个相对圆满的句号，又留下了许多值得读者思考和回味的空间。王选的散文集《那些被光照亮的陌生人》以作者与不同人物的相遇为线索，通过细腻的笔触和深刻的思考，展现了人性的光辉与温暖。这部作品的思路结构设计非常清晰，它以作者与人物的相遇为节点，将不同的故事串联起来，形成了一个完整的故事链。同时，作品还通过巧妙的对比和呼应，使各个故事之间产生了内在的联系和共鸣，增强了作品的整体性和深度。

（三）结构的调整与优化

调整结构是创意写作中的关键环节，它决定了作品的内在逻辑和层次感。一个好的思路结构能够使作品条理清晰、层次分明，让读者在阅读过程中能够轻松理解作者的意图和表达的情感。

1. 明确核心主题与目标

在调整结构前，必须清晰把握作品的核心主题。主题是作品的灵魂，所有的情节、人物和叙事都应围绕它展开。明确写作目标，是为了传递某种情感、引发思考还是讲述一段独特经历，这将决定结构的走向。例如，若主题是探讨人性的复杂，结构可能需要设计不同情境来展现人物在各种诱惑和困境下的抉择。温燕霞在创作《围屋里的女人》时，聚焦客家女性在传统礼教束缚下的命运挣扎与人性光辉这一核心主题。写作目标是展现客家文化背景下女性对自由、尊严和爱情的不懈追求，以及她们在困境中展现出的坚韧品质，引发读者对传统文化与人性解放的思考。基于此，作品采用了多线叙事结构，通过不同女性角色的经历，从家庭琐事到情感纠葛，全方位地呈现出主题所涵盖的内容，使结构紧密服务于主题表达。

2. 梳理情节线索

检查情节线索的合理性与连贯性，去除冗余或与主题无关的情节，确保故事简洁紧凑。同时,审视线索之间的逻辑关系,是否有清晰的因果链条推动故事发展。对于多线叙事,要确保各条线索在适当的节点交汇,形成有机整体。可以通过绘制情节思维导图,直观呈现线索走向和关系,便于发现问题并调整。以阿袁的《鱼肠剑》为例,故事涉及高校教师的学术、生活等多条线索。在梳理情节时,作者巧妙地将主人公的学术研究困境、与同事的竞争关系以及家庭情感问题等线索相互交织。例如,在主人公面临学术成果被剽窃的危机时,这一情节与他和竞争对手在职称评定过程中的矛盾紧密相连,同时也影响着他与家人之间的关系。通过这种紧密的逻辑关联,去除了一些琐碎的日常情节,使故事更加紧凑,各条线索在关键节点的交汇推动了情节的发展,凸显了高校知识分子群体在复杂环境下的生存状态这一主题。

### 3. 塑造人物关系

人物关系是结构的重要支撑。分析人物之间的互动是否符合其性格特点和故事背景,是否能推动情节发展。优化人物关系,如增加冲突或情感纠葛,使人物形象更加立体,故事更具张力。例如,在一个家庭题材的故事中,通过深化家庭成员之间的矛盾与和解,丰富故事层次。在江子的《回乡记》等散文作品中,常以乡村家庭人物为描写对象。如描写乡村父子关系的篇章,父亲的传统保守与儿子的现代观念时常产生冲突。儿子想要外出闯荡追求新的生活方式,而父亲则希望儿子坚守故土传承家业,这种矛盾冲突在日常生活的点滴中不断激化,如在农业生产方式选择、婚姻观念等方面都有体现。但随着故事发展,在经历家庭变故后,父子之间又逐渐走向理解与和解。通过这样的人物关系塑造,不仅使人物形象跃然纸上,也深刻地展现了乡村在时代变迁下家庭观念的传承与转变这一主题,增强了作品的感染力。

### 4. 调整叙事节奏

根据故事的情感起伏和重要情节,合理调整叙事节奏。在关键情节处放慢节奏,细腻刻画人物心理和情感,增强读者代入感;在过渡情节或铺垫部分,可以适当加快节奏,避免拖沓。巧妙运用悬念、伏笔等手法,吸引读者注意力,保持阅读兴趣。范晓波的散文《去看白桦林》在叙事节奏上把握得十分精妙。在描写前往白桦林途中的景色时,作者采用较快的节奏,简洁地勾勒出沿途的风光,如"车窗外,田野和山峦迅速后退,像是被时光的巨手拉扯着"。而当到达白桦林,开始细致描绘白桦林的景色和自己的内心感受时,节奏明显放缓:"我走进白桦林,脚下的落叶发出轻微的沙沙声,像是白桦树在低语。阳光透过枝叶的缝隙洒下,形成一片片金色的光斑,落在洁白的树干上,仿佛给它们披上了一层梦幻的纱衣。"通过这种节奏的变化,读者能更好地感受到作者情感的波动,沉浸在作品之中,同时在文中巧妙设置的一些关于白桦林深处是否有未知惊喜的悬念,也吸引着读者不断读下去。

(四)傅菲《吹满风的山谷》案例分析

1. 主题与结构的契合。《吹满风的山谷》以细腻笔触描绘乡村生活,主题围绕着对乡村自然、人文和传统的眷恋与思考。作品以线性叙事为主线,结合散文的结构,将乡村的四季变迁、风土人情、人物故事有序串联。这种结构紧密贴合主题,如同缓缓展开的乡村画卷,让读者跟随作者的视角,逐步深入感受乡村的魅力与内涵,使主题得到充分展现。

2. 情节线索梳理。作品情节线索看似松散,实则相互关联。以乡村的日常生活为脉络,如农事活动、邻里交往、乡村节日等,这些情节看似琐碎,却通过作者对细节的敏锐捕捉和情感的融入,形成了一条情感纽带。例如,描写不同季节的农事,不仅展现了乡村的劳作节奏,也反映了人与自然的和谐共生。在调整优化时,作者巧妙地剔除了一些过于琐碎且与主题关联不大的细节,使情节更加凝练,线索更加清晰。

3. 人物关系塑造。书中人物关系质朴而真实。邻里之间的互助、家族内部的亲情,构成了乡村人际关系的基石。作者通过描写人物之间的对话、行动和情感交流,展现了乡村社会的温暖与复杂。在结构优化上,对一些人物关系进行了深化,如增加了部分人物之间的矛盾冲突,使人物形象更加丰满,也为故事增添了更多戏剧性。

4. 叙事节奏把握。叙事节奏舒缓而自然,如同山间的溪流,潺潺流淌。在描写乡村景色和生活场景时,作者放慢节奏,细腻地描绘每一个细节,让读者仿佛身临其境;在讲述一些事件的发展时,则适当加快节奏,使故事保持一定的推进感。这种张弛有度的节奏把握,让读者在阅读过程中既能充分感受乡村生活的宁静美好,又不会感到乏味。

5.开头与结尾的呼应。开头以对山谷的总体印象引入,描绘出山谷的宁静与神秘,为整个故事奠定了基调。结尾则通过对山谷未来的展望,表达了对乡村传统的坚守和对未来的期许,与开头相呼应,升华了主题。这种首尾呼应的结构设计,使作品在形式上更加完整,也让读者在读完后能产生更深刻的思考。

总之,在创意写作中,思路结构的设计需要遵循一定的原则,突出主题,确保作品的每一个部分都紧密围绕主题展开,避免偏离主题或无关紧要的细节过多;注重层次感和节奏感,通过合理的段落划分和情节安排,使作品呈现出跌宕起伏、引人入胜的效果;注意过渡和衔接,确保作品的各个部分之间能够自然流畅地连接起来,形成一个有机的整体。

### 三、初稿的生成

初稿的生成是创意写作训练的重要阶段,是将创意、酝酿和构思转化为具体的文学作品的过程。甚至可以毫不夸张地说,初稿的精彩度决定于一位作者的创作才华。在这个阶段,创作者需要综合运用各种写作技巧和方法,精心雕琢每一个字句,将主题、情节、人物等元素有机地融合在一起,创作出具有一定感染力和艺术价值的文本。

(一)创作者的能力驱动

1.敏锐的体察能力

体察能力是指写作主体比一般人更具有敏锐、准确、深刻的认知力、感受力、观察力和对问题的鉴别和综合分析能力、卓有成效的自学能力。如果不能准确地把握事物的外在特征及其细节,不能通过自己的慧眼去判断事物的价值,就无法对事物进行真切具体的描写,就无法看透生活的底蕴并抓住生活的本质,从而也就无法提炼鲜明深邃的主题。采集写作素材不可能是短期行为,这需要写作者在生活中进行积累:注重观察,体验生活,回忆经历,记录感受。丹纳在《艺术哲学》中指出:"艺术家在事物前面必须有独特的感觉;事物的特征给他一个刺激,使他得到一个强烈的特殊的印象……他靠了这个能力深入事物的内心,显得比别人敏锐。"①也就是说,写作者应该具有一颗敏感的艺术心灵,他对于写作对象和生活中感性具体的种种场景、情状和细节,有着特殊的精细深微的观察、发现和捕捉形象的能力,并将看到的、听到的、书本上的他人生活内化为自己的独特体验。黄孝阳在其创作中充分展现了敏锐的体察能力。他在日常生活中善于观察城市街头巷尾的小人物,还能从城市的建筑、季节的变换等细微之处挖掘出独特的情感和文化内涵。他将这些观察所得内化为创作素材,使作品充满生活的烟火气和深刻的思想感悟,从而奠定了坚实的创作基础。

2. 生动的想象能力

想象是人的大脑加工、改造记忆表象而创造新形象的心理过程,想象能力则是人脑对已有的表象进行加工改造而创造新形象的能力,它是写作者得以孕育和创造出作品艺术形象的基本条件。黑格尔认为:"如果谈到本领,最杰出的艺术本领就是想象。"②想象能力是否丰富,直接影响着作者的创造力,它有助于开拓写作思路,有助于写作的创造能力的发挥。想象能力的训练方法包括联想式、推测式、描写式、形象训练式、幻想式和组合形象式。诗人在写作时想象的流动、跳跃就促进了文本意象的不确定性、非连续性和跳跃性,扩大了语言的能指和所指概念的内涵和外延。如朦胧诗派代表诗人顾城的《弧线》,顾城运用奇特的想象、跳跃的短句、迷离的色彩和独特的意象组合来凸显他对生活的感受和理解,把互不连贯的4个意象通过蒙太奇方法巧妙组合,使"弧线"成为一种可供欣赏的诗化意象。李晓君善于将地域文化与历史文脉融合,创造出了富有奇幻色彩和文化底蕴的文学意蕴,使读者在现实与想象的交融中领略到独特的文学魅力。

3. 高超的阅读记忆和经验积累能力

阅读是一场心灵的对话,普鲁斯特认为:"阅读的过程是一个交流的过程,是一次与不在场的或者死去的当事人的心灵的对话。"写作者在写作之前,就

---

①　[法]丹纳:《艺术哲学》,傅雷译,安徽文艺出版社1991年版,第36—37页。

②　[德]黑格尔:《美学》第一卷,朱光潜译,商务印书馆1979年版,第357页。

通过阅读和了解在头脑中形成了一定的认知结构,积累和储存了知识;写作时,再利用记忆把在头脑中储存的认知结构重新提取到当前的写作现场,从而完成文学的写作。张志公先生曾说:"阅读无非要求以下几种能力:一是准确而灵敏的理解力;二是准确和牢固的记忆力;三是准确和快速的推断及反应能力。"①所以,要想提高阅读能力,就要求写作者勤观察,多思考,勤背诵,阅读的范围要广,多涉猎文学、历史、哲学、艺术等,细心领悟中外经典文学作品的写作方法和写作技巧。经验积累能力是指文化创意者在人生发展过程中不断提高自己的认知能力,写作者需要积累丰富的生活经验和知识经验,对这些经验进行综合和分析,记录下那最难以忘怀的感受。两种积累互相交融和支持,缺一不可,共同支撑其文化创意行为和写作进程。

4.熟稔的技巧运用能力

技巧运用能力指写作者了解一些逻辑、文法和修辞,熟练掌握语言艺术的特性,并且巧妙运用各种表现手法进行文化创意的能力,它包括写作基本知识、技巧和语言运用能力。鲁迅在回答北斗杂志社关于怎样进行写作时说:"一,留心各样的事情,多看看,不看到一点就写。二,写不出的时候不硬写。三,模特儿不用一个一定的人,看得多了,凑合起来的。四,写完后至少看两遍,竭力将可有可无的字,句,段删去,毫不可惜。……"②写作者要想写出好作品,就必须借助语言的特性,既可以状物绘景,展现具体形象,也可以抒情言志,交流复杂情感;既可以写人记事,反映社会生活,也可以释义析理,进行逻辑推理。如刘勰所说:"夫人之立言,因字而生句,积句而成章,积章而成篇。篇之彪炳,章无疵也;章之明靡,句无玷也;句之清英,字不妄也;振本而末从,知一而万毕矣。"③这就要求创作者要勤动笔、有恒心、循序渐进,反复修改以锤炼语言。

(二)从构思到创作的转化

创作者充分认识到自身写作能力上的长处与短处,发挥自身的思维优势和

---

① 张志公:《"阅读学丛书"序》,《课程·教材·教法》,1992年第5期。

② 鲁迅:《鲁迅全集》第四卷,人民文学出版社2005年版,第373页。

③ 刘勰著,王运熙、周锋撰:《文心雕龙译注》,上海古籍出版社1998年版,第307页。

写作特长,开始对作品进行构思和创作。

制订写作计划。在开始写作之前,制订一个详细的写作计划,包括确定作品的体裁、篇幅、章节安排等,以及大致规划每个部分的主要内容和写作重点,使写作过程更加有条理。在创作长篇小说《魔戒》时,托尔金就制订了详细的计划,包括确定作品的体裁为奇幻小说,篇幅宏大,规划了故事的主要情节和章节安排,如护戒联盟的组建、穿越魔多的旅程等,以及每个部分的重点,如人物的成长、魔法物品的作用等。这样的写作计划使他在创作过程中有条不紊,能够系统地构建起庞大而复杂的中土世界。温燕霞在创作长篇小说《红翻天》时,制订了严谨的写作计划,确定体裁为革命历史小说后,她详细规划了篇幅和章节结构,以土地革命战争时期为背景,将故事分为不同阶段,每个阶段围绕关键历史事件展开,如红军队伍的组建、战斗的经历、根据地的建设等。在人物塑造方面,明确了主要人物的性格发展轨迹和成长重点,如对女主人公的刻画,从一个普通的客家女孩成长为坚定的革命战士,其思想转变和战斗经历成为各章节的重点内容。通过这样的计划,保证了作品在创作过程中的连贯性和系统性,成功地再现了那段波澜壮阔的历史。

快速写作与自由发挥。在初稿阶段,不要过于拘泥于细节和语言的完美,要以快速写作和自由发挥为主,尽可能地将脑海中的想法和创意转化为文字,让故事自然地流淌出来,保持写作的流畅性和连贯性,不要被过多的顾虑打断思路。杰克·凯鲁亚克在创作《在路上》时,采用了自发式写作方法,将自己在旅途中的所见所闻、所思所感快速地记录下来,让故事自然地展开。这种方式能够保持写作的流畅性,捕捉到灵感的火花,避免因为过度追求完美而打断创作思路。《师母》的作者阿袁在创作以校园生活为背景的故事时,往往会迅速记录下脑海中闪现的校园场景、人物对话和情节片段,不纠结于语言的雕琢。如描写学生在课堂上的突发奇想、宿舍里的夜谈等情节,先将这些生动的素材快速呈现出来,保持创作的热情和灵感的连贯性,为后续的修改完善奠定基础。

(三)写作技巧的运用

1.描写技巧

运用生动形象的描写手法,如人物描写、环境描写、细节描写等,使读者能够更加直观地感受到作品中的世界和人物。通过细腻的描写,增强作品的真实感和感染力,让读者更容易沉浸其中。陈蔚文的散文集《旅人书》以作者在不同城市的旅行为背景,通过细腻的笔触和深刻的思考,展现了不同城市的文化特色和人文风情。这部作品在作品生成方面同样表现出色。作者运用了大量的描写和叙述手法,将不同城市的特色和风貌生动地呈现在读者面前。同时,作者还通过巧妙的构思和深刻的思考,使读者在阅读过程中能够感受到不同城市之间的文化差异和人文底蕴。

2. 对话技巧

巧妙地设计人物之间的对话,使对话符合人物的性格和身份,能够推动情节的发展,揭示人物的内心世界和主题思想。注意对话的简洁性、自然性和节奏感,避免冗长和生硬的对话。在莎士比亚的戏剧《哈姆雷特》中,哈姆雷特的经典独白"生存还是毁灭,这是一个值得考虑的问题",深刻地展现了他内心的矛盾与挣扎。而人物之间的对话也充满了智慧和戏剧性,如哈姆雷特与克劳狄斯之间的交锋,每一句话都暗藏玄机,既推动了剧情的发展,又揭示了人物的性格和复杂的关系。

3. 叙事技巧

选择合适的叙事视角和叙事方式,如第一人称、第三人称、全知视角等,不同的叙事视角能够给读者带来不同的阅读体验。同时,要注意叙事的节奏和速度,根据情节的需要灵活调整。以夏目漱石的《我是猫》为例,采用第一人称叙事视角,通过一只猫的视角来观察人类世界,这种独特的视角使作品充满了幽默和讽刺。猫以旁观者的身份,对人类的行为和心理进行调侃和批判,让读者从一个全新的角度去审视人类社会,增加了作品的趣味性和独特性。范晓波的散文《去看白桦林》以一次旅行经历为线索,通过细腻的笔触和生动的描写,展现了白桦林的美丽和神秘。这部作品在作品生成方面做得非常出色。作者运用了大量的比喻、拟人等修辞手法,将白桦林描绘得栩栩如生、充满生机。同时,作者还通过巧妙的情节安排和细节描写,使读者在阅读过程中能够身临其境地感受到白桦林的魅力。

(四)保持创作热情与动力

作品的完成是一个相对漫长的过程,需要保持持续的创作热情和动力;而创作热情和动力多多少少会影响完成初稿的精彩度。我们可以设定一些小目标和奖励机制,激励自己按时完成写作任务,同时也要注意休息和调整,避免过度疲劳导致创作热情减退。斯蒂芬·金在写作生涯中,给自己设定了每天固定的写作量,完成目标后会给自己一些小奖励,如阅读一本喜欢的书或看一场电影。同时,他也注重休息和调整,避免过度劳累导致创作热情减退。这种方式使他能够持续地投入到创作中,完成了众多优秀的作品。

### 四、修改与完善

生成初稿之后,需要对作品的结构、语言、主题等进行全面的审视和反思,作者需要不断进行修改和完善。修改是写作过程中不可或缺的一环,它能够帮助作者发现并纠正作品中的错误和不足,使作品更加完美。同时,修改也是提高作者写作水平的重要途径之一,通过不断地修改和实践,作者能够逐渐掌握更多的文学手法和技巧,提高自己的写作能力。这个过程中,要保持耐心和细心,注重细节的处理,使作品的思路结构更加严谨、精巧。

听取他人的意见和建议,如导师、同学或读者的反馈,对思路结构进行相应的修改和调整。他们可能会从不同的角度发现问题,提供有价值的改进思路。他们可能会指出某个情节的转折过于生硬,或者某个角色的行为缺乏动机,这些反馈能帮助我们发现自己在创作过程中忽视的问题,从而对思路结构进行有针对性的修改。通过持续的努力,使作品的结构更加严谨、精巧。具体如下:

1. 内容的充实与删减。根据主题和思路结构的要求,对初稿的内容进行进一步的充实和完善,补充必要的情节和细节,使故事更加完整和丰满。同时,也要果断地删减那些与主题无关或影响作品整体效果的内容,使作品更加紧凑和精炼。

2. 整体的润色与提升。从整体上对作品进行润色和提升,检查作品的逻辑性、连贯性、统一性等方面是否存在问题,对作品的风格、氛围、情感基调等进行适当的调整,使作品更加完美。如对场景描写的优化,要营造出更生动、逼真的氛围,增强读者的代入感。马尔克斯在创作《霍乱时期的爱情》的过程中对每一个元素都进行了细致的雕琢。例如:对人物心理的描写细腻入微,使读者能够深入理解人物的情感世界；对场景的描绘生动逼真，如对加勒比海沿岸城市的描写，营造出了独特的地域氛围，这些都得益于他对作品不断地打磨与完善，从而使《霍乱时期的爱情》成为一部结构精巧、内涵丰富的经典之作。

3.锤炼语言。在生成阶段不要过度地被语言的问题所羁绊。但是，我们在准备阶段及修改反思阶段要十分努力地面对这个问题。要知道，准确的语言能够清晰地表达作者的意图和情感，而生动的语言则能够增强作品的感染力和吸引力。同时，节奏感和韵律感，合理的段落划分和句子结构，会使作品呈现出流畅而富有节奏的效果。在《飘》中，玛格丽特·米切尔对斯嘉丽的描写极为生动。她通过对斯嘉丽外貌、穿着、神态等方面的细致刻画，如"她那双淡绿色的眼睛纯净得没有一丝褐色，配上乌黑的睫毛和翘起的眼角，显得韵味十足，上面是两条墨黑的浓眉斜在那里，给她木兰花般白皙的肌肤画上十分分明的斜线，这样白皙的皮肤对南方妇女是极其珍贵的"，一个美丽、任性、充满活力的南方少女形象跃然纸上。环境描写也同样精彩，对塔拉庄园的描写，"白色的房子在绿色的橡树和宁静的红色田野的映衬下显得格外显眼，就像一个穿着华丽礼服的贵妇人站在一群朴素的农妇中间"，营造出了浓郁的南方种植园氛围，使读者仿佛身临其境。陈蔚文的散文语言优美且富有诗意，如在描写城市的夜景时："城市的灯火在夜空中闪烁，宛如繁星坠落凡间，交织成一片璀璨的光河，流淌在大街小巷之间，将夜晚装点得如梦如幻。"句子结构错落有致，节奏感强，通过巧妙的比喻，营造出了独特的氛围。因此，在修稿阶段，我们要不断地玩味成功作者的优秀的语言实践，并将它们与我们的文本进行可行性的比对，养成这个习惯定然是十分有益的。当然，语言的修养也来自日常的阅读积累。

总之，作品生成是一个复杂而富有挑战性的过程。在这个过程中，作者需要不断地探索和实践，不断提高自己的写作水平和创作能力。需要不断地学习和借鉴他人的经验和成果，以丰富自己的创作素材和灵感来源。谨慎而切身的设计，在主题的酝酿、结构的搭建、初稿的生成、修改与完善等阶段给予一定的自我的训练——这在一定程度上会改善初学者的一些不好的、下意识的写作惯性，从而使得整个学习与训练的过程既具备创新性又具备一定的有效性。

**【思考】**

1.在创意写作中,主题设计的重要性体现在哪些方面? 如何理解主题与作品内容、形式之间的关系?

2.结合具体作品,谈谈在主题设计时如何平衡艺术性和思想性,以及如何体现创新和个性?

3.在创意写作中,如何设计合理的结构来突出主题和增强作品的层次感? 请结合具体作品进行分析。

4.在作品生成过程中,如何运用各种文学手法和技巧来增强作品的感染力和吸引力? 请结合具体作品进行分析。

5.如何通过不断地修改和完善来提高自己的写作能力? 请谈谈你的经验和体会。

**【创意训练】**

课堂练习:

1.以"人与自然的关系"为主题,设计一篇诗歌或散文。要求通过描绘自然景色或人与自然之间的互动,表达对自然的敬畏和爱护之情。

2.以"人与人的相遇"为主题,设计一篇诗歌或散文。要求通过巧妙的构思和生动的描写,展现人与人之间相遇的奇妙和美好。

课后练习:

1.以"故乡的记忆"为主题,设计一篇散文或短篇小说。要求通过细腻的描写和深刻的思考,展现故乡的风土人情和历史文化。

2.以"成长的烦恼"为主题,设计一篇短篇小说或散文。要求通过合理的情节安排和人物塑造,展现主人公在成长过程中所经历的烦恼和困惑。

3.以"城市的变迁"为主题,设计一篇散文。要求通过生动的描写和巧妙的构思,展现城市在现代化进程中的变化和发展。

**【延伸阅读】**

1.葛红兵、许道军主编:《创意写作教程》,高等教育出版社 2017 年版。

2.刘丽朵:《故事课:中国本土 IP 实训指南》,北京联合出版公司 2024 年版。

3.［美］安·拉莫特:《一只鸟接着一只鸟:关于写作与人生的建议》,朱耘译,中信出版社 2023 年版。

4.［美］杰拉尔德·格拉夫、凯茜·比肯施泰因:《高效写作的秘密》,姜昊骞译,天地出版社 2019 年版。

5.［美］诺亚·卢克曼:《情节!情节!——通过人物、悬念与冲突赋予故事生命力》,唐奇、李永强译,中国人民大学出版社 2012 年版。

6.［英］克里斯托弗·埃奇:《如何写好一个故事》,潘不寒译,中信出版社 2022 年版。

7.［美］罗伊·彼得·克拉克:《写作工具:写作者案边必备的 50 个写作技巧》,钟潇译,大象出版社 2021 年版。

8.李晓君:《往昔书》,广西师范大学出版社 2024 年版。

9.江子:《回乡记》,广西师范大学出版社 2021 年版。

10.傅菲:《故物永生》,广西师范大学出版社 2017 年版。

11.范晓波:《带你去故乡》,人民文学出版社 2014 年版。

12.阿袁:《鱼肠剑》,人民文学出版社 2011 年版。

13.曾纪虎:《风在安隐》,上海文艺出版社 2014 年版。

# 第三章　学会表达

【学习目标】

1. 知识目标:掌握文学表达的方式与写作特点,如叙述、描写、抒情等表达方式。

2. 能力目标:运用课堂讲解、经典文学案例、小组讨论、实践创作等手段,培养学生自主学习、协同创作等能力,掌握文学表达的精髓,收获创作的快乐。

3. 价值目标:具备基本文学表达的能力,能够熟练恰当地进行文学表达。

【学习重点】

了解文学表达方式的内涵和基本特征。

掌握常见的文学表达方式。

【学习难点】

恰当并熟练地运用文学表达技巧。

文学表达是指通过语言文字来传达思想、情感、美感和艺术价值的方式。它不仅仅是信息的传递,更是对语言的艺术性运用,旨在激发读者的想象力、情感共鸣和思考。文学表达的形式丰富多样,包括诗歌、散文、小说、戏剧等,每种形式都有着独特的表达方式和技巧。鲁迅曾在《致陈烟桥》中说过:"单是题材好,是没有用的,还是要技术。"所以,优秀的文学作品不仅依赖于作家独特的生活体验、还依赖于作家娴熟的写作技巧及独到的语言文字处理能力,即该如何进行有效的"文学表达"。

## 第一节　文学表达

文学表达是人类文化的重要组成部分,它不仅丰富了我们的精神世界,也为我们提供了理解自我和世界的独特视角。文学表达的核心在于其"艺术性"和"创造性",文学表达不同于日常用语,本质上超越了日常语言的实用功能,追求语言的美感、意思的深度和独特性。

### 一、文学表达的特征

高尔基曾提出:"文学的第一要素是语言。"①语言是文学的主要载体,文学"诗性"的呈现需要借助语言,语言水平的低下就是文学性与艺术性的低下,势必造成"诗性"的缺失。"文学是语言的艺术",文学作品的审美价值因为文学语言而实现,因此,受文学作品本身需要借助文学语言塑造文学形象性质的影响,文学语言具备了其他不同类型语言的独特性质。而好的文学表达则需要借助文学语言得以实现,因此,文学表达具有"形象性""情感性""审美性""创造性"等特点。

文学表达的形象性是指在写人、叙事、绘景、状物、抒情时,所形成的可见、可闻、可感等富有具象性、体验性的特征。其往往通过营造强烈的画面感、以直观性的感受来塑造生动形象的载体,促使读者形成清晰而深刻的印象。如朱自清的《荷塘月色》中"叶子出水很高,像亭亭的舞女的裙",作家以比喻的修辞手法描写出荷叶的婀娜多姿的形态。而鲁迅在《故乡》中对"豆腐西施"杨二嫂外貌细节的描写使得人物形象更加鲜明,"我吃了一吓,赶忙抬起头,却见一个凸颧骨,薄嘴唇,五十岁上下的女人站在我面前,两手搭在髀间,没有系裙,张着两脚,正像一个画图仪器里细脚伶仃的圆规"。作家将一个自私、尖刻的女性形

---

①　[苏]高尔基:《论文学》,孟昌、曹葆华、戈宝权译,人民文学出版社 1978年版,第334页。

象地表现出来，而"圆规"用于对"豆腐西施"的人物描述上，作家通过这一比喻，生动展表现了半殖民半封建社会时期中国小市民阶层生活日趋贫困的悲惨境遇。以上例子通过生动的描绘和形象的比喻，使读者能够在脑海中形成鲜明的画面或形象，从而更深入地理解和感受文学作品所表达的情感和意义。

　　白居易在《与元九书》中说："文章合为时而著，歌诗合为事而作。"在某种意义上，文学是社会生活及人民内心情感的反映。因此，文学借助语言表达而成为极具情感性、情绪性的作品。文学表达的"情感性"是指文学作品通过语言、意象等手段表现强烈的感情色彩，引发读者情感共鸣。文学作品通过情感色彩浓厚的词汇如"悲伤""喜悦"等直接表达个人情感，也可以运用比喻、拟人等修辞手法来增强语言的情感表达，如"她的笑容如阳光一样温暖，扫除了我心中所有的阴霾"。同时，文学表达还可以通过"自然景物""物体"等具象化的意象，运用象征的手法来传递情感，表达复杂的情感，如"落叶"象征凋零，"黑夜"象征绝望，往往表达人物内心哀伤仇怨的心态。

　　文学表达的"审美性"是指文学表达注重语言的美感和节奏感，追求音韵、节奏和结构的和谐。如在诗歌中，诗人运用押韵、韵律等音韵手段增强诗歌的节奏感，以华丽辞藻营造诗歌的意境实现绘画美，或者通过错落有致的结构达到诗歌结构形式的和谐而实现文学作品的审美性。徐志摩的《再别康桥》就是极具审美性的典型诗歌，《再别康桥》中诗人以康桥的自然景致为直接抒情对象；在诗人心中，康桥已经化成了旧日情思的象征。诗人的情意完全溶解在康桥的山光水色之中——"在康河的柔波里，/我甘心做一条水草！"康桥自然景物的人情化，诗人主观感情的自然化，在这里融为一体，情意愈浓，笔下愈来得潇洒，对康桥的惜别之情，被诗人化作一片西天的云彩，轻轻地招一招手，悄悄地挥一挥衣袖，"轻轻的我走了，/正如我轻轻的来"。在这种物我融为一体的境界中，令人感悟到一种悠远而又执着的意念：人不能伴景长生，但情却能与景永存；人间总有别离，而性灵却天长地久。这首诗不仅美在意境，而且也美在音韵，美在结构。全诗七节，一节四行，韵律舒徐轻盈，首尾两节意象重叠，在回环往复的旋律中，诗的主题一再重复、深化，一曲奏罢，余音犹存。

　　文学表达的"创造性"则是指文学作品要求传递一定思想，具有丰富的情感和独特的审美情趣。因此,作家在进行文学创作时则更加注重表达方式的特别、视角选择的独特性和语言风格的个性化,避免形式的庸俗和思想的平面化。因此,作家往往通过个性化语言风格,运用比喻、夸张、象征、隐喻、反讽等修辞手法赋予文学新的生命力;或者打破传统的时间顺序,采用倒叙、插叙、多线叙事等方式建构作品,如加西亚·马尔克斯的《百年孤独》;或者运用意识流、变形等超现实或奇幻手法打破现实逻辑,如马尔克斯的魔幻现实主义、余华的先锋性小说。

文学表达不仅是个人情感与思想的表达工具,也是社会进步与文化发展的重要推动力。好的文学表达是优秀的文学作品的重要支撑,而好的文学作品,是人类得以更好地认识自我、理解世界的主要载体。因此,掌握文学表达的方式和熟悉文学表达技巧是写好文学作品的第一步。

## 二、文学表达的方式

文学表达的方式有叙述、描写、抒情、说明与议论。不同的文体有着各自不同的文学表达方式。文学表达运用得当可以为文章增添不少色彩,增强感染力。一般而言,一篇文章往往以一种表达手段为主,但又综合运用其他多种表达方式,从而构建具有独特韵味的文章。因此,熟练运用各种表达方式是创作的前提基础,也是初学者应具备的基础写作能力之一。下面主要以叙述、描写和抒情为例,谈谈文学作品的表达方式。

### (一)叙述

叙述,也称"记叙""述说",是文学写作中最基本、最常用的表达方式,它主要通过组织语言来讲述事件、描绘场景或阐述观点。在文学作品中,叙述扮演着至关重要的角色,它不仅是故事情节的展开方式,更是作者传达情感、思想和价值观的重要手段。它是写作者对人物经历、事物形态、事件过程及空间场景的描述与说明。叙述就是把想要表达的素材按照顺序做线性的排列,对人物经历或事件发展顺序作交代。生活中叙述被广泛运用,如讲述最近发生的生活趣事、介绍一部刚刚上映的电影等都需要运用叙述这种最基本的表达方式。叙述具有六个要素,即人物、时间、地点、事件、原因和结果。一般而言,在叙述时,作者需要交代清楚六要素,从而给读者清晰而完整的故事链条,但有的时候,也可以出于某种表达的需要,文章一开始也不必就将六要素交代清楚,而是隐匿其中一到两个要素,达到引起悬念的效果。

1. 叙述视角

叙述在选定对象之后,首先要解决的是以何种视角展开叙述。视角是指叙述者或人物与叙事文本中的事件相对应的位置或状态,或者说,叙述者或人物从什么角度观察故事。① 同一事件叙述视角的不同呈现出不同的结构和情趣,并且不同的叙述视角能够影响读者对故事的理解和感受。在文学作品中,第一人称叙述视角往往运用比较广泛。第一人称视角被认为是"内聚焦"视角,以"我"作为叙述者,讲述自己的故事或经历,增强了故事的真实感和亲近感。但受"内聚焦"视角的限制,叙述者只能讲述自己的所见所闻,而无法提供整个故事的全貌。这种限制虽然可以增加故事的神秘感和悬念,但是也可能导致读者对故事的理解不够全面。如鲁迅的《孔乙己》就是以小伙计"我"的第一人称叙述视角展开,小说通过小伙计"我"的叙述分别展现了咸亨酒店老板及酒客们对孔乙己的态度,他们认为孔乙己就是个"笑料"。小说也通过小伙计"我"描述了孔乙己的样貌,"身材高大""青白脸色""皱纹时常夹些伤痕""满口之乎者也"呈现出一个旧式落魄知识分子的形象。小说通过小伙计的视角展示了孔乙己"看"与"被看"的落魄的旧式知识分子形象及悲惨的境遇。

其次,第三人称视角在文学作品中也被广泛运用,第三人称视角被认为是"外聚焦"视角,以第三人称"他/她/它"或"他们"来讲述故事,这种叙述方式能够更自由地展现故事的全貌和多个角色的内心世界,叙述者可以客观地描述事件,也可以加入主观的评论和解释。老舍的《骆驼祥子》就是通过第三人称外聚焦视角详细地描写了人力车夫祥子堕落的过程及人物悲惨命运。小说一开始就描述了祥子初到城市的样貌:"他没有什么模样,使他可爱的是脸上的精神。头不很大,圆眼,肉鼻子,两条眉很短很粗,头上永远剃得发亮。腮上没有多余的肉,脖子可是几乎与头一边儿粗;脸上永远红扑扑的",此时的祥子青春

① 胡亚敏:《叙事学》,华中师范大学出版社 1994 年版,第 19 页。

活力,对人生满怀着希望。而遭受一连串打击的祥子变得消沉萎靡:"祥子,多么体面的祥子,变成个又瘦又脏的低等车夫。脸,身体,衣服,他都不洗,头发有时候一个多月不剃一回。他的车也不讲究了,什么新车旧车的,只要车份儿小就好。"①老舍通过第三人称视角,对祥子前后形象的对比展现了人物的变化。第三人称外聚焦视角就像一台摄像机,以摄像的方式对人物、画面做客观的呈现,叙述者与人物、故事保持一定的距离,叙述者对人物命运及所发生的事件处于旁观者的态度,由此形成一种零度叙事风格。

而第二人称视角因为带有双向交流对话性质,在散文或诗歌中被广泛应用。第二人称视角是指叙述者通过"你"来讲述故事,仿佛读者就是故事中的主角或参与者,这种视角能够拉近读者与故事的距离,具有身临其境的感觉,但使用不当也有可能会导致指代不明确,让读者产生误解与疑惑。如:"你站在山顶上,俯瞰着脚下的城市,心中充满了自豪和成就感。"这里"你"是叙述者对读者的直接称呼,仿佛读者就是站在山顶上的那个人。第二人称视角的优势便于挖掘人物内心世界,运用它既可以对人物做心理呈现,也可以从人物之外做心理刻画;既可以客观冷静做人物心理观照,也可以直抒胸臆地表达情绪。因此,第二人称视角一般适用于抒情性较浓的作品。

2. 叙述顺序

叙述的先后次序及叙述的详略程度也会带来不同的效果,按照叙述的先后次序,有顺叙、插叙、倒叙;按照叙述的详略程度分,有详叙和概叙及意识流等形式。需要注意的是,一篇文章中可能会运用到好几种叙述方式,作者可以根据内容的需要采用适当的叙述方式,从而构建好的文学作品。顺叙是文学作品中运用较广泛也较常见的叙述方式,它符合人们的阅读习惯和认识事物的规律,便于读者接受和理解。按照事件发生的先后顺序进行叙述。这种方式能够使读者清晰地了解故事的来龙去脉。顺叙的表达方式往往平铺直叙,容易造成文章情节平淡,缺乏起伏变化,但顺叙的表达方式在展现日常生活的庸常与世俗性方面却起到了很好的作用。

---

① 老舍:《骆驼祥子》,人民文学出版社 2006 年版,第 5、212 页。

　　插叙是指在叙述中心事件的过程中,作者为了展开情节或刻画人物,暂时中断原来的叙述线索,而插入一段与主要情节相关的内容,再接着叙述原来的内容。插叙的内容可以是另一件事情或曾经的事情,起到补充的作用,丰富文章的主旨或突出表现人物特征,这种方式能够丰富故事内容,增加层次感,或者增强文章时空的跳跃性,富有节奏感,调动读者的阅读兴趣。如鲁迅的《故乡》中就运用了插叙的表达方式:"这时候,我的脑里忽然闪出一幅神异的图画来:深蓝的天空中挂着一轮金黄的圆月,下面是海边的沙地,都种着一望无际的碧绿的西瓜,其间有一个十一二岁的少年,项带银圈,手捏一柄钢叉,向一匹猹尽力的刺去,那猹却将身一扭,反从他的胯下逃走了。这少年便是闰土。"这一段对少年闰土的回忆插叙,为作家表现成年后被"多子、灾荒、苛捐杂税"重压下日渐木讷的闰土形象埋下了伏笔。年少时身材矫健的闰土与成年后麻木的闰土形成了强烈的反差,但也正是这种反差,让读者深切体会到封建文化对人性的摧残及底层民众生活困顿、精神麻木的悲惨境遇。

　　倒叙则是借鉴制造悬念的方式将故事的结果或最高潮的部分放置文章前面,以出其不意或突发性的效果造成读者的阅读刺激,调动读者的兴趣,勾起读者的好奇心,使文章波澜起伏,达到引人入胜的效果。倒叙打破了时间的线性顺序,其往往将故事的结局以回忆追溯的方式呈现,这种时空交错的感觉使得文本层次更加丰富,情感表达更为深邃,有助于作者更深刻地揭示作品的主题。如魏微《大老郑的女人》,开篇"算起来,这是十几年前的事了",作家以倒叙追忆的方式来讲述大老郑和他的女人的故事,展示小城的历史变迁。

　　(二)描写

　　文学表达主要方式除叙述之外,描写也是重要的表现手段,描写就是用生动形象的语言,把人物、事物或景物的状态、特征或细节具体地描绘出来。它通常借助各种修辞手法,如比喻、拟人、夸张、排比等,来增强表达的效果,使读者能够更加直观、感性地感知到所描述的对象。描写是写人、叙事、写景类文学作品的主要表达方式之一,讲究"神形兼备"。一般而言,描写对象分为人物描写与景物描写两大类。而人物描写又可以细分为肖像描写、行动描写、语言描写、心理描写;环境描写则可细分为社会环境与自然环境描写两种。

1. 人物描写

人物描写是文学作品中重要的一部分,文学作品离不开人物描写,无论是记事还是记人都需要通过对人物形象的生动描写,来打动读者。而对人物的刻画如何做到栩栩如生,首要就是对人物外在样貌进行刻画,即肖像描写。肖像描写就是对人物的样貌、体态、神情及衣着等外形进行描绘,一个人的外貌代表着年龄、身份、修养及阅历,甚至一个人的性格特征、职业等都可以从外貌体现。但人物的肖像描写注重抓住人物的典型特征,凸显人物的性格特点或其他显著的特征。如鲁迅《孔乙己》中对人物的容貌、体态、衣着、神情、姿态等外形进行描绘:"孔乙己是站着喝酒而穿长衫的唯一的人。他身材很高大;青白脸色,皱纹间时常夹些伤痕;一部乱蓬蓬的花白的胡子。穿的虽然是长衫,可是又脏又破,似乎十多年没有补,也没有洗。"短短几句,就刻画出了一个穷困潦倒却又放不下读书人架子的孔乙己形象。肖像描写可以帮助读者在脑海中形成具体的形象,更直观地感受人物形象和性格,更好地理解故事情节和人物关系。

行动描写主要通过对人物动作的细致刻画,展现人物的性格、情感和心理特征。它能够让读者更直观地感受人物的动态形象,增强故事的生动性和情节的代入感。一般而言,行动受人的内在思维的支配,欢乐时手舞足蹈,心情郁闷时则借酒浇愁。人的年龄、身份、职业的不同,其行为动作也会有着不同的特征,而人的行为动作也带有个体独特的印记及性格特点。因此,行动描写要注意契合人的年龄、身份及性格特征。即使同一个人,在不同时期不同语境下,其行为动作也会有所不同,而这不仅考验着作者的观察能力及文字驾驭能力,也更能凸显人物的前后变化。如老舍的《骆驼祥子》对祥子前后行动描写的变化不仅展现了作家文字驾驭能力,也凸显了祥子思想及行为上的变化。虎妞难产去世后,祥子卖掉了自己心爱的车,心中也失去了希望。作家通过对祥子一段拉车的行动描写展示了其颓废蜕变的过程:"在鼓楼前,他在灯下抢着个座儿,往东城拉。连大棉袍也没脱,就那么稀里胡涂的小跑着。他知道这不像样儿,可是,不像样就不像样吧;像样儿谁又多给几个子儿呢? 这不是拉车,是混;头上见了汗,他还不肯脱长衣裳,能凑合就凑合。"[1]

---

① 老舍:《骆驼祥子》,人民文学出版社 2006 年版,第 195 页。

心理描写是指对人物在特定环境中的感受、体验、情感和内心活动的刻画，是文学作品中常见的表现人物性格和品质的方法。心理描写最常用的是描写人物的内心独白，通过人物的心理活动、所思所想，使文学作品中的人物形象立体化。如歌德的《少年维特之烦恼》中对维特的心理活动描写："她的姿态时常追随着我，醒时睡时她充满着我的灵魂！此刻，我把眼睛闭了，在我脑海里，我的心神之力凝聚着，有她的一双黑眼睛俨然存在着。我又睁开眼睛，她也在这儿，好像一个海洋，好像一个深渊，她在我的面前，我的身上，充满了我头部的感官。"这段文字表达了主人公维特对心爱之人的深深眷恋和无法割舍的情感，通过细腻的心理描写，展现了维特内心的痛苦和挣扎。

2. 环境描写

环境描写是指对人物所处的具体的社会环境和自然环境的描写。环境描写在小说中发挥着至关重要的作用，它不仅能够营造出特定的氛围，还能烘托人物性格、推动情节发展以及深化主题。环境描写分为社会环境描写和自然环境描写。

社会环境描写指对特定的时代背景或人物生活环境、社会风貌、文化氛围以及人际关系展开描写。它所描写的范围可大可小，大至整个社会、整个时代，小至一个家庭、一处住所。描写的内容可以是室内陈设、当地的风土人情和时代气氛等。社会环境描写往往带有浓郁的地方色彩和地域风情。如沈从文的《边城》对边城茶峒的描写："茶峒地方凭水依山筑城，近山的一面，城墙俨然如一条长蛇，缘山爬去。临水一面则在城外河边留出余地设码头，湾泊小小篷船。船下行时运桐油、青盐、染色的五棓子。"①在这里，城墙、码头和篷船等元素共同构成了一个宁静而古朴的乡村社会。

自然环境描写是指对人物活动的时间、空间、季节、气候及景物等的描写，其可以帮助读者了解故事发生的时间、地点和背景，起到营造特定的氛围、表现人物的情感、推动故事情节及烘托主题的作用。如路遥在《平凡的世界》中对黄土高原上恶劣的天气状况进行了生动的描写，营造出了一种严酷而艰难的自

---

① 沈从文:《沈从文全集》第8卷，北岳文艺出版社2002年版，第66页。

然环境,也象征着主人公们所面临的困境和挑战。

(三)抒情

抒情也是文学创作表达的主要方式之一,抒情即抒发情感,是指以形式化的话语组织,象征性地表达内心情感的表达方式,具有主观性,它是作家内心世界的直接流露。个体情感体验和表达方式的独特性,导致抒情作品带有强烈的个性化色彩,展现作家特有的情感世界和审美追求。作家在抒情时,往往会运用比喻、象征、拟人等修辞手法,将个体抽象的情感具象化或意象化,从而赋予文学作品诗意化的特点。在文学创作中,抒情一般以直抒胸臆、寓情于景与托物言志三种方式为主。

1. 直抒胸臆

直抒胸臆是指作者不加掩饰或修饰,直接表达内心的情感。这种抒情方式的特点在于感情袒露,气势奔放、热烈,能够让读者直接感受到作者浓烈的真实情感。在诗歌、散文中,直抒胸臆运用比较多。如海子的《面朝大海,春暖花开》,诗人简洁直白地表达了对简单幸福生活的向往。全诗将直抒胸臆与暗示、象征手法结合起来,以朴素明朗而又隽永清新的语言,唱出一个诗人的真诚善良,既清澈又深厚,既明朗又含蓄,畅快淋漓而又凝重、丰富,抒发了诗人向往幸福而又孤独凄凉之情。

2. 寓情于景

寓情于景则是指作者将情感融入所描绘的景色中,使景物与情感相互交织,引发共鸣。这种表现手法避免了直抒胸臆的直白与单调,而是以一种间接而含蓄的抒情方式,将情感融汇在特定的自然景物或生活场景中,借景物来抒发内心的情感。诗歌创作中,诗人们常常借山川草木、日月星辰等来抒发自身的喜怒哀乐、悲欢离合,达到诗画同构,情感奔涌的效果。如徐志摩的《雪花的快乐》:"假如我是一朵雪花,/翩翩的在半空里潇洒,/我一定认清我的方向/——飞扬,飞扬,飞扬,/这地面上有我的方向。"诗人借雪花的纯洁,飘逸,潇洒,自由等特点,表达自己的思想情感,抒写了诗人对美好生活的执着追求和向往。诗人借"雪花"抒情,以对比、拟人等表达手法,把对理想和爱情的追求等主观感情与客观的自然景象交融互渗,从而化实景为虚境,创造出了一个优美的意境,显示了飞动飘逸的艺术风格。

### 3. 托物言志

托物言志是指作者选择一些具有象征意义的事物作为载体来寄托,表达自己的情感、志向或思想。托物言志常见于诗歌、散文中,作者借助自然景物、物品或现象的描绘,间接传达内心的情感或哲理,增强了作品的文学性和艺术性,让文章更加生动、形象,赋予事物以更深层次的意义,也能将作者的思想感情更深刻地传达给读者,使读者在阅读过程中产生共鸣。如毛泽东的《卜算子·咏梅》:"风雨送春归,飞雪迎春到。/已是悬崖百丈冰,犹有花枝俏。/俏也不争春,只把春来报。/待到山花烂漫时,她在丛中笑。"诗人通过描写梅花在寒冬中傲然绽放的景象,表达了坚忍不拔的革命精神和革命到底的乐观主义精神。全词融合象征、拟人、衬托、比喻、夸张、对仗、顶真等手法,较完美地实现了托物言志的目的。

茅盾的散文《白杨礼赞》则以西北黄土高原上"参天耸立,不折不挠,对抗着西北风"的白杨树,来象征坚韧、勤劳的北方农民,歌颂他们在民族解放斗争中的朴实、坚强和力求上进的精神。白杨树是"托物",而作者的赞美之情与对农民的崇敬之意则是"言志"。

### 三、文学表达的技巧

文学表达技巧是作家在创作过程中用来增强作品艺术效果、深化主题、塑造人物和传递情感的手段。文学创作中运用的文学表达技巧比较多,下面主要通过比喻、拟人、夸张、排比、象征、反讽、巧合等一些常用的文学修辞来谈谈表达技巧。

比喻是将两个不同事物之间的相似性进行比较,使表达更加形象生动,它能够帮助读者更好地理解和感受作者想要传达的情感、思想和意境。比喻分为明喻、暗喻和借喻。明喻一般直接使用"像""如""似"等词语进行比较,如"时间如流水,匆匆而过"。而隐喻则是隐含地表达两个事物之间的相似性,不使用比喻词,而是直接将一个事物说成另一个事物,如"时间是一条无声的河流,划过岁月的痕迹"。借喻则是用比喻物替代本体,如:"红领巾在操场上跳跃奔跑。"这里就是用"红领巾"代指学生。一般而言,比喻可以使抽象或复杂的概念变得更加具体,使事物的特征更加鲜明,激发读者的想象力,使表达更加丰富。但创作者在使用比喻时要注意"贴切性",即比喻要符合逻辑,不能牵强附会;其次使用比喻时力求新颖,避免过于陈旧;最后,比喻的使用讲究适度性,不宜过多使用,否则会显得堆砌,影响表达效果。

拟人是通过赋予非人类的事物(如动物、植物、物体、自然现象等)以人的特征、情感或行为,使其显得生动活泼,增强语言的表现力和感染力。拟人的表现手法很多,如它往往将无生命的事物描写得像有生命一样,如"和煦的春风轻轻地拂过柳树的脸庞,柳枝上露出些微的绿意";拟人有时让非人类的事物具有人类的情感,如"黑夜,星星顽皮地眨着忽闪忽闪的眼睛,迟迟不肯睡去";拟人或者是让非人类的事物像人一样行动,如"海浪愤怒地拍打着礁石,怒吼着"。

夸张是指通过有意夸大或缩小事物的特征、程度,突出某种情感或效果,从而达到强调、渲染某种情感、意境的目的。夸张手法能够增强语言的表现力,使表达更加生动、形象,给读者留下深刻的印象。一般来说,夸张通过夸大或缩小事物特征,对事物特性进行极端化的描写,如李白的《秋浦歌》中"白发三千丈,缘愁似个长",这里用"三千丈"形容白发的长度,突出忧愁之深。夸张还可以通过运用强烈的主观色彩来表达作者的情感与态度,如"爱你一万年"则表现了说话者内心极度的焦急与思念。文学创作中创作者常用夸张的修辞手法,但夸张的使用应该适当,过度的夸张可能让人感到虚假或浮夸。同时,夸张的使用要符合当时的语境,要与作者所表达的内容和情感相符。夸张的使用应清晰明了,避免让人产生误解。夸张是一种充满创意和表现力的表达技巧,合理运用可以让语言更加生动有趣,给人留下深刻印象!

排比是指通过将结构相似、意义相关、语气一致的句子或短语排列在一起,增强语言的节奏感和表现力。排比常用于强调某种情感、观点或主题,使表达更加有力、清晰和生动。在文学作品中,排比被广泛地运用,如刘禹锡的《陋室铭》中:"山不在高,有仙则名;水不在深,有龙则灵;斯是陋室,惟吾德馨。"朱自清的《春》:"春天像刚落地的娃娃,从头到脚都是新的,它生长着。春天像小姑娘,花枝招展的,笑着,走着。春天像健壮的青年,有铁一般的胳膊和腰脚,领着我们上前去。"在使用排比句时,创作者需要注意的是首先要内容相关,排比的句子或短语应在意义上紧密相关,避免生硬拼凑;其次要结构一致,排比的句子或短语应保持结构相似,以增强节奏感;最后要适度使用,排比虽能增强表达效果,但过度使用可能显得冗长或重复。总之,排比是一种非常有力的修辞手法,广泛应用于文学、演讲、广告等领域。

象征是一种通过具体的事物、形象或情节来暗示更深层次意义的表现手法。象征不仅仅是字面意义上的描述,而且通过隐喻、暗示或联想,传达抽象的思想、情感或主题。在文学作品中,象征一般通过具体的形象(物体、人物、场景)来表达抽象的概念,如暴风雨象征着冲突或混乱,镜子象征着对自我的发现,而普罗米修斯则象征着反抗与牺牲。同一个象征在不同的语境中可能代表着不同的意义,象征的意义也往往与特定的文化、历史背景相关。象征常常在浪漫主义和现代主义作品中被广泛地运用。如郭沫若的《女神》就是典型的浪漫主义诗歌,"女神"则象征着新文化运动下狂飙突进中焕发新生的中国的形象。卡夫卡的《变形记》中,主人公变成甲虫象征着人类的异化和孤独。象征具有开放性和多义性,需要读者结合文本的语境和文化背景进行解读。

反讽是通过表面上的赞扬或肯定,实际上表达批评或讽刺。它通常利用语境、语气或措辞的微妙变化,使听者或读者意识到说话者的真实意图与字面意思相反。反讽有言语反讽,即字面意思与真实意图相反。反讽还有情境反讽,即实际情况与预期相反,如余华的作品《十八岁出门远行》中的主人公"我"阻止他人抢"苹果"却反遭殴打,甚至遭受到来自司机的嘲讽。反讽常用于文学、戏剧或日常对话中,读者理解反讽需要结合上下文或依赖特定的语境,反讽表现了一定的幽默或尖锐的批评。

巧合常常是被用作文学和艺术中的一种表达技巧,以增加情节的戏剧性和吸引力。巧合是指两个或多个事件在时间、地点或情境上偶然地同时发生,且这种同时发生似乎具有某种特殊的联系或意义,但实际上并无必然的因果关系。巧合常常让人感到惊讶或不可思议,因为它超出了人们的预期或常规逻辑。巧合可以用来推动故事情节的发展,使故事更加紧凑和有趣。如主人公在山穷水尽时却柳暗花明又一村,发现了重要的线索。巧合可以增加故事的戏剧性,使情节更加出人意料。如主人公在危急时刻被一个陌生人救下,而这个陌生人竟然是失散多年的亲人。巧合可以用来揭示故事的主题或深层含义。如通过一系列巧合,揭示命运的无常或人生的不可预测性。文学作品中设置巧合,可以使生活或故事更加有趣和出人意料;巧合也常常让人思考命运、偶然性和必然性之间的关系;巧合还可以增强读者或观众的情感共鸣,使他们更加投入故事中。巧合表面上是创作者设计的一种偶然,但实际上却是创作者精心设计的安排。巧合在文学和艺术中的运用能够产生深远的影响,使作品更加引人入胜和富有深意。

文学表达技巧除了上述列举的几种之外,还有对偶、借代、双关、反复、通感、对比、反问等方式,在此不再一一列举。

## 第二节　文学表达范文

范文一

# 爱[①]（存目）

张爱玲

《爱》充分体现了张爱玲散文的特点,全文仅三百四十四字,语言单纯简练,没有华丽的渲染,越是轻描淡写,越是不动声色,全文没有一个"爱",唯独题目定位"爱",却写尽爱的酸楚与悲凉,尽显张氏文章"苍凉"的底色。

作品中,张爱玲文笔简洁却蕴意深刻,引用典故来映射女子的悲剧命运。作家先是引用了传统文学中常用的"人面桃花"的意象,不仅增添了文章的古典美,更营造了充满遗憾的苍凉幻梦。在中国传统文化中,桃花的意象总是与女子及缠绵悱恻的爱情相联系。《诗经·周南·桃夭》有"桃之夭夭,灼灼其

---

[①]　张爱玲:《流言》,北京十月文艺出版社 2021 年版,第 85 页。

华"的篇章,以桃花的明艳色泽比喻少女姣好的容颜和灿烂的青春。《诗经·周南·桃夭》中开创了"以桃喻嫁女"的范例,此后桃花又成了爱情的信物和象征,如宋代周邦彦在《三部乐·商调梅雪》中就有写道:"倩谁摘取,寄赠情人桃叶"。而"人面桃花"故事,产生于中唐崔护所作《题都城南庄》:"去年今日此门中,人面桃花相映红。人面不知何处去,桃花依旧笑春风。"张爱玲以"人面桃花"的意象来抒情,渲染爱情的力量。桃花不仅象征着女子朦胧的爱情和美好的青春,也象征了女子飘零的身世和悲剧的命运。

其次,作家设置了女孩人生中各种"巧合",将女孩与青年的相遇与后来的命运串联在一起。"巧合"是中国古典文学中常用的表达技巧,所谓"无巧不成书"正是这个意思。人面桃花故事的缘起就是巧遇。没有这一巧遇,后面的情节无从发展。张爱玲正是继承了古典文学的这一叙述技巧,以此编织情节,来推动故事向前发展的。先是媒人多次提亲而未果,然后是桃树下偶遇对门年轻男子并简短交谈;与对门男子初遇后女孩激起情感波澜,然而女孩被数次拐卖,与对面男子失联;最后女子年老后追忆往昔无限怅惘。

作家通过对女子人生中多次巧合的设计完整地展现了女子磨难的一生。这种种巧合包含了天意弄人、命运多舛、生命无常、韶华易逝等多种悲剧主题的提炼,打破了大团圆式的叙事模式,实现了由喜剧到悲剧的美学转向。没有这些巧合,故事没有前行的内驱力,也无法呈现如此深重的苍凉感。散文借鉴"人面桃花"意象,正是在今昔对比中表现对昔日美好情感的追忆及怅惘之情,表达物是人非的苍凉感。

范文二

# 一个人的微湖闸①( 存目 )

魏　微

魏微在长篇小说《一个人的微湖闸》里,回忆了微湖闸的自然风景、人和

---

① 　魏微:《一个人的微湖闸》,安徽文艺出版社 2015 年版,第3—5页。

事,构建了温馨而富有诗意的时光画卷,透过时光的隧道将自我的情感投射在对人物及日常生活细节的描写,展现了对逝去岁月的怅惘与留恋。这段节选中最引人注意的是作家对自然景物及人物日常生活行为的描写。作家运用了中国传统山水墨画白描的手法简洁而真实地呈现了微湖闸的景色,通过捕捉自然风景的明暗质地,尽显微湖闸优美的诗意风光,同时,也给作家的儿时生活回忆蒙上温馨梦幻的色彩。

作家除了对微湖闸风景的细致描写外,也对生活在微湖闸上的渔民、渔娘、孩子们的日常生活及行为动作进行了描写,作家从衣着、样貌、动作等方面刻画,将人物的特征、神态、生活习性一一展现,既体现了微湖闸居民日常琐碎生活画面,也体现了作家对过去时光的温馨怀念。

范文三

# 歧路上的孩子①(节选)

江 子

乡村越来越荒凉了。青壮年大多去城里打工了。他们背着行李,怀着欢欣鼓舞的心情乘坐春节过后的班车离开家乡,向全国几乎所有的大中小城市潮水般涌去。他们脸上的笑容,让人怀疑他们要奔往的,是一个传说中满地都是金子的城堡。他们走下班车,又登上了火车。我似乎看到他们在人群中的紧张、慌乱。他们背着行李,穿行在车厢的过道。当他们找到位置坐下来,似乎他们脸上有了短暂的轻松。在硬座车厢的座位上,他们的脸上向往和迷茫交织……那坚硬的呼啸着喘着气儿奔跑的火车,正成了他们在异乡的生活的隐喻。他们幻想着自己有像火车一样的速度和把大山戳出一个个洞的力量,可

---

① 江子:《田园将芜——后乡村时代纪事》,陕西人民出版社2013年版,第6—7页。

是，生活总是把他们扔在一个又一个一无所知的站台上。他们携带着梦想远行，却又无法把握自己的命运，就像火车的前方，正是不可知的未来。

而在这一场中国乡村大迁徙中，在这一场乡村与城市的博弈中，那些无辜的乡村孩子，成了被扣押的人质。他们本来还处于游戏的年龄，却要被沉重的命运驱赶。他们与老人一起驻守在残破荒凉而寂寞的村庄里，或者被火车押解着行驶在乡村与城市之间。他们的一张张过于早熟的忧伤的脸，被异乡的月亮睥睨，他们的睡梦，被故乡为离别炸响的此起彼伏的鞭炮声惊醒。而他们内心的残缺和伤害，是乡村被放逐之后必须付出的成本。

每次在旅途和乡村看到这样一张张无辜受难的脸，我的心里就会非常难受。

这是江西散文作家江子的《歧路上的孩子》中一段比较精彩的节选，这些告别故乡的农村青年坐在火车上，作家描写他们的面部表情是向往与迷茫交织着，将奔赴他乡的农村青壮年的喜悦而又前途未明忐忑不安的心理展露无遗。而"那坚硬的呼啸着喘着气儿奔跑的火车"看似实写，实则隐喻着中国改革开放裹挟着每个群体不得不向前奔跑，也蕴含着作家对农村青年城市生活的怀疑及对乡村未来的担忧。

同时，作家将目光投注到留守乡村的孩子与老人，他们是乡村与城市博弈的牺牲品。作家将乡村孩子比作"扣押的人质"，道出了乡村的现状与无奈，这是时代的潮流，无人能够幸免。作家用极其简短的文字就描写出了当下中国乡村在现代化进程中逐渐荒芜的景象，也刻画了那些被时代浪潮裹挟而不得不背井离乡寻求出路的农村青年，以及那些无奈留守在乡村的老人和孩子们的生存镜像。此段文字表达简洁但蕴意深刻。

# 第三节　文学表达练习

好的文学作品离不开好的文学表达,而好的文学表达习得离不开日积月累的阅读与写作练习。因此,经常性地、有意识地进行文学表达练习可以提升表达能力,通过反复地练习,写作者可以熟练并准确地调动语言来表达思想和情感,使文字具有感染力和说服力。文学表达需要写作者有丰富的想象力,经常性地练习可以调动人的大脑思维能力和创造力,激发创作灵感,增强观察力,发现生活中的美好,使作品别具一格。

初学者在进行文学表达练习之初,需要通过阅读和欣赏不同风格和流派的优秀作品,反复地琢磨、推敲、模仿,在潜移默化中提升自身的审美品位。同时,优秀的文学作品往往涉及人生、历史、哲学等主题,表现人性、情感、思想,初学者通过阅读、欣赏、练习不仅可以拓宽视野、丰富精神世界、提高个人素养,还可以更好地表达情感,与读者产生共鸣,增进彼此间的情感互通。文学表达写作练习可以从以下几个方面进行:

## 一、赏析、模仿经典作品

经典文学作品往往蕴含着深刻的社会、人生或哲学思考,初学者可以尝试理解作家通过人物形象或故事情节所表达的主题思想,如人性的光辉与阴暗、生命的短暂与永恒或社会的正义与不公等。优秀文学作品语言往往精炼富有表现力,初学者要学会关注文章用词、句式、修辞、表现手法对塑造人物形象、渲染氛围和传达主题方面的作用。因此,选择你喜欢的经典文学作品,模仿其风格、语言和结构进行创作,通过模仿,从而习得大师们的表达技巧和叙述方式。

如卡夫卡的《变形记》,小说通过讲述主人公格里高尔·萨姆沙突然变成一只甲虫的故事,揭示了现代社会中人的异化现象。它反映了在机械化和异化的社会环境中,人的价值和尊严被剥夺的残酷现实。卡夫卡采用夸张、变形等荒诞的叙事手法,将现实与幻想、合理与悖论相结合,形成了一种独特的艺术风格。同时,小说对人物心理的刻画细腻入微,展现了主人公在变形前后的内心挣扎和绝望。这篇现代派文学作品通过独特的艺术手法和深刻的主题思想,展现了现代社会中人的异化、荒诞和迷惘等复杂情感。它们不仅具有文学价值,更反映了人类在面对现代文明挑战时的思考和探索。

### 二、日常观察与记录

日常观察与记录是个人成长、学习以及科学研究等领域中不可或缺的一部分,它涉及对日常生活中各种现象、事件或个体的细致观察和详细记录。初学者通过日常观察可以培养细致观察生活的能力,记录日常中的所见所感,这有助于积累素材和灵感。初学者首先要明确观察的目标和重点,集中注意力,避免遗漏关键信息。在观察过程中,应尽量保持客观中立的态度,避免主观臆断和偏见影响观察结果。其次要注意细节,细节往往隐藏着关键信息。在观察时要特别注意细节,包括时间、地点、环境、人物行为等。最后要及时记录自己的感受和想法,这有助于素材的积累、后续分析和总结。

### 三、描写练习

选取一个具体事物或场景,进行细致入微的描写,注重细节刻画。初学者可以在日常生活中多观察身边的人和事,先从简单的场景或人物开始,逐渐增加难度,不断地练习,提高描写能力。在描写时,要注意投入自己的情感,使描写更真实、感人。如对一位街头艺人的形象描写:

在繁忙的街角,一位年迈的街头艺人静静地坐着。他穿着一件洗得发白的蓝色外套,头戴一顶破旧的棕色帽子,岁月在他的脸上刻下了深深的皱纹。他的手中拿着一把破旧的吉他,弦上沾满了岁月的痕迹。每当有人驻足,他便轻轻地拨动琴弦,悠扬的旋律随之流淌而出,仿佛能抚平人们心中的烦躁与疲惫。

以上就是对街头艺人的样貌神态及行为动作进行了描写,刻画了一个饱经沧桑的街头艺人形象。

### 四、情感表达练习

文学表达练习中,情感表达是塑造作品深度和增强作品感染力的关键要素;情感表达是展现人物性格、内心世界的重要手段,有助于塑造鲜活立体的人物形象;情感的变化与冲突往往也成为推动故事情节发展的重要作用力。文学表达练习中,情感表达可以通过"内心独白",描写"人物行为或语言",借助"意象"比喻、象征等修辞手法将情感寄托于具体物象中,通过对比、反差来表现情感的浓度与深度,也可以适当地留白延伸想象的空间,增强作品的韵味,使作品余味无穷。

如莎士比亚的《哈姆雷特》中哈姆雷特的内心独白充满了矛盾、痛苦和挣扎,如"生存还是毁灭,这是一个值得考虑的问题",深刻展现了其复杂的情感世界。而戏剧中哈姆雷特对父亲的爱与对叔父的恨交织,复仇的欲望与道德的束缚相互冲突,这种内心的冲突读起来让读者揪心。

### 五、叙事技巧练习

叙事技巧是指作者在讲述故事时所使用的各种方法和技巧,包括设置悬念、制造冲突、安排高潮和结局,使故事吸引人且富有感染力。首先叙事视角的选择,作者可以选择从不同的视角来讲述故事,如第一人称、第三人称等。不同的视角可以带来不同的感受和体验,从而影响读者对故事的理解。其次时间的设置,作者可以选择按时间顺序讲述故事,也可以采用倒叙、插叙等手法。时间的安排可以影响故事的节奏和紧张感。情节是故事的核心,作者需要通过引人入胜的情节来吸引读者的注意力。情节可以包括悬念、冲突、转折等元素,以增加故事的戏剧性。人物是故事的灵魂,作者需要通过细致的描写和刻画来使人物形象更加生动和丰满。人物的性格、动机、行为等方面都可以成为塑造人物的重要元素。此外,作者需要运用生动、形象的语言来描述故事中的场景、人物和情节,以使读者更加身临其境地感受故事。作者还可以使用象征和隐喻等修辞手法来传递更深层次的意义,使故事更具有内涵和深度。最后,故事的结构可以影响读者的阅读体验,作者可以采用线性结构、环形结构等不同的结构形式来讲述故事。

初学者除了以上文学表达相关练习之外,还可以尝试不同的语言风格,如简洁质朴、华丽繁复、幽默风趣等,不同的语言风格特点所呈现的文本特点也不同,初学者可以反复尝试,找到适合自己的语言风格。初学者完成初稿后,应多次审阅并修改,反复推敲打磨,注意语言的准确性与表达的流畅性,提高文学作品的质量。

**【创意训练】**

课堂练习:

方式一:以小组为单位,小组成员相互探讨形成文稿,各小组针对最终文稿进行讨论、评比。

1.描述一个难忘的瞬间

题目:那个夕阳下的拥抱

要求:描述一个发生在某个夕阳背景下的拥抱画面,注意周围环境,注重情感氛围的营造。

2.叙述一段经历

题目:冬天雪夜中的归途

要求:叙述一段难忘的冬天雪夜回家的经历,注意内心世界的描绘、融入环境描写。

3.编写一段人物对话

题目:咖啡馆的偶遇

要求:编写两个陌生人在咖啡馆的一次偶遇并展开对话的情节,通过两者间的对话展现人物性格特点。

方式二:小组成员发挥自己的创作思维,由一名成员先写一个句子或一段话,其余的成员根据前面成员最后一个字或一句话进行续写,最终形成文稿。

1.短篇故事创作

尝试写一部短篇故事,成员可以发挥想象力,天马行空,但要注意故事情节的紧凑性和连贯性。可以从生活中的小事入手,挖掘其中的深意。

如以"重逢"为题,展开故事的联想。

2.诗歌创作

诗歌是高度凝练的文学形式,小组成员可以由一个字开始,然后其他成员可以以两个字、三个字、四个字累积叠加创作,最后形成金字塔形的诗歌。当然小组成员也可以围绕主题发散思维,先各写一句话,看看能否合成一首诗。但在创作诗歌时需要注意语言的简洁性和寓意的丰富性,力图用最简洁的文字表达深刻的情感或思想。

如从自然、爱情、人生等主题入手,表达对生活的哲理思考。

课后练习:

写作挑战:给自己设定一些写作挑战,如"一天写1000字""一周完成一篇短篇小说",运用文学表达技巧,提高写作的速度和耐力。

主题写作:给自己设定一个主题,围绕这个主题进行写作。

1.以"致青春"为题,写一篇关于青春的抒情散文,表达对青春岁月的怀念和对未来的憧憬。

2.发挥你的想象力,以"月光下的秘密"为题,创作一篇奇幻故事,突出神秘元素和奇幻色彩。

【延伸阅读】

1.沈从文:《湘行散记》,北岳文艺出版社2003年版。

2.余华:《十八岁出门远行》,作家出版社1989年版。

3.张爱玲:《流言》,北京十月文艺出版社2021年版。

4.江子:《田园将芜——后乡村时代纪事》,陕西人民出版社2013年版。

# 第四章　如何写人

【学习目标】

　　1.知识目标:掌握人物塑造核心要素,理解典型与普通人物的创作差异,学习经典与创新方法。

　　2.能力目标:能构建立体人物形象,用细节传递性格,运用隐喻深化内涵,掌握人物动态发展逻辑。

　　3.价值目标:培养同理心,理解人物创作的社会映射价值,树立传递正向价值观的责任感。

【学习重点】

　　通过内外特征统一、典型细节刻画、动态冲突展现及去标签化方法,塑造真实立体的人物形象。

【学习难点】

　　通过突破抽象心理具象化表达、虚实场景的平衡处理、符号象征与人物个性的协调统一等,实现人物塑造的艺术真实性与多维表达效果。

　　人物形象的精心雕琢是文学创作不可或缺的要素。栩栩如生、各具特色的人物形象,极大地丰富了文学作品的艺术内涵,也深刻折射出不同历史时期的精神特征与社会变迁的轨迹。作为人类思想、情感与经验的高级表达形式,如何运用语言构建出既生动又立体、既具有独特个性又能引发普遍共鸣的人物形象,一直是文学创作尤其是小说创作的核心挑战。这些形象既是文学作品的灵魂,也是作者与读者之间情感交流与思想碰撞的重要媒介。

# 第一节 人物形象

人物形象是大多数文学作品中最为核心的元素之一,它通过作者细腻的笔触和巧妙的构思,将鲜活的生命个体呈现给读者。一个成功的人物形象,往往具有鲜明的个性特征、复杂的心理活动、独特的语言风格和生动的行为举止,能够引发读者的共鸣,成为作品的灵魂所在。人物塑造需要对人物进行角色定位、背景构建和性格描写,并在性格发展轨迹中呈现"人物弧光"。

## 一、人物角色定位

角色定位是塑造人物形象的第一步,也是最为关键的一环。它决定了故事的走向、情节的发展和读者的情感体验。作者在创作之初,必须清晰地定义角色的基本属性、核心特征及其在故事中的作用,以确保后续情节的展开和人物行为的合理性,也是塑造鲜活、立体人物形象的关键步骤。

角色定位首先涉及基本属性的设定,包括角色的年龄、性别、职业、社会地位、教育背景等。这些属性共同构成了角色的社会身份和初始状态,为后续的人物塑造提供了坚实的基础。例如,一个年轻的农村女孩,她的成长经历和视角可能与一个都市白领截然不同,这些基本属性将深刻影响她的性格和行为方式。在《三体》中,叶文洁作为一位天文学家,她的身份地位决定了她在人类与外星文明接触中的关键作用。她的角色定位不仅展现了科学家的专业素养,也揭示了她在面对未知世界时的复杂心理。

除了基本属性外,角色定位还需要提炼出角色的核心特征,即那些能够凸显角色个性和推动情节发展的特质。这些特征可能包括角色的性格特点(如勇敢、善良、狡猾等)、价值观(如对正义的追求、对金钱的渴望等)以及与其他角色的关系(如父子矛盾、友情深厚等)。核心特征的提炼有助于在创作中保持角色的连贯性和一致性,使读者能够清晰地感知到角色的独特魅力。

　　首先,性格特点构成了角色最直观的标识。例如,在《哈姆雷特》中,哈姆雷特的犹豫不决与深沉忧郁,不仅展现了他内心的矛盾与挣扎,也直接驱动了剧情的波折发展。又如《红楼梦》中的林黛玉,她的多愁善感与才情横溢,不仅塑造了她独特的个人魅力,也深刻影响了她与贾宝玉之间复杂微妙的情感纠葛。其次,角色的价值观是其行动的指南针,它决定了角色在面对选择时的取舍与立场。如在《老人与海》中,老渔夫圣地亚哥对尊严与坚持的执着追求,即便在面对大自然的无情挑战时也不曾动摇,这种价值观不仅塑造了他的坚韧形象,也传递了作品对于生命意义的深刻思考。再者,角色之间的关系网同样构成了角色定位不可或缺的一部分。这些关系,无论是亲情的温暖与冲突(如《雷雨》中周朴园与周萍的父子矛盾),还是友情的深厚与考验(如《三国演义》中刘备、关羽、张飞桃园三结义的深厚情谊),都是推动情节发展、深化主题的重要动力。它们不仅丰富了角色的情感维度,也为故事增添了复杂性与深度。核心特征的提炼与明确,对于创作而言至关重要。它不仅帮助作者在创作过程中保持角色行为与性格的一致性,避免角色“走形”,还能让读者在阅读时迅速抓住角色的精髓,与之产生情感共鸣。正如《哈利·波特》系列中的赫敏·格兰杰,她的智慧、勇敢与对正义的坚持,不仅让她成为故事中不可或缺的英雄,也让无数读者在她身上看到了自己渴望成为的模样。

　　准确的角色定位不仅是构建故事基石的关键步骤,也是写作者艺术匠心的集中体现。它不仅为角色的行为与语言设定了清晰的框架,确保了角色形象的内在逻辑与外在表现的一致性,而且为故事情节的铺陈与发展提供了坚实的支撑和无限动力。一个拥有鲜明个性特征、明确行动目标及深刻内心世界的角色,不仅能够在读者心中留下难以磨灭的印记,还能以其独特的魅力引领故事情节高潮迭起,实现情感与智慧的双重共鸣。同时,角色定位也是写作者在创作过程中进行自我反思和调整的重要手段,在创作过程中,写作者需不断审视自己所塑造的角色,通过深入剖析角色的性格特质、价值追求、人际关系网及其成长轨迹,实现对角色定位的精准把握与持续优化。这一过程,既是对角色内在生命力的挖掘,也是对写作者自身创作理念与技巧的考验与提升。

在写作中,我们还需明确每个角色在故事中的具体作用。在叙事艺术中,每个角色都具有不可或缺的独特性,他们如同精心布局的棋子,各自承载着推动情节演进、揭示深层主题、丰富故事维度的重要使命。因此,对于写作者而言,明确每个角色在故事中的具体作用,不仅是构建紧凑有序叙事结构的基石,更是深化作品内涵、提升艺术感染力的关键所在。

首先,角色作为情节发展的驱动力,其存在与行动直接关联着故事的走向与节奏。一些角色,如主角或关键配角,往往通过他们的决策、冲突与成长,引领故事从起始走向高潮,再至结局。写作者需精心设计这些角色的行动轨迹,确保他们的每一次选择、每一次挑战都能紧密衔接,形成推动故事向前的强大动力。例如,在《福尔摩斯探案集》中,福尔摩斯以其敏锐的洞察力和非凡的推理能力,不断解开谜团,推动案件走向真相大白,展现了角色对情节发展的决定性作用。

其次,角色还是揭示主题思想的重要载体。通过角色的思想、言论与行为,写作者能够间接或直接地传达作品的核心主题与价值观。这些角色往往折射出某种社会现象、道德观念或人生哲理,他们的经历与抉择成为探讨更深层次议题的窗口。如《简·爱》中的简·爱,她追求独立、平等的爱情观,不仅丰富了故事的情感层次,也深刻反映了19世纪女性主义思想的萌芽。

再者,角色之间的多样性与复杂性,为故事增添了丰富的内涵与色彩。每个角色都有其独特的背景、性格与梦想,他们的交织与碰撞,不仅构建了多维度的社会图景,也为读者提供了多角度的思考空间。写作者需细心规划每个角色的出场顺序与互动方式,确保每个角色都能在恰当的时机展现其独特魅力,共同编织出一幅幅生动、立体的故事画卷。

总之,写作者在创作过程中,必须深刻理解并明确每个角色在故事中的独特作用,才能合理安排角色的出场顺序与行动轨迹,确保每个角色都能在故事中发挥其最大价值,共同构建出一个既引人入胜又富有深意的叙事世界。这一过程,既是对作家叙事技巧的考验,也是对其艺术创造力的展现。

## 二、人物背景构建

人物背景是构建角色立体感和真实感的关键要素之一。它不仅仅是角色成长的环境,更是其性格形成、价值观和行为模式养成的深层次原因。在写作中,细致地描绘人物背景,能够让读者更加深入地理解角色的内心世界。

　　成长环境包括家庭、社区、学校等,对角色的性格形成有着不可磨灭的影响。家庭背景是其中最为核心的部分,它涵盖了家庭结构(如单亲家庭、大家庭、核心家庭等)、家庭氛围(和睦、冲突、冷漠等)、父母或监护人的性格与价值观等。例如:一个成长在充满爱与支持的家庭中的孩子,可能更容易形成自信、乐观的性格;而一个在充满冲突和暴力的环境中长大的孩子,则可能表现出孤僻、攻击性的行为特征。通过具体事例和细节描写,展现这些影响如何在角色的日常生活中留下痕迹,是塑造立体角色的重要手段。

　　社会文化背景指的是角色所处的时代、地域、民族、宗教信仰等宏观环境。这些因素不仅影响着角色的生活方式和习惯,也塑造了他们的价值观和世界观。例如:一个生活在古代封建社会的角色,其言行举止和思维方式必然受到当时礼教和传统的束缚;而一个成长在现代都市的角色,则可能更加开放、自由,善于接受新事物。通过描绘角色的社会环境,可以揭示出不同文化背景下人性的复杂性和多样性。教育和职业经历是角色成长过程中的重要环节,它们不仅决定了角色的知识和技能水平,也影响着他们的社会地位和人际关系。一个受过良好教育的角色,可能更加理性、善于思考;而一个职业经历丰富的角色,则可能更加坚韧、富有经验。通过描写角色在学习和工作中的遭遇和成就,可以展现他们的成长轨迹和心路历程,进一步丰富角色的内心世界。

　　在角色的成长历程中,总会有一些关键事件和转折点,它们对角色的性格和命运产生深远的影响。这些事件可能是突如其来的灾难,也可能是意想不到的机遇;可能是成功的喜悦,也可能是失败的痛苦。通过详细描绘这些事件和转折点,可以展现出角色在逆境中的挣扎和成长,以及他们在顺境中的选择和决策。这些经历不仅塑造了角色的性格,也决定了他们未来的道路和命运。

### 三、人物性格刻画

1. 外貌描写

外貌描写是刻画人物性格的重要手段之一,它不仅能够直观地展现人物的外在特征,还能够通过细致入微的笔触,揭示人物的内在性格、社会地位、生活习惯乃至精神世界。在外貌描写中,作者需要运用丰富的想象力、敏锐的观察力和精准的语言表达能力,将人物形象栩栩如生地呈现在读者面前。

外貌与性格之间存在着密切的关联。例如:一个眉宇间透露出坚毅与果敢的人物,往往拥有不屈不挠的性格;而一个面容和善、眼神温柔的人物,则可能具备宽容与慈悲的品质。因此,在外貌描写中,作者应善于捕捉那些能够反映人物性格的外在特征,如面部表情、眼神、发型、服饰等,通过细腻的描绘,使读者能够感受到人物的内在气质。外貌如同镜像反映内心。以《红楼梦》中的贾宝玉为例,其"面如冠玉,目若朗星"的外貌描写,不仅勾勒出一个英俊少年的形象,更透露出他超凡脱俗、不拘小节的性格特质。而林黛玉的"两弯似蹙非蹙笼烟眉,一双似喜非喜含情目",则细腻地描绘了她多愁善感、才情横溢的性格风貌。作者通过精准的面部特征刻画,使人物性格跃然纸上,令读者一见难忘。

细节是外貌描写的灵魂。一个成功的外貌描写,往往在于作者对细节的精准把握。例如,通过描写人物手上的老茧、脸上的皱纹、头发的斑白等细节,可以生动地展现人物的辛勤劳动、岁月沧桑或生活压力。这些细节不仅丰富了人物形象,还加深了读者对人物性格的理解。在《老人与海》中,海明威对老渔夫圣地亚哥的描述:"他身上的每一部分都显得老迈而疲惫,除了那双眼睛,它们像海水一样蓝,是愉快的,毫不沮丧的。"这里的"蓝眼睛"与"愉快的"形成鲜明对比,不仅展现了老人历经风霜的外貌,更深刻揭示了其坚韧不拔、乐观向上的内心世界。细节的捕捉与描绘,使人物形象更加饱满,性格特征更加鲜明。

外貌描写不应局限于静态的轮廓勾勒,而应融入动态的情境变化,以展现人物性格的多样面貌。一个人物在不同情境下的外貌表现,往往能够反映出其性格的不同侧面。例如:在紧张的环境中,一个勇敢的人物可能会紧皱眉头、瞪大眼睛,展现出其坚定与果敢;而在安逸的环境中,他可能会放松面部表情、露出微笑,展现出其温和与友善。因此,作者在外貌描写中,应善于捕捉人物在不同情境下的外貌变化,通过动态与静态的结合,使人物形象更加立体、生动。以《哈姆雷特》为例,莎士比亚在描绘哈姆雷特时,既描绘了他在沉思时眉头紧锁，眼神深邃的静态形象，也刻画了他在愤怒时目光如火，言辞犀利的动态表现。这种动态与静态的结合，不仅丰富了人物形象，也深刻揭示了其内心的矛盾与挣扎，使人物性格更加立体、复杂。

在外貌描写中，避免陷入刻板印象的窠臼至关重要。不同的人物，即使拥有相似的外貌特征，其性格也可能截然不同。因此，作者应摒弃对外貌特征的简单归类和刻板印象，根据人物的个性、经历和情感，进行个性化的外貌描写。这样，才能塑造出独一无二、深入人心的人物形象。以《简·爱》中的简·爱为例，夏洛蒂·勃朗特并未将其描绘成传统意义上的美女，而是强调了她"穷、低微、不美、矮小"却有细腻的情感及丰富的思想和内心。这种个性化的外貌描写，不仅打破了对外貌的常规期待，更突出了简·爱独立、坚韧、自尊自强的性格特征，使人物形象更加独特、深入人心。

因而，外貌描写作为人物性格刻画的重要手段，要求作者不仅具备高超的描绘技巧，更需深刻理解人物性格与外貌之间的内在联系，通过细节的精准捕捉、动态与静态的巧妙结合，以及超越刻板印象的个性化刻画，塑造出既栩栩如生又独具魅力的人物形象，使读者在视觉与心灵的双重体验中，深刻感知人物的独特性格与丰富内涵。

2. 语言描写

语言作为人类思想与情感的载体，在文学创作中扮演着塑造人物性格、揭示身份特征、洞察内心世界的核心角色。它不仅是推动故事情节发展的润滑剂，更是刻画鲜明人物形象、深化作品主题的艺术手段。通过细腻入微的语言描写，读者能够穿越时空的界限，直观感知角色的性格轮廓、教育背景、情感波动及其所处的社会环境，从而实现心灵上的共鸣与对话。

对话是语言描写的核心，它直接反映了人物的思维方式和性格特点。写作时应注重通过对话展现人物之间的差异性和独特性。例如，一个开朗外向的角色可能说话直率、幽默风趣，而一个内向沉稳的角色则可能言辞谨慎、善于倾听。通过精心设计的对话，可以使读者在字里行间捕捉到人物的性格轮廓。以《红楼梦》为例，林黛玉与薛宝钗的对话风格截然不同，林黛玉言辞犀利、机敏中带着几分尖酸，反映了其敏感多疑、才情横溢的性格，而薛宝钗则语言温婉、含蓄中不失大方,体现了她稳重端庄、善解人意的特质。作者通过精心设计的对话,不仅展现了人物性格的鲜明对比,也深化了作品的人物关系与情感纠葛。

人物的语言风格,如同其身份与背景的徽章,应与其社会地位、教育背景紧密相连。一个受过高等教育的知识分子可能会使用更为文雅、精炼的词汇,而一个生活在社会底层的劳动者则可能更倾向于使用通俗易懂、富有生活气息的口语。通过语言风格的差异,可以进一步丰富人物的形象,使其更加立体、饱满。在《傲慢与偏见》中,伊丽莎白·班内特作为一位有见识、有独立思想的女性,其语言风格既体现了中产阶级的教养,又不失个人见解的锋芒;而她的母亲班内特夫人,则更多地使用夸张、琐碎的口语,反映了其市井气与对社交地位的渴望。这种语言风格的差异,不仅丰富了人物形象,也映射了19世纪英国社会的阶层差异与价值观。

人物在不同情境下的语言往往带有强烈的情绪色彩。喜悦时的话语可能充满欢快和兴奋;悲伤时则可能低沉、哽咽。通过捕捉人物在特定情境下的语言情绪,可以更加生动地展现其内心世界和情感变化。同时,情绪化的语言也是推动情节发展、营造紧张氛围的有效手段。人物语言中的情绪色彩,是其内心世界的直接反映。在《悲惨世界》中,冉·阿让在得知珂赛特遭遇不幸时的低沉与哽咽,以及在救出她后的激动与喜悦,通过语言的情绪变化,深刻展现了其内心的善良、责任与对爱的渴望。这种情绪化的语言描写,不仅增强了故事的感染力,也使读者能够深切体会到人物的内心挣扎与情感波动。

语言中的隐喻与象征,是文学创作中深化主题、丰富内涵的重要手法。在文学创作中,人物的语言有时不仅仅是字面上的意思,还可能蕴含着深层的隐喻和象征意义。这种语言上的双关或暗示,往往能够引发读者的联想和思考,从而加深对人物性格和作品主题的理解。因此,在创作时,可以适当运用语言的隐喻与象征手法,为作品增添更多的内涵和深度。在《哈姆雷特》中,哈姆雷特"生存还是毁灭,这是一个值得考虑的问题"的独白,不仅是对个人命运的深刻反思,也隐喻了人类普遍存在的生存困境与哲学思考。这种语言的双关与暗示,激发了读者的联想与思考,深化了对人物性格与作品主题的理解。

虽然文学语言追求艺术性和表现力,但并不意味着可以忽视其连贯性和逻辑性。一个性格鲜明的人物,其语言应如行云流水般连贯、有逻辑,既反映其独特的思维方式,又保持前后一致的行为逻辑。因此,在创作时,应注重人物语言的内在逻辑和前后一致性,避免出现自相矛盾或逻辑混乱的情况。在《福尔摩斯探案集》中,福尔摩斯的语言总是条理清晰、逻辑严密,既体现了其超凡的推理能力,也保持了人物性格的一致性与可信度。

3. 行动描写

在文学创作中,行动描写是揭示人物性格、推动情节发展、增强故事真实感的重要手段。作家通过细腻入微地刻画人物的言行举止,不仅能够展现人物的内心世界,还能让读者感受到人物的鲜活与生动。

行动是人物性格的外在表现,不同的性格特征会在行动中留下独特的印记。一个勇敢无畏的人,在面对困难时可能会选择挺身而出,用行动诠释"勇者无惧",而一个胆小怯懦的人,则可能在关键时刻退缩不前,暴露出内心的恐惧与不安。因此,写作者在刻画人物性格时,应紧密结合人物的行动,让行动成为性格的自然流露。例如,在描述一位英勇的消防员时,可以这样写:"火光冲天,烟雾弥漫,他毫不犹豫地冲进火海,每一步都坚定而有力。他的身影在火光中若隐若现,仿佛一位无畏的战士,用行动诠释着对职责的坚守和对生命的尊重。"这样的描写不仅展现了消防员的勇敢与无私,也让读者能够深切感受到他内心的坚定与执着。

行动不仅是性格的展现,更是推动情节发展的重要因素。在故事中,人物的每一个行动都可能引发新的冲突、揭示隐藏的秘密或推动故事向高潮发展。因此,作家在构思情节时,应充分考虑人物的行动逻辑和动机,确保情节的发展与人物性格相契合。例如在一个侦探小说中,侦探通过一系列缜密的调查和推理,最终揭开了犯罪的真相。这一过程中,侦探的行动成为推动情节发展的关键。他走访现场、询问证人、分析线索,每一个行动都紧密相连,逐步引导读者接近真相。这些行动不仅展现了侦探的聪明才智和敏锐洞察力,也让整个故事充满了悬念和紧张感。

为了让人物行动更加鲜活、生动,作家需要运用细腻的观察力和丰富的想象力,将人物的每一个动作、每一个表情都刻画得淋漓尽致。通过生动的语言描绘,让读者仿佛目睹了人物的行动过程,感受到其中的紧张与刺激。例如,在描写一位舞蹈家在舞台上的表演时,可以这样写:"她轻盈地跃起,身体仿佛被无形的力量牵引着,在空中画出一道优美的弧线。她的手臂柔和地伸展,指尖似乎触碰到了无形的音符,每一个动作都充满了韵律与美感。她的眼神中闪烁着对舞蹈的热爱与执着,仿佛在与观众进行一场无声的对话。"这样的描写不仅展现了舞蹈家的技艺与魅力,也让读者仿佛置身于舞台之下,沉浸在那美妙的舞蹈之中。

4. 心理描写

在文学创作中,心理描写是揭示人物内心世界、塑造复杂而立体人物性格的重要手段。写作者通过细致入微的心理刻画,使读者能够深入理解角色的情感波动、思想冲突及内心挣扎,从而增强作品的艺术感染力和真实感。

心理描写并非单一的内心独白或情绪抒发,而是可以通过多种维度和手法来呈现。作家可借助人物的梦境、幻想、回忆与现实交错的手法,将人物内心世界的丰富层次一一揭开。

梦境与幻想是心理描写的重要载体。通过描绘人物的梦境或幻想,写作者可以揭示其潜意识中的渴望、恐惧或未了的心愿。例如,一个长期处于孤独中的人物,可能在梦中与已故亲人重逢,这种场景不仅展现了人物对亲情的渴望,也暗示了其内心深处的孤独与哀伤。

通过让人物的回忆与现实情境相互穿插,写作者可以展现人物性格形成的历史脉络,以及这些经历如何影响其当前的行为决策。比如,一个历经战争创伤的老兵,在面对和平生活中的某个普通场景时,可能会突然回忆起战场的血腥与残酷,这种心理波动不仅丰富了人物形象,也深化了作品的主题。

心理描写的成功,在于写作者能以细腻的笔触捕捉到人物内心最微妙的情感变化。这要求写作者具备敏锐的观察力和深刻的同理心,能够设身处地地感受人物的喜怒哀乐。写作者应善于捕捉人物在特定情境下的微妙情感变化。例如,在描述一个人物面对失去亲人的痛苦时,不应仅仅停留在表面的哭泣或沉默上,而应深入挖掘其内心的挣扎与接受过程,如通过内心独白展现其对过往回忆的珍视、对未来生活的迷茫与恐惧。同理心是写作者进行心理描写时不可或缺的品质。通过设身处地地理解人物,写作者能够更准确地把握其心理状态,从而用更加贴切的语言和情节来展现人物的内心世界。这种同理心不仅体现在对正面角色的刻画上,也应贯穿于对反面角色的塑造中,使每个角色都显得真实可信。

为了增强心理描写的艺术效果,写作者还可以尝试运用一些创意手法,如象征、隐喻等,使心理描写更加含蓄而富有诗意。通过象征或隐喻的手法,写作者可以将抽象的心理状态具象化,使读者能够更直观地感受到人物的内心世界。例如,用"迷雾中的灯塔"来象征人物在迷茫中寻找希望的心理状态,或用"破碎的镜子"来隐喻人物内心的矛盾与挣扎。尝试从不同的视角来展现人物的内心世界。例如,通过动物或物品的视角来观察人物,从而赋予心理描写以新颖性和独特性。这种手法不仅能够打破传统的叙事模式,还能让读者在阅读过程中获得全新的审美体验。

### 四、人物发展与弧光

人物不仅是故事的主体,更是情感与主题的传达者。人物的发展轨迹,特别是其内在的变化与成长,被形象地称为"人物弧光"。这种弧光不仅丰富了人物形象,还深刻影响着故事情节的走向和作品主题的深化。

人物弧光的构建是一个复杂而精细的过程,它涉及作家对人物性格、经历、心理等多方面的深入挖掘与精心设计。首先,作家需要为人物设定一个明确的起点,这包括人物的初始性格、价值观、生活状态等。这个起点是人物弧光的基础,它决定了人物未来发展的方向和可能性。随着故事的推进,人物会面临各种挑战与冲突,这些挑战与冲突成为推动人物成长与变化的关键力量。作家通过设计一系列情节事件,让人物在应对这些事件的过程中逐渐展现出其内在的矛盾与挣扎,进而引发性格上的转变或深化。这种转变或深化并非一蹴而就,而是需要经过一系列小高潮与大转折的累积,直至达到一个显著的质变点,即人物弧光的顶点。在顶点之后,人物通常会经历一个反思与整合的阶段,将之前的经历与变化内化为自己的一部分,形成新的性格特征或价值观。最终,人物以一个不同于起点的状态结束故事,完成其弧光的构建。

人物弧光的构建离不开几个关键要素：动机、障碍、选择与成长。动机是人物行动的内在驱动力，它决定了人物会追求什么、为什么而奋斗。障碍则是人物在追求目标过程中必须克服的困难与挑战，这些障碍不仅来自外部世界，更来自人物内心的恐惧、疑虑与矛盾。选择是人物弧光构建中的核心环节。面对障碍与冲突，人物会做出各种选择，这些选择不仅影响着故事的走向，更深刻地反映着人物的性格与价值观。通过一系列的选择与行动，人物逐渐展现出其内在的成长与变化。成长则是人物弧光的最终目标。这种成长不仅指人物外在技能或知识的提升，更指其内在性格、情感与价值观的成熟与完善。一个成功的人物弧光应该能够让读者清晰地看到人物的成长轨迹与变化过程。

## 第二节　写人典范文本

范文一

# 孔乙己①（节选）

### 鲁　迅

孔乙己是站着喝酒而穿长衫的唯一的人。他身材很高大；青白脸色，皱纹间时常夹些伤痕；一部乱蓬蓬的花白的胡子。穿的虽然是长衫，可是又脏又破，似乎十多年没有补，也没有洗。他对人说话，总是满口之乎者也，教人半懂不懂的。因为他姓孔，别人便从描红纸上的"上大人孔乙己"这半懂不懂的话里，替他取下一个绰号，叫作孔乙己。孔乙己一到店，所有喝酒的人便都看着他笑，有的叫道，"孔乙己，你脸上又添上新伤疤了！"他不回答，对柜里说，"温两碗酒，要一碟茴香豆。"便排出九文大钱。他们又故意的高声嚷道，"你一定又偷

---

① 鲁迅：《鲁迅全集》第一卷，人民文学出版社 2005 年版，第 458 页。

了人家的东西了!"孔乙己睁大眼睛说,"你怎么这样凭空污人清白……""什么清白?我前天亲眼见你偷了何家的书,吊着打。"孔乙己便涨红了脸,额上的青筋条条绽出,争辩道,"窃书不能算偷……窃书!……读书人的事,能算偷么?"接连便是难懂的话,什么"君子固穷",什么"者乎"之类,引得众人都哄笑起来:店内外充满了快活的空气。

在这段文本中,鲁迅运用了多种人物描写方法,生动且深刻地塑造了孔乙己这一经典形象,展现出高超的文学表现力,为写作学研究人物塑造提供了范例。

(1)外貌描写。作者寥寥数笔便勾勒出孔乙己的落魄轮廓。"身材很高大"本应是具优势的体魄特征,却与后续"青白脸色"、"乱蓬蓬的花白的胡子"、"又脏又破"的长衫形成强烈反差,制造出视觉冲击力。高大身材暗示其或许曾有过的体力劳动能力或年轻气盛之时,然而现今却被生活折磨得面色不佳、形容憔悴,胡子的杂乱与长衫的破烂直观展现出他长期疏于打理生活、深陷穷困泥沼的惨状。这种反差式外貌描写,瞬间抓住读者眼球,激发好奇心,促使读者探究人物命运转折的缘由,同时也为人物性格塑造埋下伏笔。一个外表邋遢却还执着穿长衫的形象,预示着他内心对某种身份认同的坚守,哪怕物质已极度匮乏。这一细节也将其复杂矛盾的生存状态具象化,让读者一眼便能洞察到人物的悲剧内核。

(2)语言描写。"对人说话,总是满口之乎者也,教人半懂不懂的",这一独特语言风格立刻勾勒出孔乙己深受旧学熏陶、迂腐守旧的形象特征,使其与周围短衣帮等底层百姓形成鲜明对照,凸显他放不下读书架子、沉浸在旧文化中的执拗。当被质疑偷书时,他争辩"窃书不能算偷……窃书!……读书人的事,能算偷么?"以及一连串"君子固穷""者乎"之类的话语,进一步强化了他的迂腐,在现实困境面前,他不是直面问题,而是用读书人的"歪理"为自己开脱,试图以精神上的高傲掩盖行为上的不端,既可笑又可悲,让读者深切感受到封建旧文化对人的毒害之深,也使人物形象跃然纸上。

（3）神态描写。面对众人关于伤疤的调侃，他"不回答"，展现出一种无奈与习惯性的隐忍；被直接指认偷书时，"睁大眼睛"，这是遭受污蔑后的本能震惊与愤怒反应；而在激烈争辩时"涨红了脸，额上的青筋条条绽出"，则生动地刻画出他内心的窘迫、羞愤交织，急于维护自身仅存的尊严却又无力改变众人看法的状态，细腻的神态变化将人物复杂的心理活动展露无遗，使读者极易代入情境，感同身受地理解孔乙己的处境。

（4）动作描写。"排出九文大钱"，一个"排"字精妙绝伦，既与后文"摸"出四文钱形成对比，凸显出此时孔乙己尚有一丝阔绰，想要在众人面前显示自己的心理，毕竟在穷困的日常中，能一次性拿出九文钱买酒买豆算是难得，同时又带着几分刻意与做作，是他维护读书人体面的下意识举动。这简单的一个动作，蕴含丰富的潜台词，将孔乙己虚荣又自卑的性格侧面精准呈现，以少胜多，尽显大师笔力。

通过以上多维度的人物描写手法，鲁迅笔下的孔乙己不再是扁平的符号，而是一个有血有肉、立体鲜活的悲剧人物，引发读者对社会、文化、人性的深度反思，为写作学中人物塑造提供了宝贵借鉴，启示创作者要善于综合运用多种描写技巧，从外貌、语言、神态、动作等各个层面挖掘人物特质，赋予角色生命力，使其能在文本世界中真实可感地"活"起来。

范文二

# 平凡的世界①（存目）

### 路 遥

路遥在《平凡的世界》中通过细腻描绘孙少平的外貌特征和生活状态，并借助其眼神、行动以及面对困难时的态度，展现了他内心深处的坚定与不屈。孙少平是这部作品所探讨主题——普通人在面对生活困境时所展现出的坚韧、

---

① 路遥:《平凡的世界》，北京十月文艺出版社2021年版。

乐观与勇气——的最佳诠释。

(1)外貌描写。作者通过旧夹克、随意搭着的围巾和略显凌乱的头发等细节,刻画了一个看似平凡甚至略带落魄的人物形象。但正是这种外貌上的随意和不修边幅,反衬出人物性格上的坚韧和不屈不挠,让读者深刻感受到人物内心的坚韧和力量。

(2)动作描写与心理刻画。"咬紧牙关,默默承受"等动作描写,生动地展现了人物在面对困难时的坚强和毅力。这些动作既是人物外在表现的描绘,也是内心的坚定和勇气的揭示。"眼神中却透露出一种不屈不挠的坚定"等心理刻画,进一步强化了人物形象的坚韧特质,使读者能更加深入地理解人物的性格和情感。

(3)故事背景与人物成长。通过"他的故事充满了坎坷和挫折"等叙述,为读者揭示了人物成长的不易。这种背景描述不仅丰富了人物的形象,还使得读者能够更加深刻地感受到人物所经历的磨难和成长。同时,这种成长经历也凸显了人物乐观面对生活、坚强勇敢的可贵品质,为读者提供了积极的启示和鼓舞。

## 范文三

# 意外杀人事件①(节选)

### 阿　乙

有段时间了,超市老板赵法才每晚7点半提着酒瓶走到朱雀巷的石头边,坐到10点,去超市关门。偶尔有人问,还在想狐仙吗?他凄惶一笑。

他心里有个阴险的秘密,就是像搬运工将最后几件货物乱抛乱丢,小学生将最后几个生字乱写乱画,他要将剩下的生命在这里胡乱消耗掉。他松开闸,任烈酒燃烧内脏,湿气像毒针一样钻进脊椎,他发

---

①　阿乙:《鸟,看见我了》,文化艺术出版社2010年版,第4页。

明了这个笨拙的自杀办法,在42岁时驼背,咳喘,白发苍苍。

这样的年纪也曾让他产生拥有一匹白马的想法,他想骑上白云般的白马,离开红乌镇,去做自由自在的鳏夫。但在一个头发挑染了一撮黄的小年轻骑着光洋摩托疾驰过后,这个想法就消散了。他叫住年轻人,遥遥地问:"这车谁让你骑的?"年轻人亮出车钥匙上挂着的玉佛,赵法才便明白了。他看到对方盯过来的眼神就像一匹幼兽恶狠狠地盯着垂垂老矣的野牛,便知老人应该去敬老院生活的道理,他不能僭越。

在阿乙的《意外杀人事件》中,作者细腻深刻地塑造了一个孤独、绝望、自我放逐的赵法才形象,不仅体现出人物个体的悲剧,同时也借由这个人物对社会环境、人际关系以及生命价值进行了深刻探讨。

(1)心理描写。心理描写是塑造赵法才形象的关键。作者通过"阴险的秘密""笨拙的自杀"等悖论性表述,将人物的自毁心理具象化。赵法才的自我毁灭并非激烈反抗,而是以胡乱消耗生命的消极姿态呈现。作者用如搬运工乱抛货物、小学生乱写作业等可感知的日常场景来表现他抽象的生命虚无感。为了写出赵法才对自由的渴望及其与现实束缚之间的冲突,作者写道"他想骑上白云般的白马,离开红乌镇,去做自由自在的鳏夫"。可这种想法在看到"一个头发挑染了一撮黄的小年轻骑着光洋摩托疾驰过后",这样的现实后就消散了,这样的心理描写让读者能更深刻地理解赵法才的处境和选择。

(2)行为描写。"赵法才每晚7点半提着酒瓶走到朱雀巷的石头边,坐到10点",作者通过这样的行为描写展现赵法才孤独、消沉的生活状态。作者刻意强化行为的无意义重复性暗示人物困在自我建造的牢笼中;用"凄惶一笑""松开闸"等细微动作替代语言,展现人物在时代挤压下的失语状态。

(3)外貌描写。外貌描写也是塑造赵法才形象的重要手段。"42岁时驼背,咳喘,白发苍苍",直观地展现了赵法才因长期酗酒和消极生活导致的身体衰败。读者通过这些外貌特征可以直观地感受到赵法才的颓废与无力感。

# 第三节 写人练习

## 一、矛盾性人格速写

任务描述:选择一个人物,描写其性格中相互冲突的特质(如善良与自私、勇敢与怯懦),通过具体事件或细节展现这种矛盾性。

示例:一位医生白天救死扶伤,夜晚却沉迷赌博。通过对比其职业形象与私生活的反差,分析其心理动机(如压力释放、自我惩罚)。

目标:(1)理解人物复杂性的构建;(2)掌握通过行为反差揭示心理冲突的技巧。

## 二、感官细节强化训练

任务描述:仅通过感官描写(视觉、听觉、触觉、嗅觉)刻画人物,禁止直接描述性格或心理。

示例:描写一位厨师。

(1)视觉:围裙上的油渍形成抽象图案,袖口磨出毛边。

(2)听觉:切菜时刀刃撞击砧板的节奏快而均匀。

(3)嗅觉:指尖残留的蒜味与案板上的柠檬清香交织。

目标:(1)培养以间接描写暗示人物特征的能力;(2)提升细节观察与具象化表达能力。

## 三、物品考古

任务描述:通过人物随身物品的细节(磨损痕迹、摆放顺序、非常规组合),逆向推导其生活史与心理状态。

示例:分析一个学生的书包。

数学课本崭新如初,但书页间夹着涂鸦的咖啡馆收据;钢笔笔帽有牙印,墨水瓶标签被反复描画成星空图案;书包暗格藏着一把老式黄铜钥匙。

目标:(1)培养以物写人的高阶技巧;(2)训练逻辑推理与文学想象的结合能力。

### 四、跨媒介人物移植

任务描述:将影视、绘画或音乐中的抽象人物特质转化为文字描写,要求保留原作神韵但创新表达。

示例:将爱德华·蒙克的画作《呐喊》的焦虑感赋予现代人物。

通勤时突然摘降噪耳机,听见地铁呼啸声如油画中的扭曲尖叫;总在手机备忘录写满"!!!"却从未输入具体内容;西装口袋里的抗焦虑药瓶贴着手绘彩虹标签。

目标:(1)培养跨艺术形式的转化能力;(2)拓展人物描写的意象系统。

【创意训练】

课后练习:

1. 多维度人物速写:选择一个你熟悉或感兴趣的人物,从外貌、语言、行动和心理四个维度进行深入描写,每个维度至少包含三个细节,以展现人物的独特性和立体感。

2. 人物对话创作:选择两个性格迥异的人物,如乐观开朗的人和内向沉默的人。设定一个情境,让这两个人物因某种原因产生对话。在对话中充分展现两个人物的性格特点和价值观差异,通过言语交锋展现性格冲突,确保对话自然流畅,符合人物的身份和性格。

3. 人物背景故事构建:为一个主要人物构建一个详细的背景故事,包括成长环境、家庭背景、社会文化背景以及关键事件和转折点,要求背景故事能够合理解释人物的性格特点和行为动机。

4. 人物弧光构建:设定一个人物的初始状态,包括性格、生活环境和目标。设计至少三个关键事件,每个事件都对人物产生重大影响,推动其成长或改变。描述人物在每个事件中的反应、选择和成长,最终展现其变化后的状态,确保人物弧光自然流畅,逻辑清晰。

5. 创意场景描写与人物融入:构思一个创意场景,如奇幻世界、未来都市或神秘遗迹等。然后,将一个或多个人物融入这个场景中,通过场景描写和人物行为展现其性格特点和内心世界。

6. 内心独白与梦境描绘:选择一个人物,设定一个特定的情境,如面临重大决策、遭遇挫折或回忆过去。编写一段人物的内心独白,展现其思想斗争、情感波动或内心渴望。接着编写一段人物的梦境,通过梦境进一步揭示其潜意识中的愿望、恐惧或未解的心结,确保内心独白和梦境与人物的性格和经历紧密相连。

7. 跨文化背景下的人物塑造:选择一个具有鲜明文化特色的背景,如异国他乡、多元文化社区或国际学校。在这个背景下设定一个人物,如来自不同文化背景的留学生、移民或跨文化工作者。通过外貌、语言、行动和心理描写,展现人物在跨文化环境中的适应、挑战和成长。深入探讨人物与周围环境的互动,以及文化差异对其性格和行为的影响,确保人物形象生动、立体。

**【延伸阅读】**

1. [美]大卫·姚斯:《小说创作谈:重思关于写作技艺的传统观念》,李安译,中国人民大学出版社 2016 年版。

2. [英]E. M. 福斯特:《小说面面观》,冯涛译,人民文学出版社 2009 年版。

3. [美]杰夫·格尔克:《情节与人物:找到伟大小说的平衡点》,曾轶峰、韩学敏译,中国人民大学出版社 2014 年版。

4. [美]维多利亚·林恩·施密特:《经典人物原型 45 种:创造独特角色的神话模型:第 3 版》,吴振寅译,中国人民大学出版社 2014 年版。

5. [英]乔纳森·雷班:《现代小说写作技巧——实用文艺批评集》,戈木译,陕西人民出版社 1984 年版。

# 第五章　如何写物

【学习目标】

1. 知识目标:掌握"物"在文学创作中的作用和写作技巧,理解"物"在叙事中承担情感传递和主题深化的功能,识别"物"在推动情节、刻画人物内心世界及反映社会背景中的多重角色。

2. 能力目标:通过"物"的写作训练,培养学生细致观察和写作的能力,特别是通过"物"的描写来反映人物的情感变化和内心冲突的能力。

3. 价值目标:通过"物"细节的描写,提升学生对生活的观察力和对情感的表达能力,学会通过"物"反思人生、情感和社会环境。

【学习重点】

理解"物"如何作为叙事和情感的工具,与人物、情节和主题相结合;掌握经典和现代作品中"物"描写的写作技巧,能在创作中有效地运用这些技巧。

【学习难点】

深刻理解"物"描写如何与人物的内心情感、情感变化紧密相连;在创意写作中通过"物"描写有效展现人物情感的转折与内心冲突。

物叙事是指通过具体的物品、物象或场景来叙述故事、表达情感或传达深刻思想的一种写作技巧。这类作品经常通过"物"的细节描写,隐喻或象征的方式,将人物的情感、心理变化与故事的发展巧妙地交织在一起。在文学创作中,"物"经常承载深刻的象征意义,代表人物的心理、记忆、社会地位等。因此,物叙事是一种需要技巧和情感融入的写作方法。

# 第一节　"物"与文学创作

在文学创作中,"物"通过与人物、情节和主题之间的互动,形成多维度的叙事结构。"物"不仅作为情节的推动力,推动故事的进展,也作为情感的象征,帮助深化主题。通过对"物"的细致描写和象征赋予,创作者能够有效地引导读者进入作品的情感和思想层次,从而赋予文本更加丰富的表现力和深度。

## 一、"物"的叙事功能与文学表达

### (一)情节的推动力与情感的表达

在文学创作中,"物"不仅是情节的组成部分,更是推动情节发展的关键力量。"物"的变化、丢失或转移经常成为情节转折的重要契机。例如,"物"的丢失或破损,可能成为故事冲突的触发点,从而引发人的行动,推动情节的演进。"物"的状态变化能够直接影响人的命运或情感状态。通过这种变化,创作者能够将"物"从单纯的叙事元素转化为情感和思想的载体,推动人物情感的波动和内心的冲突。例如,在菲兹杰拉德的《了不起的盖茨比》中,黛西家码头上的"绿灯"作为盖茨比梦想与希望的象征,贯穿整部作品,成为情节发展的关键象征。"绿灯"不仅推动盖茨比追求梦想的行为,也象征他对过去的执着与对未来的渴望。

"物"的变化不仅体现在物理层面,其情感象征意义也在情节中发挥至关重要的作用。"物"与人物之间的关系往往通过其象征性进行深化。例如,珍藏的某件物品不仅承载其记忆,还能唤起人物的情感需求和心理状态。"物"的丢失、破损或遗弃,经常代表人物情感的破裂、过往的消逝或新的开始,从而推动整个情节的推进。例如,《红楼梦》中宝玉与黛玉之间的关系与他们所共同珍爱的物品密切相关。黛玉所赠的手帕象征她的情感依托,而宝玉破损的宝石象征两人感情的变化。

　　"物"的象征性在情感表达中扮演着至关重要的角色。通过细腻的"物"描写,创作者不仅赋予"物"以具象的存在,还让其成为承载深层情感和思想的媒介,揭示人物的内心世界。这种象征性使"物"超越其物理属性,转化为情感与思想的载体。例如,一面破碎的镜子不仅象征人物内心的迷茫与破碎,还传递对自我认同的失落与重建。同理,一只手表可能象征着时间的流逝与逝去的亲情,承载着人物对已故亲人的思念。更重要的是,"物"的象征意义不仅能反映个体的内心情感,还能与更广泛的社会和文化背景相连接。在不同的历史和文化语境中,某些物品可能象征权力、自由、牺牲等抽象概念。通过赋予"物"这些象征意义,创作者能够将人物的私人情感与社会变革、历史冲突等宏大主题相交织。"物"成情感与社会背景之间的桥梁,深刻地反映人物在社会和历史中的位置与情感困境。

　　"物"的象征性不仅深化情感的表达,还丰富作品的主题内涵。通过"物"描写,创作者能够传达更加复杂的情感层次,不仅展示人物的内心挣扎,还揭示更广泛的社会背景和历史进程中的关键议题。如此,"物"不仅是情节的辅助元素,而且是作品中不可或缺的象征性符号,为作品增添丰富的文化与思想深度。通过对"物"在情节推进和情感表达中的双重作用的分析,"物"不仅是故事的组成部分,而且承载着更深层的情感和思想。"物"的变化、象征意义及其与人物情感的联系,使其成为推动情节发展、深化人物内心世界的关键工具。创作者通过"物"描写,不仅能增强故事的情感张力,还能使作品在情感和思想层面达到更高的表现力。这种对"物"象征性的运用,使文学作品具备更为丰富的内涵,深化主题,并增强读者的情感体验和思想共鸣。

　　(二)赋予主题意义与思想深度

　　在文学作品中,"物"的象征性功能不仅推动情节发展,还深化主题。通过赋予"物"象征意义,创作者能将"物"从单纯的物理存在转化为情感与思想的载体,提升作品的深度和内涵。"物"的象征性与人物内心、社会角色和历史背景紧密相连。许多作品中的家族传承物,象征历史延续、文化认同或未解的创伤。这些"物"不仅代表物质,还承载人物与过去、家庭、社会和历史的复杂关系,深化作品主题。此外,"物"的象征意义常随情节发展转变,增加作品层次感和深度。"物"最初可能象征希望或安慰,但随着故事推进,它的意义可能转化为遗憾或痛苦。例如,一块褪色的手镯或一只不再使用的船,这些"物"在不同情境中反映人物情感的变化,推动情节发展并强化主题。通过赋予"物"多重象征意义,创作者展现复杂的情感发展与人物变化。这些"物"不仅推动情节,还反映人物内心的波动,深化主题表达。"物"的转化与演变使作品在情感和思想上得到升华,成为情感表达与主题呈现的核心元素。这种象征性功能让"物"不再是简单的情节工具,而是作品中不可或缺的思想载体。

在文学作品中,"物"的象征意义不仅关乎人物的内心情感,还深受社会文化背景的影响,承担着传达社会、历史与文化思想的功能。通过"物"的象征,创作者能反映社会变革、阶级对立、权力结构和文化认同,不同历史和文化语境中的"物"承载着不同的象征意义,增强作品的文化深度和历史感。在许多作品中,"物"成为社会变革和文化冲突的象征。例如,19世纪贵族家庭的珠宝和家具象征社会地位和财富,而在现代,这些物品可能代表过时的传统或社会腐化。通过"物"的象征性,创作者揭示社会结构的变化以及人物对权力与文化的认同与抗拒。

"物"的象征意义也因文化背景不同而变化。在全球化的背景下,传统物品可能失去原有价值,但在文学作品中,它们仍承载着对传统文化的怀念或对文化遗产的惋惜。通过这些"物"描写,创作者不仅反思现代社会对传统的遗弃,还呼唤文化遗产的保护与传承。因此,"物"不仅是情感载体,它的社会与文化象征作用使作品更具深度。通过"物"描写,创作者不仅展现人物内心世界,还呈现广泛的社会背景和历史变迁,深化作品的思想内涵,探讨普遍的社会文化主题,提升情感和思想的表达。"物"作为象征性元素,推动情节发展,深化主题,表达情感,反映社会文化背景。通过赋予"物"象征意义,创作者不仅将其转化为情感与思想的载体,还帮助展现人物的内心世界、社会关系及历史情境。其多重象征性使作品更加丰富,同时赋予作品深刻的文化意义与思想深度。

## 二、"物"的多重维度:从物品到符号

### (一)具象描写与抽象象征的交织

在文学创作中,"物"的感官细节描写不仅能增强作品的生动性,还能帮助

读者更直接地体验情感。通过对"物"触感、色泽、声音、气味等细节的描写,创作者能够构建出层次丰富的感官场景,使"物"从叙事元素转变为情感的载体。例如,"物"的质地、颜色和温度等感官细节,不仅呈现出"物"的外部特征,还与人物的内心世界紧密相连,推动情感的表达与升华。"物"的感官细节通过具体而微的描写,使"物"成为情感表达的媒介。无论是破旧的钟表、泛黄的书籍,还是微微发热的金属物品,每一个细节都能引发人物的情感波动。这种感官的描写,能够传递人物的情感状态,并为读者提供更加直观的情感氛围,让"物"在故事中的作用不仅限于外在存在,而是情感的象征和载体。

"物"的具象描写经常是情感转化的起点。在文学作品中,"物"通常通过外观、形态、质地的描写,逐渐成为情感的载体,承担起抽象的象征意义。具象描写为读者提供直观的感知经验,而这些感知经验能够引发人物内心世界的情感波动,进而转化为更为抽象的情感表达。"物"的变化、破损或遗失,经常象征人物内心的变化。例如,"物"的老化或丢失往往映射人物情感的破裂或内心的挣扎。而"物"的恢复或修复则象征人物情感的重建或心境的恢复。"物"通过具象的表现与抽象情感的结合,成为情感表达的重要载体,使人物的心理活动得以具象化,推动故事情节的转折。

"物"不仅承载外部情感,在故事中逐渐发展为情感与思想的载体。通过具象描写到抽象象征的转化,创作者可以将人物的内心波动、情感转折及思想冲突转化为"物"的象征性表达,增强作品的情感层次与思想深度。"物"的感官细节与象征性功能密切结合,在文学创作中不仅推动情节发展,还承载情感与思想的传递。通过细腻的感官描写,创作者使"物"从具象的存在转化为情感的载体,推动人物的情感波动,并深化作品的主题。"物"的象征性功能使其不仅成为叙事的元素,更是情感与思想的媒介,赋予作品更加丰富的内涵和层次。

(二)物理与情感的双重转化

"物"的象征性功能在文学创作中起至关重要的作用,能将物理属性转化为情感的载体,反映人物内心世界的深层情感。"物"本身通常不具有情感色彩,但通过创作者的精心描写,"物"可以逐渐承载人物的情感波动和心理变化。例如,破碎的镜子常象征人物内心的破碎、焦虑或对过去的失落。镜子的物理损害,借助情感的隐喻,成为人物情感或自我认知崩塌的象征。这种象征性的转化使"物"在故事中不仅是外部情节的元素,也通过象征意义承载人物的情感困境、思想冲突及成长历程。

"物"的象征性通常随着情节的推进或人物情感的变化而逐渐显现。"物"的外观、功能、使用方式等都能为其赋予象征意义。例如,一只褪色的怀表不仅代表人物对过去时光的怀念,也可能象征人物无法逃避的时间流逝。通过"物"的象征性转化,创作者能够传达人物的内心世界与情感变化,使"物"成为情感表达的工具。"物"的象征性功能不仅增加作品的情感深度,还使其成为情感与思想的传递媒介。

"物"的情感载体功能体现它如何承载人物的情感变化与内心矛盾。物品超越物理存在,成为人物记忆、情感寄托和心理冲突的载体。例如,一把生锈的钥匙,可能不仅代表人物对过去的记忆,钥匙的锈迹象征着时间的侵蚀与遗忘,而钥匙曾开启的门或锁,则承载着人物未解的心结或被封存的秘密。通过钥匙的变化、遗失或修复,创作者能够细腻地展现人物内心的挣扎与情感的转变,推动情节的发展。

"物"与人物的情感联系进一步彰显其作为情感载体的功能。例如,在久别重逢的亲密关系中,一件曾共享的饰品可能成为情感纽带,提醒人物曾经的承诺与爱恋。随着"物"的变化或损坏,人物内心的变化也随之发生。"物"的情感传递功能不仅深化人物的情感层次,也推动故事的情节发展,使其不仅是背景元素,更是情感表达的重要工具。

"物"的象征性和情感功能能够跨越文化与情感层面,产生多重解读。在不同文化背景下,"物"的象征意义不同。例如,一件传统的首饰在东方文化中可能象征家族传承与荣耀,而在西方则可能代表个人身份、地位或情感。通过赋予物品不同的文化象征,创作者使作品的情感和思想更加丰富多元,增强跨文化共鸣。此外,"物"的象征与情感功能也能结合历史与社会背景,进一步丰富象征意义。例如,一块战争遗物不仅是历史的见证,也可能象征人物对自由的渴望、对和平的追求或对失去的悼念。通过"物"的象征,创作者能够将个人情感与更广泛的社会历史背景结合,使作品既展现人物内心世界,又反映历史变迁、社会冲突和文化认同。

"物"的象征性功能和情感载体功能使其在文学创作中发挥重要作用。通过具象到抽象的转化,"物"不仅推动情节发展,还承载着人物内心的情感波动与思想变化。"物"作为情感的载体,连接人物与外部世界,深化作品的情感层次和思想内涵。同时,"物"在不同文化和历史背景中的象征意义,让其在故事中承担更多的社会与文化角色,增强作品的历史感、文化深度与思想深度。"物"作为情感表达的载体和思想传递的工具,赋予文学作品更加丰富的层次与意义。

### 三、"物"与角色、物与环境的互动

#### (一)"物"的个性化与角色内心的映射

"物"在文学作品中经常成为角色内心世界的映射,反映其情感、欲望和性格特征。通过细致的"物"描写,创作者不仅展现人物的外部行为,还揭示其内心的情感需求和心理状态。"物"作为情感的载体,常透露人物对过去记忆的依恋或对某种情感的需求。例如,珍藏的一件"物",可能象征他们对某段记忆的执着或对某种情感的寄托。"物"的变化、破损或丢失,常成为人物情感转折的象征。例如,一件物品的丧失可能代表角色与某段过去或某个情感状态的告别。通过这些变化,创作者能够展现人物内心的波动与情感的复杂性。这种转折不仅推动情节发展,还深化角色的情感层次,使读者能够更好地理解人物的内心世界。

"物"与角色之间的关系不仅揭示人物的情感,还反映其社会背景和心理状态。"物"作为情感的承载体,能够展现人物的内心困境、情感冲突及身份认同的变化。通过"物"与人物的互动,创作者能够探讨人物与社会、历史背景的关系,进一步揭示人物的心理挣扎。例如,一件看似普通的"物"可能承载丰富的社会和文化象征,揭示角色的社会地位、家庭背景或文化认同。"物"在故事中成为连接人物与外部世界的纽带,反映人物与社会环境的互动及其内心的变化。这些"物"不仅推动情节发展,还为人物的情感变化提供深刻的象征意义,增强作品的情感和思想深度。"物"在文学作品中不仅是情节的推动元素,也是角色内心世界的映射和情感转折的象征。"物"的变化和象征性转化,帮助

展现人物的情感波动与内心冲突,同时揭示其与社会和历史的联系。通过"物"与角色的互动,创作者能够深化作品的情感层次,推动情节发展,并为作品赋予更丰富的思想和情感内涵。

（二）"物"在情节推动中的动态作用

"物"在文学作品中的变化、丢失或转移经常是情节发展的关键推动力。"物"不仅作为背景或道具存在,还在情节转折和人物心理变化中起重要作用。通过"物"的变化,创作者可以引发角色的情感波动,推动故事向前发展。例如,一支破旧钢笔的丢失象征创作断裂,推动人物情感变化和情节发展。"物"的动态变化,如破损、丢失或恢复,能够反映人物内心的情感变化。例如,一枚戒指的失落不仅代表一段关系的结束,还可能揭示人物内心的动荡与情感波动。"物"的这些变化通常直接影响人物的行为与情感,也为情节的转折提供动力。通过"物"的细节变化,创作者可以深化人物情感,使其内心世界得以具象化,同时推动故事情节的推进。

"物"常作为情节中的线索,推动故事发展或解决冲突。遗物、信件或遗失的物品等,经常成为揭示真相或解开矛盾的关键。例如,某件遗物的发现可能引发人物对过去的反思,成为情节的转折点。通过"物"的象征意义,创作者能为故事增添情感深度,并推动情节的复杂发展。此外,"物"的变化也能增强情感张力。例如,"物"的恢复或丢失经常能揭示人物情感的转折。通过"物"与人物的互动,创作者不仅推动情节的发展,还深刻表达人物的心理状态与情感波动。因此,"物"成为情感表达和情节推动的重要载体。"物"在情节中的作用,不仅推动故事的发展,还通过其变化和象征意义,深刻反映人物的情感波动。"物"的动态变化经常与人物内心的转折相连,增强情节的张力。通过"物",创作者能巧妙地推动故事,展现情感,深化作品的层次与情感深度。

（三）物的场景化功能与情感转化

"物"在场景中的布置和状态变化能显著强化作品的情感氛围和张力。"物"不仅起到环境描写的作用,还为故事情感基调、人物关系及背景提供象征意义。通过对"物"的精心安排,创作者能够使其超越物理存在,成为情感暗示和象征的载体。举例来说,破旧的沙发、散落的信纸或陈旧的书籍,通过其位置和状态,可反映人物内心的变化与情感的复杂性。这些"物"的场景化描述让情感变得更加生动与具体。创作者通过细节的表现,能够将人物的内心世界和社会背景巧妙地融入场景构建中。每个"物"不仅帮助读者理解人物的心理状态,还揭示人物与外界的互动。场景中的"物"因此不仅是背景的组成部分,还充满象征意义,增强情感的表达和作品的深度。

"物"的静态和动态变化是展现人物情感转折和波动的有效方式。静态"物"通常象征压抑、沉默或情感的停滞,而"物"的动态变化则经常揭示情感的爆发或心理的解放。例如,一张静止的照片可能代表人物对过去的怀念,而当这张照片被撕破或遗弃时,它便象征着对过去的告别和内心的解放。"物"的动态变化增强情感对比,也推动人物情感的转变和情节的发展。"物"的转化不仅促进情节发展,还为人物的情感变化提供深刻的象征。通过"物"的变化,创作者能够展现人物从压抑到解放,或从痛苦到平静的情感转变,推动故事的发展。"物"的动态转化深刻表达人物内心的成长与变化,使作品的情感层次更加丰富。

"物"的场景化功能通过其布置和变化,增强情感的表达与情节的层次。静态与动态的转化展现人物情感的波动与转折,推动故事向前发展。创作者通过"物"与场景的交织,深化情感张力,使"物"成为情感与思想传递的重要载体。

## 第二节　写物典范文本

范文一

# 药①(节选)

鲁　迅

秋天的后半夜,月亮下去了,太阳还没有出,只剩下一片乌蓝的天;除了夜游的东西,什么都睡着。华老栓忽然坐起身,擦着火柴,点

---

① 鲁迅:《鲁迅全集》第一卷,人民文学出版社2005年版,第463—465页。

上遍身油腻的灯盏，茶馆的两间屋子里，便弥满了青白的光。

"小栓的爹，你就去么？"是一个老女人的声音。里边的小屋子里，也发出一阵咳嗽。

"唔。"老栓一面听，一面应，一面扣上衣服；伸手过去说，"你给我罢。"

华大妈在枕头底下掏了半天，掏出一包洋钱，交给老栓，老栓接了，抖抖的装入衣袋，又在外面按了两下；便点上灯笼，吹熄灯盏，走向里屋子去了。那屋子里面，正在窸窸窣窣的响，接着便是一通咳嗽。老栓候他平静下去，才低低的叫道，"小栓……你不要起来。……店么？你娘会安排的。"

老栓听得儿子不再说话，料他安心睡了；便出了门，走到街上。街上黑沉沉的一无所有，只有一条灰白的路，看得分明。灯光照着他的两脚，一前一后的走。有时也遇到几只狗，可是一只也没有叫。天气比屋子里冷多了；老栓倒觉爽快，仿佛一旦变了少年，得了神通，有给人生命的本领似的，跨步格外高远。而且路也愈走愈分明，天也愈走愈亮了。

老栓正在专心走路，忽然吃了一惊，远远里看见一条丁字街，明明白白横着。他便退了几步，寻到一家关着门的铺子，蹩进檐下，靠门立住了。好一会，身上觉得有些发冷。

"哼，老头子。"

"倒高兴……"

老栓又吃一惊，睁眼看时，几个人从他面前过去了。一个还回头看他，样子不甚分明，但很像久饿的人见了食物一般，眼里闪出一种攫取的光。老栓看看灯笼，已经熄了。按一按衣袋，硬硬的还在。仰起头两面一望，只见许多古怪的人，三三两两，鬼似的在那里徘徊；定睛再看，却也看不出什么别的奇怪。

没有多久，又见几个兵，在那边走动；衣服前后的一个大白圆圈，远地里也看得清楚，走过面前的，并且看出号衣上暗红的镶边。——

一阵脚步声响，一眨眼，已经拥过了一大簇人。那三三两两的人，也忽然合作一堆，潮一般向前进；将到丁字街口，便突然立住，簇成一个半圆。

老栓也向那边看，却只见一堆人的后背；颈项都伸得很长，仿佛许多鸭，被无形的手捏住了的，向上提着。静了一会，似乎有点声音，便又动摇起来，轰的一声，都向后退；一直散到老栓立着的地方，几乎将他挤倒了。

"喂！一手交钱，一手交货！"一个浑身黑色的人，站在老栓面前，眼光正像两把刀，刺得老栓缩小了一半。那人一只大手，向他摊着；一只手却撮着一个鲜红的馒头，那红的还是一点一点的往下滴。

老栓慌忙摸出洋钱，抖抖的想交给他，却又不敢去接他的东西。那人便焦急起来，嚷道，"怕什么？怎的不拿！"老栓还踌躇着；黑的人便抢过灯笼，一把扯下纸罩，裹了馒头，塞与老栓；一手抓过洋钱，捏一捏，转身去了。嘴里哼着说，"这老东西……。"

"这给谁治病的呀？"老栓也似乎听得有人问他，但他并不答应；他的精神，现在只在一个包上，仿佛抱着一个十世单传的婴儿，别的事情，都已置之度外了。他现在要将这包里的新的生命，移植到他家里，收获许多幸福。太阳也出来了；在他面前，显出一条大道，直到他家中，后面也照见丁字街头破匾上"古□亭口"这四个黯淡的金字。

《药》是鲁迅先生于1919年发表的短篇小说，通过描述一段关于治病与生死的故事，深入探讨当时社会的冷漠与人性的麻木。在这篇小说中，鲁迅通过细腻的物象描写将人物的内心、社会的腐化与人们对生命的不重视表现得淋漓尽致。

首先，《药》中的物象不仅是疾病的直接表现，还深入表达了人们对于命运的无奈和社会不公的感悟。最为突出的物象是"馒头"和"红色馒头"，它们象征着民众对疾病的无知和渴望救治的盲目。在小说中，老栓购买的"红色馒头"，实际上是用来"治病"的药物，但它的外观却与食物非常相似。这一象征手法揭示民众在绝望中的求生欲望，同时也暗示社会对疾病和死亡的冷漠。这种"红色的馒头"不仅代表对生命的渴望，也象征命运的无常，因为它并没有真正治愈小栓的疾病，反而暴露了时代背景下民众对病痛认知的错误和无助。

其次，物象在小说中经常承载人物的情感，尤其是通过"灯笼"和"馒头"的描写，展现了父亲对儿子的深切关怀与无力感。老栓为了儿子能得到治愈，走夜路买药，并且小心翼翼地将"红色馒头"带回家，这一过程中他充满了期待和希望。尤其是"他现在要将这包里的新的生命，移植到他家里，收获许多幸福"，这段描写让"馒头"这一物象具有父爱的象征，承载着老栓对儿子的深情与对未来的期盼。然而，最终"馒头"并未如老栓所期待的那样治愈儿子，反而暴露出当时社会愚昧、医疗落后与个人挣扎的集体困境。老栓的父爱在物象的描写中变得既充满温情，又带着无法言喻的悲凉，体现父亲角色在当时社会中的无助与焦虑。

最后，通过"街道"与"人群"展现社会背景。故事中的夜晚"街道""黑沉沉的"，而走在街上的"人群""鬼似的"，这些细节暗示小说背景中的社会混乱与对人命的漠视。老栓和其他行人相遇的场景，尤其是"浑身黑色的人"拿着"鲜红的馒头"，透露出一种黑暗与不公的氛围。这些物象的描写进一步映射时代对民众的压迫，揭示社会的不平等和人们对救治的盲目追求。鲁迅通过这些物象的描写，讽刺社会的愚昧与病态。

鲁迅在小说《药》中通过细腻的物象描写，不仅展示病痛与命运的无常，还通过物象传达对父爱与社会背景的深刻反思。物象成为情感与思想的载体，展现时代的压迫和个体的无助。通过"馒头"这一象征物，鲁迅巧妙地揭示人们在面对命运时的无力与对生存的渴望，同时也对社会的不公进行了深刻的批判。

范文二

# 都江堰①（存目）

余秋雨

《都江堰》是余秋雨散文集《文化苦旅》中的名篇。作品通过对都江堰工程的细腻描写，展现人类智慧与自然力量的和谐融合，同时也体现创作者对历史与自然深刻的思考。余秋雨在《都江堰》中的"写物"方式，不仅是对物象的呈现，更是通过细节与变化，传递创作者对生命、历史与时代的感悟。

首先，余秋雨通过细腻的物象描写与自身思想情感的交织，展现他对都江堰的深刻理解与尊敬。文章开篇提到："我以为，它只是一个水利工程罢了"，到后来的"站在江心的岗亭前，'你走这边，他走那边'的吆喝声……声声入耳"，这一转变反映了他从对表面景物的初步认识到对这座工程深刻的敬仰与思索。"天地间开始有些异常，一种隐隐然的骚动"是在描绘都江堰水流的磅礴力量，也在描绘一种内心的触动，仿佛自然界的力量在呼唤着人类的思考。水流的"比赛"与"驯顺"的描述，是水的物理运动，更是隐含历史与时代的较量，象征人类智慧对自然的改造与利用。通过这些细腻的描写，余秋雨赋予物象更多的文化内涵，使都江堰不仅是一个水利工程，更是历史、智慧与自然力量的象征。

其次，余秋雨特别注重细节的描写，这些细节并非单纯的自然景象，而是情感和思想的载体。例如，他描写"股股叠叠"的水流，"撞到了一道坚坝"的堤坝，以及千年历史的石刻。这些并非单纯的物理现象，而是历史与文化的具象化，承载时间的沉淀与智慧的积累。尤其是水流"穿越时空的隧道"的描写，让人感受到过去与现在的紧密连接，历史不再是抽象的，它在当下活跃，充满文化的厚重感。这些细节的描写，不仅让读者领略到自然景观的美丽，更激发其对历史与文化的深层共鸣。

---

① 余秋雨：《文化苦旅》，东方出版中心 2001 年版，第 41 页。

　　最后,物象的变化与情感波动是余秋雨在《都江堰》中的另一大写作特色。通过不同季节、不同角度的描绘,他的笔下展现自然与人类历史的互动与演变。水流、堤坝与石刻的变化,不仅是自然景象的转变,而且反映历史的进程与情感的波动。例如,水流"突然撒起野来,猛地翻卷咆哮"到"他大愚,又大智。大拙,又大巧",这一描述通过自然的激烈变化,折射出人类智慧的韧性与应变。余秋雨通过这些细节,传递出对自然的敬畏与对历史的反思。《都江堰》中的物象变化,不仅是景物的变化,更是情感的表达。余秋雨通过对李冰这一历史人物的描写,从"李冰任蜀郡守"到"他未曾留下什么生平资料,只留下硬扎扎的水坝一座",使人物与物象融为一体,历史的悠久与智慧的永恒被赋予深刻的文化冲击力。

　　余秋雨在《都江堰》中的"随物而写"方式,使物象不仅是自然景象的描绘,而且承载思想与情感的深度。从细节入手,通过物象的变化推进情感的升华,余秋雨赋予这座水利工程深刻的文化深度与情感张力。

**范文三**

# 一件棉袍①(节选)

江　子

　　同事 W 爱穿袍子,直襟直统,衣长过膝。她经常穿的一件是黑底红花,交领,右衽,扣子是一字盘扣。袍子的黑底并非深黑,而是厂家着意做旧,仿佛是穿过多次,经过反复洗涤后的颜色,黑中带黄,这就显得特别有历史感。袍子也的确被 W 穿过多次,W 说买下来至今已经有些年份了。听 W 这么介绍,再看这件袍子,就感觉到了时间的力道。

　　W 略比我年长,是已经过天命之年的人了。很早时候,我在乡下

_____

① 江子:《一件棉袍》,《北京文学》,2023 年第 10 期。

教书，爱写作，她是省城某文学刊物编辑，自然，她就是我的老师了。后来我调入省城，与她成了同事，依然是我敬重的老师。与我爱瞎折腾不同，W是个安静而有定力的人，说得文气一点，是一个心中有道的人。她独来独往，少交际，无意惹尘埃，所谓办公室政治、市井恩怨，于她是无关的。单位领导换几任了，但对她有了解的真是少。她却对阅读与写作始终如一，爱用一双冷眼暗察人世。她的文字，写草木，写虫鱼，写街头所见、巷弄悲欢，常于无声处听惊雷，于灰烬中见珍宝，于寒凉中藏温热，在凡常间现深情与大义。她还真写过一篇《珍宝的灰烬》的文章，写她经常路遇的一个有着傻儿子的白发母亲。她如此写这位母亲在寺庙里的神色："她的背影肃穆得就像是只有她一个人，她是一个人站立在空阔的原野上，站在离上苍那些能够洞察人世苦难并可解救他们的菩萨最近的地方。""生活的火焰并不能够总是燃烧得旺盛与鲜艳。尤其对于小人物而言，更多的时候，它是灰烬的代价和化身。然而，当你于灰烬里埋头寻找，尘灰扑面呛人的刹那，你能发现的，总有一块心一样形状的钻石或珍宝，让你怦然心动。"

　　她这样的人，与袍子结缘，是早晚的事——这件源自久远、相比其他服饰十分严实并有凛然力道的袍子于她就是一堵墙，或者是一座让她获得安全感的微型庙宇，而她是这庙宇里的信徒。靠着这袍子，她隐于市井，隐于凡尘，得到了自在，成了不被打扰的、遵从内心秩序的人。她在《珍宝的灰烬》里写的寺庙里的，"背影肃穆得就像是只有她一个人，她是一个人站立在空阔的原野上"的老人，何尝不是她自己。

《一件棉袍》作为江子的散文作品，运用精致的物叙事（物象叙事）手法，通过袍子这一物品的细节描写，不仅展示人物的个性与内心世界，还映射更为深刻的情感与思想。物叙事是一种通过物品或物象来推动故事发展和表达情感的叙事方式。在这篇作品中，袍子不仅是日常生活的物品，更承载人物情感、历史记忆以及内心世界的种种波动。

　　首先，袍子的"历史感"是文章的一个关键点。W所穿的这件黑底红花袍子,经过岁月的洗涤和反复穿着,呈现出"黑中带黄"的色泽,这一色彩的变化不仅反映物理的磨损,也象征时间留在 W 身上的印记。这种细节的描写凸显时间的力量,让袍子不仅是一个日常物品,更是与 W 的生活经历和情感相连接的桥梁。袍子承载了 W 的过去、她的经历与情感,仿佛是她与世界、与时间对话的媒介。通过这种物象的写作方式,江子让袍子超越简单的衣物,成为时间与生命的见证者。

其次,袍子在 W 的生活中超越衣物的功能,成为她内心世界的依托。正如文章所提到的,袍子不仅是 W 日常生活的一部分,更是她与外界纷扰保持距离的庇护所。袍子的严谨设计和沉稳气质与 W 的个性特征紧密相连,成为她保持冷静、从容与定力的象征。在面对外界的动荡与变化时,袍子为她提供一种内心的安全感,仿佛是她精神世界中的一座庙宇,庇护着她的情感与思想。这种描写方式揭示物品如何承载并反映人物的内心世界。通过袍子的象征意义,作者江子深刻展现了主人公 W 对内心秩序的追求及其对世俗纷争的排斥。

最后,袍子在 W 的生活中已经成为她身份认同和生活方式的象征。文章通过对袍子的描写,探讨人与物之间的深刻情感联系。袍子不仅是外在的衣物,更成为 W 内心世界和精神信仰的体现。它象征着 W 对独立、内心平静以及个性自持的追求。通过袍子,W 与社会、与外界的关系也得以表露。袍子成为她与世界对话的媒介,是她精神世界的延伸。这种情感的升华让袍子从一个物品变成具有深厚意义的象征,赋予这篇散文更加丰富的情感层次与思想深度。

《一件棉袍》通过精致的物叙事手法,成功地将一件日常物品升华为情感与思想的载体。袍子不仅展现 W 的个性与内心世界,也让读者思考物品如何承载与传递情感。在这篇散文中,江子赋予袍子象征意义,使其成为人物与世界、人物与内心之间深刻联系的纽带。这种写作手法不仅让物品的外观充满意义,还使散文的情感与思想得到更加深刻的展现。

# 第三节　写物练习

在创意写作中,"物"不仅代表外部世界,也反映人物内心。通过细节描写,物品唤起感官体验与情感共鸣。物的变化,如破损、消失或转化,推动情节并深化人物冲突与成长。物的象征意义可从具象延伸到抽象主题,如自由与孤独,提升作品思想深度。物与人物的互动揭示性格、情感转折和命运轨迹,是推动人物塑造与情节发展的关键元素。

## 一、"物"的细节描写与情感表达练习

### (一)感官多维度描写

在创意写作中,"物"的细节描写不仅展示外观和功能,还通过多维度的感官体验深化人物的情感,成为情感的载体,反映人物内心世界,激发读者共鸣。

视觉细节是最直接的感官描写。色彩的变化能反映人物情感的波动。深蓝色常与孤独、忧郁相关,而鲜红色传递激情与希望。"物"的色彩暗淡不仅表现衰老,也呼应人物的失落与沉寂。色彩和光影的刻画,使"物"成为情感的载体。

触觉细节也能直接表达人物的情感状态。"物"的质感、温度等,往往与人物情感紧密相连。柔软的毛毯带来安全感,而冰冷的金属则传递冷漠。通过触觉细节,创作者能够直接表达人物内心的波动,增加情感的共鸣。

气味是另一种具有情感张力的感官体验。某些气味能唤起人物的情感与记忆,旧书的香气可能引发怀念,腐烂的气味则反映痛苦。气味不仅传递物理特征,还展现人物情感的变化,引导读者进入人物的内心世界。

听觉细节虽然较为间接,但也能丰富"物"的情感内涵。"物"的声音,如破碎的盘子或滴水的水龙头,常揭示人物内心的情感波动,增强作品的情感深度。

通过视觉、触觉、气味和听觉等感官的细腻描写,"物"不仅是背景元素,更是情感和思想的载体。无论是色彩、触觉、气味还是声音,这些细节都能展现人

物内心的波动,激发读者共鸣。

(二)"物"作为情感映射

在创意创作中,"物"常常成为人物内心情感的映射。通过其外形和功能,物品能够承载人物的情感,反映心理变化。细致的物象描写,不仅使人物情感得以生动呈现,还能揭示人物的内心世界和思想深度。

"物"常勾起人物的回忆,成为情感的载体。例如,一块掉色的怀表、一条褪色的围巾等,都能唤起人对过往情感的回忆。这些"物"的细节,尤其是围巾的褪色和折痕,常象征着时间的流逝和人对过去的留恋,带有深刻的情感寓意。

此外,"物"还能够反映人物当前的情感状态。例如,一个杂乱无序的房间常代表人物的焦虑或迷茫,而整洁的空间则反映人物内心的平静与秩序。通过这些"物"的变化,创作者可以生动地表现人物的情感波动和心理状态,使情节更加丰富有层次。

"物"还与人物的身份、角色密切相关。"物"的拥有或失去,能够深刻反映人物的情感需求。例如,失去某个重要"物"时,人物的痛苦往往不仅源自"物"本身,更是内心情感的缺失。通过对这些"物"的描写,创作者赋予人物情感更加丰满的层次,增强作品的情感表现力。

通过对"物"的细节描写,作者不仅呈现外部世界的细节,更深入探讨人物的情感历史与内心波动。作为情感的映射,"物"能够展示人物情感的复杂性,推动情节发展,增添作品的情感张力。

(三)"物"的象征意义与情感层次

在创意写作中,"物"不仅是情节发展的工具,更能通过象征意义承载更深层次的思想与情感。"物"的具象描述,往往能转化为抽象情感的象征,提升作品的哲学深度。通过对"物"赋予象征意义,创作者不仅丰富了作品的层次,还使物品成为情感与思想的载体。例如,一只破旧的怀表,代表着时间的流逝,不仅是物理上的破损,还象征人物对过去的无奈与遗憾。怀表的指针停滞,象征人物无法挽回的失落,激发对时间与人生的深刻思考。

此外,"物"的象征意义还与人物命运紧密相连。例如:一件象征坚韧的外套,代表人物在困境中的不屈精神;一面碎裂的镜子,则可能象征人物内心的破碎与自我认同的失落。通过"物"的变化，创作者可以深化人物命运的起伏，使"物"成为情节发展的关键元素。

更为抽象的情感主题也能通过"物"的象征来展现。例如，一只孤独的花瓶，可能代表人物的孤独，而一只空中的鸟笼，可能象征人物对自由的渴望。通过对这些物品细腻的描写，抽象的情感得以具象化，使其更容易为读者感知并产生共鸣。

通过赋予"物"象征意义，创作者在具体叙事中引入更多层次的情感与思想，使作品更为丰富与深刻。这种手法不仅增加作品的艺术价值，更使"物"超越了表面属性，成为情感表达的重要载体，为作品增添深刻的哲理内涵。

## 二、"物"的变化与情节发展写作练习

在创意写作中，"物"的变化不仅反映人物内心的变化，还推动情节的发展。"物"的破损、丢失或转化，能够成为情节的转折点，揭示人物的心理变化并推动故事走向。创作者通过细致的"物"描写，不仅能展示人物的内心世界，还能强化故事的情感张力和命运转折。

### （一）"物"的变化推动情节走向

"物"的变化经常成为情节发展的关键。例如，"物"的破损或丢失能引发人物内心的转折，推动故事的高潮。在许多文学作品中，"物"不仅是背景，而且是情节转折的触发点。朱自清的《背影》开篇通过描述"父亲背影"的变化，特别是父亲在送别自己时的步履蹒跚、衣物和动作的细节，来传递出父亲在岁月的侵蚀下变得苍老的事实。在《了不起的盖茨比》中，盖茨比所珍爱的时钟的破碎象征着他对过往的执着与幻想的破灭，从而推动故事走向悲剧的结局。"物"的丢失也可以成为推动情节发展的重要线索。在《追风筝的人》中，丢失的风筝代表主角对友情和父爱的丧失，而它的重获则成为情感复原的象征。这种通过"物"丢失或归还推动情节发展的手法，能够精准地传达人物的心理波动与情感冲突。

### （二）"物"的变化反映人物命运

"物"的变化不仅影响情节，也常与人物的命运息息相关。从"物"的状态

中,读者可以感知人物的内心变化和命运转折。例如,一棵树的生长与枯萎可以象征人物命运的转折:从充满生机到逐渐衰败。这种象征性的"物"的变化,通过自然界的法则,隐喻人物的内心世界和命运轨迹。在张爱玲的《倾城之恋》中,女主角与爱情之间的关系被一朵玫瑰的枯萎所象征,树木的变化与人物的命运互为映照,生动展现人物的情感波动与内心冲突。通过"物"的变化,创作者可以巧妙地揭示人物的内心世界和命运的轨迹。例如,《百年孤独》中的布恩迪亚家族,每代人所拥有的"物"都与家族的兴衰紧密相连。家族中老旧的家具、破损的工具,象征家族成员的心理状态和最终的命运结局。

（三）"物"与情感的象征

"物"的变化也经常承载人物情感的转折。例如,某件"物"的丧失或破损,可以象征一段感情的结束或人物内心的创伤。创作者通过"物"细节的描写,将抽象情感具象化,呈现出人物的心理波动和情感变化。例如,《珍宝的灰烬》中,"物"成为情感的载体,每一件"物"的转变都深刻映射出人物内心的冲突与情感的波动。"物"的转化往往不仅是物理的改变,更是人物心境的反映。在一部描写家庭纷争的小说中,书籍、信件等"物"的损坏或遗失,可以象征家庭关系的裂痕,推动人物情感的变迁。通过这种"物"与情感的紧密联系,创作者能够使情节更加生动,情感更加丰富,从而强化作品的情感张力。

"物"的变化不仅推动情节发展,还能深刻反映人物的内心世界和命运轨迹。创作者通过对"物"破损、丢失、转化等变化的细致描写,能够巧妙地展现人物的情感波动和内心冲突,使"物"成为情节和情感表达的重要载体,赋予作品更多的象征意义和情感深度。

## 三、"物"的象征意义与抽象主题写作练习

（一）"物"作为象征载体

在创意写作中,"物"不仅是推动情节发展的工具,还经常承载深刻的象征意义,通过"物"的象征性写作,创作者能够将具象的物体升华为抽象的情感或思想主题。例如,一面破碎的镜子,原本只是日常生活中的普通物,但当它破裂时,它便可能象征人物内心的裂痕或精神的分裂。这种象征性意义的转化,使

"物"超越其本身的物理存在，成为情感和内心世界的载体。另一个常见的象征物是空荡的鸟笼。鸟笼原本是饲养鸟类的"物"，通常在故事中象征失去自由或被禁锢的心理状态。创作者通过这样的"物"来传递人物内心的压抑、困顿或对追求自由的渴望。鸟笼不仅描绘人物的处境，还揭示人物内心的冲突和渴望。

通过"物"的象征性描写，创作者能够引导读者进入更为深刻的情感层次，借助这些具体的"物"来揭示人物的内心世界和情感状态。例如，在小说中一件不起眼的旧衣服，可能象征人物对过去的依恋、对家庭的渴望，或是对自我认同的挣扎。创作者通过将"物"与人物的内心世界连接在一起，使作品的主题更加丰富和深刻。

(二)"物"与抽象主题的联系

在创意写作中，"物"的象征性不仅限于具象层面，它还是抽象情感和哲学主题的具象化表达。通过"物"的描写，创作者能够探讨并表达自由、孤独、生命脆弱、幸福与无常等深刻主题。例如，悬挂的钟表不仅是时间的工具，它常常象征时间的流逝与人生的无常。钟表嘀嗒作响，提醒人物与读者生命的有限性，激发对时间焦虑和人生短暂的感慨，引发哲学思考。同样，一束凋谢的花朵也能象征生命的脆弱与短暂。从盛开到凋谢，花朵展现生命的无常，这不仅是自然现象，更引发人物对死亡的恐惧或接受，表现人物对生命流逝的感知。通过这些象征性的"物"，创作者能传达人物内心的深层情感与反思。"物"作为抽象主题的载体，能够有效地将复杂的情感与思想具体化，增强作品的感染力。例如，孤独感可以通过一盏孤灯、空椅或无人使用的房间来象征，这些"物"不仅传递人物情感，还具体展现抽象的孤独感。通过这样的写作技巧，作品得以深入探讨情感与思想的深度，使读者更加易于理解和感知。

(三)"物"的象征性写作练习

在创意写作中，创作者可以通过"物"的象征意义来深化作品的主题。写作练习可以围绕如何选择具有象征意义的"物"进行展开，探索如何通过"物"的转化、消失或存在，表达人物的情感或哲学思考。举例来说，可以选取一个生活中常见的"物"，赋予它象征性的意义，观察它如何反映人物内心的变化，如何推动情节的前进。例如,可以通过一支老旧的钢笔来表达人物对过去的怀念,或者用一把陈旧的锁来象征人物对某个阶段的束缚和挣扎。通过这些具有象征意义的"物",创作者能够更为深刻地揭示人物的情感转折和思想升华。

### 四、"物"与人物的关系写作练习

#### (一)"物"反映人物内心世界

"物"与人物之间的互动是揭示人物内心世界的重要途径。通过细致的"物"描写,创作者不仅呈现物品特征,还能揭示人物的情感波动、内心需求与个性特征。"物"常作为人物性格的镜像,反映其执念与未解的心结。例如,一只磨损的皮鞋,可能象征人物对过去的执着,鞋子的褪色与磨损暗示着人物无法忘怀的痛苦或依赖。类似的,一块遗失的项链,可能代表人物与某段关系的断裂,或其对未解情感的执念。"物"也能承载人物的情感空缺或需求。例如,孤独的老人通过手中的老物件维系与过去的联系,这些物品成为他内心的慰藉与寄托。通过"物",创作者传达人物的情感与心理,令读者直观感受人物的孤独、失落等深层情感。这样的写作手法,不仅增强人物的立体性和复杂性,还使情感表达更加深刻与有力。

#### (二)"物"与人物关系的情感转折

"物"不仅反映人物的内心世界,还可推动情感转折和成长。某些具有特殊意义的"物"的丢失、破损或转移,常常标志人物情感变化或成长的开端。例如,人物心爱之物的消失,往往意味着情感上的巨大冲击,或象征人物从依赖走向独立。一件"物"可能代表人物对过去或某段关系的依赖,当它消失时,不仅是物质的缺失,更是人物内心的空缺。这种空缺促使人物从依赖走向自我独立,推动情感转折,促进内心世界的变化。此外,"物"的变化也可能标志人物心理的成熟。例如,人物可能从依赖某个象征性"物"中逐渐摆脱,开始面对现实世界的残酷。通过"物"的转变或消失,创作者能巧妙展示人物的成长和情感成熟,使人物在情感上得以升华或改变。

在创意写作中,"物"的变化与人物的情感变化紧密相连,创作者通过这些"物"的描写,能够深刻呈现人物内心的复杂情感和心路历程。创作者通过增加"物"与人物之间的细腻互动描写,不仅能增强人物立体感,还能推动故事情节的发展,使作品更具深度和层次感。

【创意训练】

课堂练习:

1.选择你身边的一件"物",运用细节描写呈现它的多维感官特征。可以从色彩、触感、气味、声音等多个维度展开描写,并思考该"物"与人物的内心世界、情感状态或某个时刻的心理联系。尝试在写作中加入你自己的情感体验,写出该"物"所承载的深层情感和意义。完成后与同学分享,并对彼此的写作进行评价,探讨如何通过"物"的细节更好地展示人物的心理状态和情感波动。

2.选择你曾经拥有或失去的某件"物",思考它在你生活中的象征意义及其对你情感的影响。写出该"物"与人物情感变化之间的互动,着重描写"物"的变化(例如破损、丢失或转变)如何推动人物情感的转折或成长。在课堂上分享你的作品,并探讨其他同学如何通过"物"的变化刻画人物情感的起伏。

3.请选取一篇自己已写的散文,聚焦其中涉及"物"描写的部分,进行修改和完善。在修改时,注意强化"物"的细节描写,并将"物"的变化、象征意义或与人物的关系呈现得更加生动有力。修改完毕后,与身旁的同学交换作品,并进行修改与互评。

课后练习:

1.选择生活中一件具有深刻象征意义的"物",围绕它展开一篇散文创作。思考该"物"如何承载某种抽象的情感或主题(如自由、孤独、希望等),并通过"物"的细节描写表现出这种象征意义。在写作中,不仅要展示"物"的外观和功能,还要关注它与人物内心世界的互动,通过"物"来推动情感的发展或展现人物的内心冲突。要求字数在800字左右。完成后,在课堂上进行小组讨论,分享作品中的"物"的象征意义及其在情感表达中的作用。

2.选择生活中三件看似琐碎但有意义的事情,尝试以一种细腻、感性的方式编织成一串"风铃",通过这三件琐事展现人物的内心世界与情感变化。要求从细节入手,分别展示三件事的不同时空背景,并通过"物"的细节来揭示人物的情感波动。通过这些琐事的描写,表达人物在平凡生活中所经历的情感起伏和心灵的成长。字数要求在1000字左右。完成后,在课堂上进行分享,开展集体讨论并对各自的作品进行修改,从而提升写作能力。

**【延伸阅读】**

1. 傅菲:《客居深山》,广西师范大学出版社2024年版。

2. 江子:《去林芝看桃花》,广西师范大学出版社2020年版。

3. 王晓莉:《笨拙的土豆》,人民文学出版社2014年版。

4. 傅修延:《中国叙事学》,北京大学出版社2015年版。

# 第六章　如何写事

【学习目标】

　　1.知识目标:掌握写作事件的基本特征。

　　2.能力目标:通过分析经典作品的叙事策略,结合实践练习,掌握叙事的方法与技巧,提升叙事能力。

　　3.价值目标:培养对生活的敏锐观察力,能够将叙事技巧与个人体验相结合,创作出具有情感深度和思想内涵的作品。

【学习重点】

　　1.事件的选择与提炼:能从生活素材中选取具有叙事价值的事件。

　　2.叙事技巧的运用:能够掌握顺叙、倒叙、插叙等叙事方法,理解其在作品中的作用。

　　3.事件细节描写的技巧:学习运用细节刻画人物、推动情节、深化主题。

【学习难点】

　　事件的价值提炼,叙事节奏的把握,事件细节意识的建立。

　　事件是叙事的基本单位,是叙事写作的核心要素。在文学创作中,事件不仅是情节发展的驱动力,更是刻画人物、传递思想的核心载体。文学史上每一个经典作品的诞生都离不开对事件的精心选择和艺术处理。事件写作既是对现实的再现,也是对生活的艺术升华。它要求写作者在保持事件真实性的同时,通过叙事技巧和文学手法,赋予事件以艺术感染力。明晰事件写作的特征,掌握叙事方法,把握事件细节,有利于写作者将生活事件转化为具有文学价值的叙事作品。

# 第一节　事件与文学

## 一、写作事件的特征

广义上的事件,是指生活中发生的任何事实;狭义上的事件,则是指经过艺术加工、具有叙事价值的生活片段。所谓的事件写作,即指狭义上的事件。事件是叙事的基本单位。事件在叙事中扮演着至关重要的角色,因为叙事正是由一系列相互关联的事件构成。它不仅是情节的基本构成单位,更是推动情节发展的动力。因此,理解事件的特征和功能,对于分析和创作叙事文本具有重要的指导意义。

写作事件需要对生活事件加以筛选。施洛米丝·雷蒙-凯南认为:"一个事件就是一件发生的事情,一件能用一个动词或动作名词加以概括的事情。"[1]雷蒙-凯南强调了事件的动态性,即事件不是静态的描述,而是由动词或动作名词所概括的行为或变化。事件非常重要的特征,就是事件由行动组成。米克·巴尔进一步深化了这一观点,他认为事件是由行为者所引起或经历的"从一种状况向另一种状况的转变"[2]。这一补充揭示了事件的因果性和转变性。事件不仅仅是孤立的行动,它还涉及行为者的参与以及由此引发的状态变化,这种转变是叙事发展的动力。罗伯特·麦基则进一步凝练为"事件,意味着变化",[3]指出事件的行动带来的是"变化"。麦基的观点强调了事件的结果性,即

---

①　[以]施洛米丝·雷蒙-凯南:《叙事虚构作品:当代诗学》,赖干坚译,厦门大学出版社 1991 年版。

②　[荷]米克·巴尔:《叙述学:叙事理论导论》,谭君强译,北京师范大学出版社 2015 年版,第 3 页。

③　[美]罗伯特·麦基:《故事:材质·结构·风格和银幕剧作的原理》,周铁东译,天津人民出版社 2014 年版,第 31 页。

事件不仅仅是行动本身,更重要的是行动所带来的变化。这种变化可以是外在的,如物理环境、人物关系的改变;也可以是内在的,如人物心理、情感的变化。正是这种变化使得事件具有叙事意义,因为它推动了故事的发展,并揭示了人物的成长或命运的转折。通过行动、转变和变化,写作事件将静态的情境转化为动态的叙事,吸引读者并产生情感共鸣。因此,写作事件最值得关注的几个特征可以概括为变化、有价值、戏剧性。

变化是写作事件最核心的特征。变化体现在事件的结局或人物行为与观念的有意义的变化。事件有开端、发展、高潮、结局几个阶段,有效的写作事件是在几个阶段的发展中最终产生某种有价值有意义的变化。人物可能在事件中从爱到恨、从生到死等,事件的结局可能从成功转向失败,因此这个事件才值得写。《菊次郎的夏天》中正男历经千辛万苦见到母亲,却从最初的期待转变为失望,但正男却在这个难忘的夏天收获了爱和感动,治愈了他童年的伤痛。在文学创作中,事件的有效性往往依赖于其是否能够引发因果链条中的变化,或者是否能够揭示人物的内在成长或外部环境的转变。如果一个事件无法推动情节发展或深化主题,那么它在叙事结构中的作用就会显得薄弱。

事件的变化性还可以有另一层理解。一篇作品中的几个事件有所不同,它们分别从不同的角度指向作者的创作主题,由此创造一种变化。因此,作品中的事件绝不是简单的重复叠加。在散文中,这种变化可以通过串联或对比式结构达到。如刘墉《当我们年轻时》,将四个不同的有关爱情的事件串联在一起;朱自清的《冬天》串联了冬天里发生的三件不同事件,父亲吃豆腐、朋友夜游西湖、在台州的夜晚妻子儿女笑迎晚归的"我",分别从亲情、友情、爱情三个角度写出了人与人之间的温暖。不同的事件组合在一起后,会产生结构或主题上的"变化",文章就会好看。

文学作品展示的就是变化过程,变化丰富了文章的层次,深化了阅读体验。静态地叙述或描写,可能暴露出作者在写作思维上的僵化与单一性。因此,在写作事件时,一定要建立起事件"变化"的意识,思考事件究竟带来了什么变化。如果这个事件分析不出有效的变化,那么这个事件就要舍弃。事件如果能带来变化,作者需要去明确这个变化。事件的变化最终会导向一个结果,这个结果最好是出乎意料的,事件的变化还会对人物产生深远的影响,理解这些影响和结果,有助于全面把握事件的变化性。

在文学创作中,事件的价值并非仅仅在于其发生的过程,而在于其是否能够通过叙事传递出深刻的认知、情感或思想。写作的本质在于通过事件表达特定的创作意图,而非简单地记录事件本身。事件的价值属性体现在作者能否通过叙事传递出独特的认知、理解或情感。再以另一篇学生习作为例:几个年轻人与三只狗比赛奔跑,最终年轻人获胜,他们感到非常开心。然而,这一事件的核心问题在于,它缺乏更深层次的叙事意义。我们不禁要问:作者写作的目的是什么? 难道仅仅是为了记录一场人与狗的赛跑吗? 显然,事件仍停留在生活事件的表层,学生未能提炼思考出事件的内在价值。

事件的价值核心在于作者所秉持的价值观,即其对人性、爱、亲情、友情、自由、命运等主题的深刻理解。因此,判断一个事件是否具有写作价值,主要取决于两个方面:其一,该事件是否能够为读者提供解析生活的可能性;其二,该事件是否能够服务于主题,并有效传达作者的价值观。如果满足以上两点,那么这一事件在特定主题的写作中便具有重要的叙事价值。事件的价值可以从意义、情感和启迪三个维度进行深入挖掘与思考。以斯蒂芬·金的小说《尸体》为例,故事讲述了四个男孩在一个炎热的夏天结伴探险,寻找一名被火车撞死的小男孩的尸体,并幻想借此成为镇上的英雄。这四个男孩来自不同的家庭背景,性格迥异,在充满惊险的旅程中,他们无意间窥探到彼此的秘密。有人在此过程中获得鼓励,找到了改变生活的目标与勇气;有人则继续沉沦于原有的生活轨迹。故事以看似荒诞的理由开篇,却又饱含深情。这一事件不仅展现了少年成长中的困惑与挣扎,还通过人物的命运转折,传递出对人生的深刻思考。事件的叙事价值提升可以通过增强变化达到。如果一个事件的价值较弱,可以在一篇文章中组织多个事件,使事件之间形成对比、转折或递进的关系,从而放大意义。

事件的戏剧性是指事件本身具有趣味性或情感张力,令读者感到意外、惊喜甚至震撼。戏剧性事件往往通过反差来打破常规认知,从而增强叙事的吸引力。许多生活事件本身便自带戏剧性,而非虚构文学作品中,作家们常常通过对这类事件的挖掘,展现其独特的叙事才能。例如,梁实秋在《槐园梦忆》中写到与程季淑的约会,两人正交谈时,突然发现不远处坐着梁实秋的父亲。父亲不仅走过来打招呼,还主动为他们支付了茶资。回家后,父亲对程季淑赞赏有加,并不时资助梁实秋以促成这段感情。这一事件通过人物关系与行为的反差,展现了父子之间的微妙互动,充满了戏剧性。叶兆言在《闲话章太炎》中通过几个戏剧性事件刻画了章太炎的"名士气"。其中提到章太炎被袁世凯软禁三年期间,不仅在窗壁上写满"袁贼"二字,还在院子里挖洞焚烧诅咒袁世凯的纸条,并高喊"袁贼烧死了"。这种行为与身份的强烈反差,既凸显了章太炎的名士气,又为事件增添了戏剧色彩。在自媒体时代,为了快速吸引读者的注意力,对事件戏剧性的要求更为突出。戏剧性的核心在于反差——无论是人物身份与行为的反差,还是行为与结果的反差,这种反差打破了读者对事件常规走向的预期,使文本既生动有趣,又深化了对人物与主题的理解。

## 二、叙事方法

有经验的服装设计师凭借其对时尚趋势的敏锐洞察,能够在纷繁复杂的市场中精准挑选出符合设计需求的布料。然而,仅仅拥有优质的布料并不足以成就一件完美的服装,设计师还需通过一系列严谨的设计方法与步骤,将布料转化为一件兼具美感与实用性的成衣。在写作中,作者也需要通过巧妙的构思与安排,将原始的写作事件转化为具有艺术价值的作品。

叙事方法就是事件该如何写的方法。叙事方法一般有顺叙、倒叙、插叙、补叙、分叙五种。顺叙就是按照事件发生、发展的过程和时间的先后自然顺序进行叙述。这种方法最常见,其优点是叙述简单,文章条理清晰,但也可能因叙述方式简单而使得文章流于平淡,缺乏吸引力。其叙事过程表示如下:A—B—C—D。

倒叙是指将事件的某个阶段放在文章的开头部分,再接着用顺序方法进行叙事。这个阶段可以是事件的结局,也可以是任何一个阶段。如图所示:D—A—B—C—D、B—A—B—C—D、C—A—B—C—D。倒叙能够很好地制造悬念,打破线性时间的束缚,使叙事更具层次感与复杂性。《百年孤独》的开篇是倒叙手法的经典范例,通过将未来的场景(奥里雷亚诺面对行刑队)、过去的记忆(父亲带他见识冰块)并置,打破了线性时间的束缚,形成了强烈的时间张力。《情人》的开头同样采用了倒叙手法:"我已经老了,有一天,在一处公共场所的大厅里,有一个男人向我走来。他主动介绍自己,他对我说:'我认识你,永远记得你。那时候,你还很年轻,人人都说你美,现在,我是特为来告诉你,对我来说,我觉得现在你比年轻的时候更美,那时你是年轻女人,与你那时的面貌相比,我更爱你现在备受摧残的面容。'"①这一开头将叙述者的老年状态与年轻时的状态并置,男人对叙述者的告白不仅揭示了两人之间的复杂关系,还暗示了叙述者一生的情感经历与内心变化。倒叙手法的运用,使读者对这个男人是谁、他们之间发生了什么以及叙述者经历了什么产生了强烈的好奇心,从而激发了阅读兴趣。倒叙方法的运用需注意以下几点:倒叙与顺叙的联结之点要清晰,写明顺倒转换之处;通过必要的交代与过渡,使上下文界限明显,而又衔接自然。至于事件的哪个部分或者哪个阶段提到作品开头,是由作者的主观创作意图决定的,考验着作者的写作思维能力。

插叙是指在叙述中心事件的过程中,插入一段与中心事件有关的事件的叙述,然后又回归到主线叙述中,如图所示:A—B—B'—C—D。插叙的恰当使用能使叙述富于变化。插叙不可滥用,只能是作为顺叙的一种补充方式。

补叙是用少量文字对事件作简短的补充介绍,它可拓展文章的内容空间。分叙,是对较为复杂的人和事分开叙述,它能把复杂的事件叙述得脉络分明。

吴伟业的《圆圆曲》是一篇运用了多种叙事方法的叙事诗歌。诗歌一开篇,将事件的最高潮放在开头,从吴三桂勾引清兵"破敌收京"写起,用"冲冠一怒为红颜"一句引出陈圆圆,接着倒叙吴、陈二人的初次相见。再用顺序方式交代陈圆圆的身世经历、被抢入京、成为歌伎、遇见吴三桂、被农民军所抢,一直写到陈圆圆与吴三桂的战场重逢以及随后她从行至汉中的过程。这时的陈圆圆身份已然发生了巨大的转变,从原来的歌伎成了平西王吴三桂的宠妾。作者

---

① [法]玛格丽特·杜拉斯:《情人》,王道乾译,上海译文出版社 2005 年版,第 3 页。

于是用旁观者的视角,安排了两段插叙,写教曲妓师和女伴的感慨。在别人眼中,她无疑是幸运的,然而,陈圆圆自己却深知其中的苦痛与无奈。插叙的运用不仅丰富了叙事层次,还通过他人之口揭示了陈圆圆的内心苦痛与命运的无常,使读者能够从多角度理解人物与事件,从而深化了主题。整个叙事结构在倒叙、顺序、插叙等方式的组织运用下,切换自如,将一件复杂的事件写得引人入胜却又清晰明了。

### 三、写事细节

丽萨·克龙《你能写出好故事》一书里,展示了两种叙事方式。其一,2006年10月,全世界将近六千人在飓风引发的洪灾中丧生。其二,一排巨浪直直地朝一个小男孩席卷而来,他绝望地紧紧抱住惊慌的妈妈。她试图安慰他,轻声对他说:"别担心,宝贝,妈妈在这里,我不会松开你。"她感觉他在震耳欲聋的水声中放松下来,可就在那下一瞬间洪水猛地将他从她的怀中扯离。她的哭叫声盖住了毁灭一切的嘈杂背景——树木被连根拔起,房屋被击成碎片——将萦绕在她余生中的每一天。那声音,还有他被卷走时脸上不可置信的神情。我这么信任你——他仿佛在诉说着——你却松开了我。[①] 通过两种方式的比较,丽萨·克龙启发我们,有细节的写作更能引起读者的情绪和情感的共鸣。细节能够将抽象的叙述转化为具体的视觉画面,使读者仿佛身临其境,从而更深刻地感受到故事的情感张力。这正是细节的独特魅力所在——它不仅丰富了文本的表现力,还为读者提供了沉浸式的阅读体验。

细节是指人物、景物、事件等表现对象的富有特色的细枝末节,细节也是小说、记叙文情节的基本构成单位。没有细节就没有生动的情节,没有细节也就没有人物,可以说,没有细节就没有艺术。

叙事细节大致可以分为要素式细节和事件细节。要素式细节就是富有特色的细枝末节。例如,《儒林外史》中周进被聘为教师时的情节描写,其中对大

---

① [美]丽萨·克龙:《你能写出好故事:写作的诀窍、大脑的奥秘、认知的陷阱》,秦竞竞译,陕西人民出版社 2014 年版,第 110 页。

家喝的茶有一个细节,只有周、梅二位的茶杯里有两枚生红枣,其余都是清茶。周进和梅玖是读书人,因此他们两个的茶是有红枣的,这个细节带来十分丰富的认识意义,揭示了当时社会的等级观念与文化背景:在传统社会中,读书人享有较高的社会地位,红枣的存在正是对这种地位的隐性认可。

要素式细节要展现的就是一种差别。同样写吃这一事件,不同作品呈现的细枝末节各有特色。

《红楼梦》写贵族的吃:

> 宝玉笑道:"也倒不想什么吃,倒是那一回做的那小荷叶儿小莲蓬儿的汤还好些。"凤姐一旁笑道:"听听,口味不算高贵,只是太磨牙了。巴巴的想这个吃了。"贾母便一叠声地叫人做去。凤姐儿笑道:"老祖宗别急,等我想一想这模子谁收着呢。"因回头吩咐个婆子去问管厨房的要去。那婆子去了半天,来回说:"管厨房的说,四副汤模子都交上来了。"……
>
> 薛姨妈先接过来瞧时,原来是个小匣子,里面装着四副银模子,都有一尺多长,一寸见方,上面凿着有豆子大小,也有菊花的,也有梅花的,也有莲蓬的,也有菱角的,共有三四十样,打得十分精巧。因笑向贾母王夫人道:"你们府上也都想绝了,吃碗汤还有这些样子。若不说出来,我见这个也不认得这是作什么用的。"[1]

《儒林外史》写市井百姓的吃:

> 随即每桌摆上八九个碗,乃是猪头肉、公鸡、鲤鱼、肚、肺、肝、肠之类。叫一声:"请!"一齐举箸,却如风卷残云一般,早去了一半。[2]

《水浒传》中基本都是大碗喝酒,大碗吃肉,至于吃了什么菜、菜的味道如何都不做详细描绘。

事件细节不是面面俱到、越细越好,那样反而是没有细节。细节意味着选择和排除,选择最有差异性的,排除普通的、大众的。苏童《妻妾成群》写到颂

---

①　曹雪芹、高鹗:《红楼梦》,人民文学出版社 2000 年版,第 369 页。
②　吴敬梓:《儒林外史》,人民文学出版社 1979 年版,第 24 页。

莲刚到陈府的一个动作细节:"她抬起胳膊擦着脸上的汗,仆人们注意到她擦汗不是用手帕而是用衣袖,这一点给他们留下了深刻的印象。"①作为一个上过一年学接受过新式教育的女大学生,颂莲的行为与陈府中腐朽陈旧的礼教传统格格不入。这一细节暗示了她与陈府之间必然会产生种种冲突,为后续情节的发展埋下伏笔。汪曾祺在散文《金岳霖先生》中写金岳霖被学生请去演讲,讲着讲着忽然从身上抓了虱子,通过对这一事件细节写出金岳霖不拘小节、率真自然的名士风度,增强了叙事的趣味性与真实感。余华《兄弟》里写李兰推开门看见床上死去的丈夫,用右手将宋凡平身上的苍蝇一只一只地捡起来,放在左手上。通过这一静默的动作细节,写出了李兰内心的巨大痛苦。

因此,细节一定是有目的性,它是有用的细节。事件细节不仅仅是让写作对象显得真实,还要与作品中的人物性格、环境、事件相联系,突出人物个性与性格的差异,丰富情节,推动情节。

细节还应该是为了凸显写作客体的某个特征或是表达写作者的某种情感或某个重要的观点。因此要让行动说话,避免在叙事中主观介入过多的评论。

一是事件细节写作的重点是展示"怎么做"。即通过具体的行动和过程来呈现事件的发展与人物的行为。相比于静态的细节描写,动态的细节更能以直观、形象的方式展现事件的状态与过程,从而增强叙事的生动性与感染力。例如,如果有人告诉你"班上有位同学学习很勤奋",你可能会追问:"他是怎么勤奋的呢?""勤奋"是一个抽象的特征,许多人可能都具备这一品质,但怎么勤奋这个行动和过程细节却千人千面。事件细节的写作正是要捕捉这些具体的行为与过程,展现"怎么做"的独特性。事件细节的描写往往通过人物的具体动作来推动情节发展,展现人物心理和形象的变化。动作不仅是情节推进的载体,更是人物内心世界的外化表现。通过细致描写人物"怎么做",读者能够更直观地感受到人物的情感、态度以及情节的戏剧性。

二是抓取最能体现人物心态、性格和事件的特征性动态。同样是写吝啬,《儒林外史》中严监生在弥留之际,一直伸着两根指头,于是大侄子、二侄子、奶

---

① 苏童:《妻妾成群》,上海文艺出版社2020年版,第2页。

妈等人轮番上前破解这个动作的秘密,严监生摇着头,最后赵氏走上前说出真相并挑掉一茎灯草后,他方才点点头,咽了气。《欧也妮·葛朗台》中写葛朗台的吝啬,写到他在临终时,见到神父送到他唇边的十字架是镀金的,一下子就红了眼,疯狂地作了一个骇人的姿态,想把十字架抓在手里,据为己有,结果一下子丧了性命。

三是事件细节应以独特性、别人没写过的内容激发读者的阅读兴趣,这样才可能突破政治伦理规范和抽象思想观念的束缚,而显出个性化的情感体验的深切与独特,从而使得叙事产生震撼人心的情感力量。迟子建在《母亲眼里的红豆》里写到母亲因父亲突然去世,眼睛里忽然有了一个红豆。家人担心母亲伤心过度,在父亲下葬时没有带上母亲。红豆就一直住在母亲眼里。忽然有一天大家发现母亲不见了,焦急寻找未果后,身上带着雪花的母亲回来了,母亲告诉大家,她去看父亲的坟墓了。这时迟子建惊奇地发现母亲眼睛里的红豆不见了,迟子建意识到红豆也许就是父亲的化身,他死后就住在母亲的眼睛里。作者通过一个极具独特性的细节——母亲眼睛里出现的"红豆",展现了母亲对父亲深切的思念与情感。这个细节不仅与众不同,还充满了象征意义,使得情感的表达更加深切动人。

## 第二节　叙事典范文本

范文一

# 老海棠树①( 存目)

史铁生

《老海棠树》采用了双线结构,明线是老海棠树,暗线是奶奶,写老海棠的四季实际上写的是奶奶的一生。老海棠树是贯穿全文的核心意象,从春天里的

---

① 　史铁生:《我与地坛》,人民文学出版社 2011 年版,第 177—180 页。

老海棠树满树繁花、摇落一地雪似的花瓣,到夏天老海棠树枝繁叶茂,再到秋天落叶纷纷、冬天风中的老海棠树枯干的枝条敲打着屋檐,老海棠树既为文章的叙事营造了意境,同时也象征奶奶如老海棠树一样渐渐衰老直至死亡的生命历程。

老海棠树不仅仅为叙事创设了意境,形成了象征,更是搭建了叙事场景。透过老海棠树,奶奶产生了张望这个核心行动。文章开头提到:"奶奶,和一棵老海棠树,在我的记忆里不能分开;好像她们从来就在一起,奶奶一生一世都在那棵老海棠树的影子里张望。"场景使得每个叙事细节都有了意义,人物在这个场景里,通过张望这个核心动作,一种更为丰富的意蕴产生了,读者在场景里理解人物行动,走进人物内心。

在叙事技巧上,运用了三种照应形式。一是"老海棠树"与文章标题《老海棠树》照应,二是文章开头奶奶在老海棠树里张望和结尾奶奶在老海棠树里"张望复张望"形成照应,三是行文间"老海棠树""张望"反复相互照应,通过不同形式的照应手法,强化叙事的两个核心细节。"春天、或者夏天、有年秋天、所以冬天"的过渡语使得结构不那么死板,事件随着季节产生变化,人物情感也在变化,奶奶在春天里张望但是我并不关注,到夏天张望"我"的不解,再到秋天张望"我"有所明白,最后到冬天张望"我"深深的愧疚。"我"从原来不理解奶奶,到对奶奶的深情怀念和深深愧疚,由此感悟生命。

这篇散文给我们的启发是:其一,以核心意象贯穿叙事,增强主题深度。意象是叙事中的重要工具,也是解决言意困境的一个有效方法。它能够将抽象的情感与主题具象化,赋予叙事以象征意义和诗意,给叙事营造意境。在事件写作中,选择一个或多个核心意象,能够帮助作者更好地再现场景、深化主题,并赋予叙事以独特的艺术魅力。其二,细节永远是叙事的生命,叙事的力量往往来自细节的捕捉与呈现。其三,运用叙事弧线,恰当使用叙事方法,即使非虚构叙事中事件是依次发生的,也能让非虚构叙事文章产生变化,形成动感。其四,运用照应手法,强化叙事结构与主题。运用照应手段去强化文章中某些关键的内容,例如某个意象、行动、语言、动作等,使文章形成一种回环复沓的外在结构美感。其五,场景与动作结合,深化叙事意蕴。场景不仅是叙事的背景,更是人物行动与情感表达的载体。场景与动作的结合,不仅让叙事更加立体,也让读者更容易走进人物的内心世界。

范文二

# 职业①（存目）

汪曾祺

事件写作中离不开的几个要素有场景、人物、动作、对话、主题。而场景往往是最被忽略的，导致事件和人物被架空。汤姆·沃尔夫认为"场景构建"是叙事形式的显著特点之一，场景能让读者身临其境。在《职业》故事发生阶段，"我"听到文林街上种种叫卖声，这些叫卖声组合在一起，营造出温暖、有人情的故事氛围。生动的场景离不开细节写作，作品重点呈现了四个叫卖声，分别是收购旧衣服的女人叫卖声、卖贵州遵义板桥化风丹的男人叫卖声、卖灭臭虫跳蚤药的老人叫卖声、卖杨梅和粑粑的苗族女孩子的叫卖声。四个叫卖声主人的年龄、声音特点、叫卖口号、叫卖时间、叫卖货品等各色各样，通过白描手法，寥寥几笔，叫卖声的主人活起来了，生成了一个视听结合的动态场景。对于为何会在第四稿增加别的叫卖声，汪曾祺说："第四稿我增写了一些别的叫卖，作为这个卖椒盐饼子西洋糕的叫卖声音的背景。有的脆亮，有的苍老，也有卖杨梅和玉麦粑粑的苗族女孩子的娇嫩的声音。这样是为了注入更多的生活气息。这样，小说的主题就比原来拓宽了，也深化了。从童年的失去，扩展成为：人世多苦辛。"②

事件里的人物不能活在一个真空环境里，只有在一个具体可视可听可感的场景里，人物行动和行动结果才可以被理解、被解读。杰克·哈特认为，随着情节发展，场景也会发生转换，每个场景传达一个重要的意义，最后构成故事的主题思想。

---

① 汪曾祺：《汪曾祺自选集》，商务印书馆 2015 年版，第 419—423 页。
② 汪曾祺：《汪曾祺全集》10 谈艺卷，人民文学出版社 2019 年版，第 357 页。

在《职业》故事发展阶段,小男孩外婆的摆摊场景描写,是对孩子的穷苦出身和艰难生活的信息补充。接着作品再转换场景,用两个场景里的人物行动描写来充分传达"这孩子是个小大人":遇有唱花灯的、耍猴的、耍木脑壳戏的,他从不挤进人群去看,只是找一个有荫凉、引人注意的地方站着,高声吆喝椒盐饼子西洋糕;龙云的马过华山西路、逼死坡,他站在路边看不厌白马,但是他没有忘记吆喝椒盐饼子西洋糕。这个小大人的确早早领略了人世的艰辛。

事件的高潮发生在去西门外婆家要经过的小巷子里,小男孩忽然大声地、清清楚楚地吆喝了一声"捏着鼻子吹洋号"。小巷子没有人,小男孩今天不卖糕点,小男孩现在是小孩。《职业》里每一个场景都有意义:"他的童年是没有童年的童年,他在暂时摆脱他的职业时高喊了一声街上的孩子摹仿他的叫卖声,是一种自我调侃,一种浸透苦趣的自我调侃。同时,这也是对于被限制的生活的抗议。"①

范文三

# 一小时的故事②(存目)

[美]凯特·肖邦

《一小时的故事》叙事节奏非常紧凑,五个阶段简单分析如下:阐释阶段(女人在客厅里得知丈夫的死讯)——上升阶段(女人在客厅里放声大哭)——危机阶段(女人带着悲痛走进自己的房间)——高潮阶段(在自己的房间里,女人感受到重获自由的喜悦)——下降阶段(女人走出自己的房间,回到客厅,见到丈夫,女人死了)。从这个叙事结构看出,场景承担了很大的叙事功能。依据人物的需求设定,故事只布置了两个主要场景,一个是客厅,一个是女人自己的房间,这两个场景的转换,充分展示出事件的变化和人物情感的变化。房间

---

① 汪曾祺:《汪曾祺全集》10 谈艺卷,人民文学出版社 2019 年版,第 357 页。
② 骆玉香主编:《世界经典微型小说》,团结出版社 2018 年版。

的场景显然是更为重要的场景,因此这里充满细节,一把舒适宽大的安乐椅、椅子正对着的打开的窗户、软垫、窗外的声音等意象细节,细节描写使读者能够身临其境地感受到露易丝内心的微妙变化,而门、窗的象征和隐喻意义也增强了场景的深度和内涵。通过场景里人物的一些动作细节,如走进房间、关上门、一屁股坐下、望向窗外的动作细节,场景也为人物解决危机提供了策略。整个事件里的场景里充满了冲突和情感。

这篇作品给我们的启示是:注重构建事件的场景,好的场景是能够为人物和主题服务的,好的场景是应该能被看见被听见的,好的场景需要细节。

# 第三节　写事练习

## 一、写作事件选择与提炼主题练习

步骤一:事件采集。从人生的三个阶段中,可以是童年时期、小学时期、中学时期等,分别找出一件让你记忆深刻的事件。还可以试着从三个不同角度例如亲情、爱情、友情等分别找出一件事。

步骤二:事件分析。分析每个事件的叙事价值,评估事件的变化性、戏剧性和思想性,确定事件之间的内在联系。事件中必须有人物在行动,例如不是下雪,而是我们去看雪;事件有变化,我们在经历过这件事后,会发生某种有意义有价值的观念改变,或者事件的结局发生了某种有意义有价值的变化;事件是有戏剧性的,如有传奇性、有反差等。

步骤三:事件组合。确定组合方式,并列式、递进式或对比式;设计过渡段落,确保事件间的自然衔接;提炼统一主题,增强整体性。写作者需要找出三件事之间的某种关联,例如挑选的每件事都是和友情相关,那么三件事的主题指向就会很明确。又如写的事都和食物有关,那么这三件事组合在一起的主题会是什么呢? 事件之间的关联,哪怕只是对生活的一种感悟也是可以的。也有可能每件事之间表面上看起来并无任何关联,那么写作者或者更换其中的某一个事件,或者选择一个觉得能让三件事产生关系的意象,总之需要提炼统一主题。三个事件可以是性质相同的,形成一种并列;也可以是相对的,形成一种对比转折。

步骤四:意象运用。选择一个核心意象或者几个意象贯穿全文,通过意象强化主题表达,注意意象与事件的有机融合

## 二、事件细节练习

学生习作一:Z 老师深受爱戴的原因,不仅仅在于他的教学能力,更在于他的人格魅力。他具有极强的亲和力,虽不苟言笑,但亲切温暖,好似慈祥的老父亲。Z 老师始终能站在我们的年龄段去看待和思考问题,也深知年龄差所产生的代沟,主动靠近和在"勤"字上做文章是他所展现的态度,勤关心、勤倾听、勤沟通和勤付出,拉近彼此之间的距离,使我们心悦诚服地跟随他的脚步去学习,去成长。

学生习作二:"女子本弱,为母则刚"这句话,真真切切地在我的妈妈这里体现了。如果说爸爸撑起了我们家的整片天,那我的妈妈则温暖了整个家。她只用实际行动说明一切,抱怨得最少,做得最多。还记得在我启程去县城上初中的前一晚,我是兴奋多于不舍,我憧憬那个不曾相识的校园,也好奇自己未来是否可以交到要好的朋友,以至于我收拾行李时飘飘然,东拼西凑,没条理。但我的妈妈早在一个星期前就列好了一个清单,上面标记的都是住宿时可能需要的东西,她最后叮嘱我一个人坐公交车回家时要时刻注意财产和人身安全,回家的路线是理了一遍又一遍。一直到今天,只要我出门在外,就会想起妈妈的叮嘱,一记就是一辈子的。越长大,越能体会到这细腻的爱。

在学生的习作片段中,普遍存在一个共同的问题:缺乏具体的细节描写,或者细节描写不够成功。在写作时,我们往往倾向于使用标签化和抽象化的表达。例如,当我们描述一位老师"很勤快"时,读者能否仅凭这一抽象的判断就认同作者的观点呢?只有通过具体的事件细节来展现这位老师的勤快,才能真正让读者信服。这位老师是如何勤快的?在哪些具体的行为中体现了她的勤快?这些事件细节才是文学作品需要表现的核心内容。

同样地,当我们描写"妈妈"时,常常会使用"温暖""关爱有加"这样的抽象

词汇。然而,每个妈妈表达关爱的方式都是独特的。以"列清单"为例,这一行为可以体现妈妈的母性,也是她个性中的一个独特细节。然而,仅仅提到"列清单"这一行为并不足以让细节描写成功。我们需要从多个角度来展开这一事件的描写。例如,妈妈是在什么场景下列清单的?她在炒菜、洗衣服或看电视时,是否会突然想到要补充清单?清单上列了哪些物品?这些物品是什么牌子的?妈妈在列清单时的动作是怎样的?她说了什么话?清单上是否会写错别字?是否会列出一些地方特产?这些细节都可以进一步丰富事件的描写。

通过以上分析,我们清楚地认识到细节描写的重要性。接下来,请以你的父母为写作对象,写一件特别感动你的事情。在描写事件时,要注重细节的刻画,回答以下几个问题:他们为什么这么做?他们的动机和情感是什么?他们具体是怎么做的?他们的动作、语言、神态是怎样的?做的结果如何?这件事对你产生了什么影响?通过回答这些问题,你可以更生动、更具体地展现事件的全貌,形成具有独特性的事件细节。

### 三、叙事视角和顺序练习

用不同叙事视角对选定的一部经典作品进行改写。叙事视角决定了故事的叙述角度和读者的感知方式。同一个故事可以通过不同的视角来讲述,从而产生不同的叙事效果。步骤一,用单一视角叙事。以《小红帽》为例,故事是以小红帽的视角展开顺叙,读者通过她的眼睛看到森林、狼和外婆的家。这种视角让读者与主人公产生共鸣,感受到她的天真与恐惧。步骤二,用多视角叙事,从其他角色的视角来讲述这个故事。比如,从外婆的视角出发,描述她如何在家中等待小红帽,却意外遭遇狼的袭击;或者从狼的视角出发,写它如何欺骗小红帽,并最终被猎人击败。步骤三,用罗生门式的多视角叙事,让每个角色从自己的角度讲述同一事件,呈现出不同的"真相"。以欧·亨利的《最后一片叶子》为例,可以分别从苏的视角、琼西的视角以及老画家的视角来讲述故事。通过不同视角的尝试,理解视角对叙事效果的影响,并学会如何选择最适合事件写作的视角。

用不同叙事顺序对选定的一部经典作品进行改写。叙事顺序决定了故事的时间线和情节展开方式,巧妙设计叙事顺序可以增强故事的吸引力。步骤一,使用顺序写作,如《小红帽》的传统版本是典型的顺叙。步骤二,使用倒叙以悬念或冲突作为故事的开端。如《小红帽》可以从外婆回忆起被狼吞下的可怕经历开始,或者从猎人在森林中发现狼的尸体开始。在《最后一片叶子》中,可以从老画家的死亡开始,或者从琼西躺在床上,等待墙上最后一片叶子落下的场景写起。在设计叙事顺序时,需要明确故事的时间线,合理安排悬念和伏笔,以增强故事的戏剧性和吸引力。

叙事实验与效果比较。将用不同叙事方式改写的作品进行比较,分析不同视角和顺序对故事效果的影响。例如,比较单一视角与多视角叙事的代入感和层次感,或者比较顺叙与倒叙的悬念感和戏剧性。通过实验和比较,理解叙事技巧的作用,并选择最适合故事主题的叙事方式,提升叙事能力。

### 四、叙事声音和风格练习

写作常常从回忆成长经历开始。成长既是个体记忆的重要部分,也是情感与意义的源头。本练习通过不同的叙事风格和声音的尝试,帮助学生找到适合自己的叙事方式。

(一)第一部分:叙事风格练习

(1)练习一:第一人称儿童声音的叙事风格。

以"过去进行时"的方式,用儿童的声音叙述"我"正在经历的事件。此时的"我"对许多事情并不完全理解,叙述中带有一种天真和懵懂的感觉,重点描写事件发生时的感受。可参考《城南旧事》和《杀死一只知更鸟》的叙事方式。

(2)练习二:第一人称成人声音的叙事风格。

以成年后的"我"的声音回忆成长经历,叙述带有回顾和审视的姿态。成年后的"我"已经经历了更多的人生,对当时发生的事件有了更深的理解和洞察,因此需要写作者跳出成长时正在发生的事件,用现在的"我"对过去事件的感受的声音讲述,以此揭示事件背后的意义和影响。可参考《我的天才女友》的叙事方式,这种叙事方式既保留了第一人称亲历者的在场感,又增加了叙事的深度和广度。

（3）练习三:第三人称视角的叙事风格。

以第三人称叙述成长故事,"我"可以是故事中的某个人物,也可以是旁观者。例如,《草房子》以"桑桑"的视角展开叙述,既保留了故事的代入感,又增加了叙事的灵活性。第三人称视角可以更全面地展现人物关系和事件背景,适合讲述复杂的故事。

（二）第二部分:语言风格练习

寻找最适合自己的语言风格。在语言风格上,我们可以试着用较为温暖稚嫩诗性的语言讲述,如《芒果街上的小屋》的语言风格;也可以用冷静压抑、带点自我审视的高度现实主义的语言风格来写,如《我的天才女友》的语言风格;还可以用宁静素雅的语言讲述,如《城南旧事》的语言风格;你还可以用自己在生活中的个性声音来写,如你在生活中是一个幽默感极强的人,或者随和的人,或者孤独的、不合群的人,找到一种让你感到最舒服的语言风格去写。

（三）第三部分:风格分析与创新

（1）步骤一:风格分析。选择3—5种不同风格的范文,分析其语言特点和叙事手法,总结每种风格的特征。

（2）步骤二:风格模仿。选择一种风格进行模仿写作,注意语言、节奏和情感的表达,尽量保持模仿的准确性和完整性。例如,模仿《芒果街上的小屋》的语言风格,用诗意的语言回忆人生经历;模仿《我的天才女友》的语言风格,用冷静现实的语调讲述人生成长。

（3）步骤三:风格创新。尝试融合不同风格,发展个人叙事特色。例如,将《城南旧事》的宁静素雅与《我的天才女友》的冷静审视相结合,创造出一种既平和又深刻的叙事风格。在创新过程中,注意保持风格的一致性和独特性。

### 五、事件场景写作练习

想象你又回到了你生长的地方,如城市、小镇、街道、小村子等,你听到了什么,看到了什么,闻到了什么气味。这是个阴暗的早晨,还是一个慵懒的午后,是晴天还是阴天等等。你最先看到的是一条河,一座山,一条街道,还是一个私人的房间等等,你听到了鸡鸣,狗吠,商贩的叫卖声,还是母亲音调极高的声音等等,把这个场景写下来,作为第四个写作练习故事的开头。你可以思考,你要讲的是一个温暖的还是悲伤的故事,你需要用场景营造氛围,展示主人公的生活空间。

练习步骤:

(1)步骤一:场景构建。选择具体的时间和地点,设计主要人物和事件,确定场景的氛围和基调

(2)步骤二:感官描写,运用视觉、听觉、嗅觉等感官描写,注意细节的层次感和节奏感

(3)步骤三:主题深化。通过场景暗示主题,运用象征和隐喻手法增强场景的思想深度

**【延伸阅读】**

1. 刘海涛编著:《文学创意写作》,高等教育出版社 2021 年版。

2. [美]杰克·哈特:《故事技巧——叙事性非虚构文学写作指南》,叶青、曾轶峰译,中国人民大学出版社 2012 年版。

3. [美]雪莉·艾利斯编:《开始写吧!——非虚构文学创作》,刁克利译校,中国人民大学出版社 2011 年版。

# 第七章　小说写作

【学习目标】

1.知识目标:理解小说创作的基本构思要素,包括人物塑造、情节设置和环境描写。

2.能力目标:针对典范小说文本和其他同学的作品,能够准确分析其结构、叙事手法和核心情节;能够创作符合小说写作基本规范,展现出完整情节和人物塑造的小说。

3.价值目标:关注生活中的细节和真实情感,在小说写作中表达出对生活的深刻观察和独特体验。

【学习重点】

理解小说的定义与结构;分析典范小说文本,学习其中的写作技巧;通过创作饱满的故事情节,提升小说创作能力。

【学习难点】

构建连贯且引人入胜的小说情节;平衡人物塑造与情节发展的关系,确保小说的整体性与深度。

小说是一种以塑造人物形象为中心,通过编织完整的故事情节,构建具体的生活环境,形象、准确、多角度地反映社会生活的一种文学体裁。在汉语语境中,"小说"一词最早可追溯至《庄子·外物》中的"饰小说以干县令"。然而,《庄子》中的"小说"并不指代今天我们所理解的文体,而是指琐碎言辞,与"大达"相对。小说作为一种独立文体的形成,历经了从先秦"小说家者流"到六朝志人志怪、唐代传奇、宋代话本、明清章回小说、近代谴责小说,再到白话文小说的漫长演变过程。尽管在古代,小说作为市民文化的代表一度被视为非正统文学形式,其地位较低,但随着社会变迁,小说逐渐获得认可,尤其是在近现代,其文学价值与社会功能得到了广泛的肯定。梁启超在《论小说与群治之关系》一文中提出,小说具有"新民"①的重要社会作用。今天,小说不仅仍然是最受欢迎的文学形式之一,它的影响力也深刻地渗透到社会各个层面。

# 第一节　小说写作特征

在五四运动后,不仅小说的创作繁荣起来,关于小说的理论研究也给人耳目一新的感觉,对小说的概念理解也渐趋一致。人们普遍认为,小说是一种虚构性文体,包含"故事情节、人物、环境"这三大要素②。然而,进入 20 世纪后,随着现代主义文学的兴起,小说被重新定义。反情节、反人物的小说的出现,拓展了小说概念的边界。为了阐述的便利,我们将先从"三要素"出发,介绍传统小说定义中,关于"人物、情节、环境"的三个基本特征,再拓展介绍现代主义、后现代主义文学中,小说在文体特征方面出现的新变化。

## 一、以塑造人物形象为中心

以塑造人物形象为中心,这是理解和写作小说的关键。小说通过细致描绘人物的外貌、语言、行动、心理等,展现人物性格。有的读者在阅读小说时,往往更关注表层的故事。小说与普通故事的不同在于,它不仅讲述事件的发生,更通过事件推动人物的发展,揭示人物的内心。曲折的情节并非仅为"好看",而是让人物在事件中逐渐变得丰满立体,展现其性格。当情节与人物相互融合时,小说才能在表层故事之外形成更深的主题和思想。如果情节盖过人物,这

---

① 梁启超:《美的生活》,古吴轩出版社 2022 年版,第 174 页。
② 苏新春:《大学写作基础教程》,清华大学出版社 2019 年版,第 110 页。

样的作品就缺乏情感的深度。在这样的作品中,人物依循着一个单纯的理念或性质而被创作出来 ,①显得扁平而空洞。

在许多童话故事中,人物呈现出"扁平"的状态,它们成为推动故事发展的工具。例如,在《小红帽》这则经典童话中,小红帽和大灰狼都缺乏深度的性格塑造,读者几乎无法了解小红帽的内心世界或性格层次,她的任务仅仅是"去奶奶家"。同样,大灰狼也只是单纯扮演"邪恶"的角色,若将"大灰狼"替换为"大灰熊"或"大灰狗",故事的情节和寓意几乎不会受到任何影响。不过,这种处理方式在儿童作品中是可以理解的,因为儿童的理解能力有限,简单的角色设定反而更有助于传达寓意和教育意义。

然而,如果是面向成年人的作品,这种写作就会显得浅薄而缺乏吸引力。对成年读者来说,空洞的人物往往难以触动他们的情感,无法引发深层的共鸣与思考。纵观古今中外优秀的小说,无一不在作品中创作出了令人印象深刻且真实复杂的人物形象,也就是"圆形人物"。圆形人物通常是情节的核心,具备现实生活中"人"的复杂性。例如,福楼拜的《包法利夫人》中的包法利夫人,她是一个典型的圆形人物,尽管读者批评她沉溺于虚荣和物欲的享受,但也能理解她对理想生活和美好爱情的渴望。因为包法利夫人内心的矛盾与冲突,正是每一位读者在现实中感受到的矛盾和冲突。圆形人物即使属于同一类型,也能展现各自独特的个性与魅力。

圆形人物和扁平人物之间并没有优劣之分。圆形人物因其复杂性和深度,更容易引发读者的共鸣和思考,使作品更具情感深度。然而,扁平人物在某些情境下也有其独特作用,比如"不论它们何时登场,都极易辨识"② "他们事后很容易被读者记牢"③。因为扁平人物具备这些特点,它们有助于小说情节的

---

① [英]E. M. 福斯特:《小说面面观》,冯涛译,上海译文出版社 2016 年版,第 61 页。

② [英]E. M. 福斯特:《小说面面观》,冯涛译,上海译文出版社 2016 年版,第 62 页。

③ [英]E. M. 福斯特:《小说面面观》,冯涛译,上海译文出版社 2016 年版,第 63 页。

快速推进,尤其是在小说通过对比或简化的方式来突出主题时。比如在美国作家奥康纳的作品中,扁平人物常常以夸张或极端的方式出现,令读者忍俊不禁。

如果用悲剧和喜剧来做比喻,或许更能说明扁平人物的意义。我们常听到演员说,"演喜剧比演悲剧更难"。因为悲剧的主题本身具有深远的意义,即使人物表演得不够出彩,依然能传达出情感和价值。而喜剧则不同,如果人物不能让人发笑,整个角色就失去了存在的意义。从这个角度来看,创造一个隽永的扁平人物的难度甚至超过了创造一个圆形人物。

最后,从历史的维度上看,小说从"写事"转向"写人"经历了漫长的发展阶段。直到明、清时代,中国的小说创作,才真正地从写事转到了写人。而西方的小说,也同样经历了这样一个漫长的时期。例如西方的流浪汉小说,不过是用人物来贯穿那复杂而庞大的情节而已,人物是为故事服务的。直到十八世纪,一大批杰出的小说家才真正把小说艺术变成了人的性格的活写真。"[1]因此,作为读者,尤其是期待在未来成为创作者的读者,我们也应该把欣赏小说的关注点从故事转向人物。

### 二、叙述完整的故事情节

为了理解小说的叙事性,我们首先要区分两个概念,那就是"故事"(story)和"情节"(plot)。英国小说家兼评论家福斯特在《小说面面观》一书中,用形象的比喻说明了这两者的区别。"'国王死了,后来王后也死了'是个故事。'国王死了,王后死于心碎'就是个情节了。"[2]

福斯特认为,故事是"对一系列按时序排列的事件的叙述"[3]。换句话说,故事是一连串事件的叙述,重在事件的发生和时间的推进。例如:"国王死了,不久王后也死去"就是一个简单的故事。这个叙述只涉及了两件事情——国

---

① 傅腾霄:《小说技巧》,中国青年出版社 1992 年版,第 54 页。

② [英]E. M. 福斯特:《小说面面观》,冯涛译,上海译文出版社 2016 年版,第79 页。

③ [英]E. M. 福斯特:《小说面面观》,冯涛译,上海译文出版社 2016 年版,第79 页。

王的死亡和王后的死亡,按照时间顺序进行,没有揭示任何因果关系。故事的重点是"发生了什么",满足读者对事件发生的好奇心。因此,故事的吸引力主要在于事件本身,而不是其中蕴含的复杂关系或更深层次的原因。而"情节同样是对桩桩事件的一种叙述,不过重点放在了因果关系上"。[①]情节不仅仅是按时间顺序叙述事件,还要揭示这些事件背后的因果关系,强调每个事件为什么会发生。例如:在"国王死了,不久王后也因为伤心而死"这个情节中,不仅叙述了国王和王后的死亡,还揭示了王后的死因(因为伤心)。这里的重点不只是"发生了什么",而是"为什么会发生"。情节要求读者不仅仅关注事件的进展,还要理解事件之间的因果关系。福斯特认为,情节更适合那些喜欢思考和推理的读者,因为它引发了对事件之间复杂联系的探讨。

　　小说是要讲个故事。[②] 许多成功的小说,正是凭借其中跌宕起伏、曲折动人的故事而吸引读者。例如,余华的代表作《活着》就是一个既曲折又深刻的故事:地主少爷福贵原本衣食无忧,却因嗜赌成性被人骗光家产,沦为贫农。然而,正是这种身份的转变让他在土改中逃过一劫,而骗走他财产的赌棍却因恶霸地主的罪名被枪毙。福贵的家庭充满了悲剧,他的妻子家珍身患重病,女儿凤霞因为发烧成了哑巴,尽管后来找到了真心爱她的丈夫,却因难产而去世;他的儿子有庆为了救县长夫人献血过多而死;连唯一的孙子也因吃豆子太多撑死,最终不幸离世。家人一个接一个地离去,福贵历经磨难却始终没有被摧毁,他顽强地活着,成了生存的象征。余华早期以先锋姿态进入中国文坛,作品更侧重于隐喻性,而较少关注故事本身的曲折。然而,他最广为人知的作品,却是在转向现实主义之后的创作,如《活着》。这一对比清楚地表明,故事性对于小说的重要意义——它能为作家赢得更广泛的读者。然而,小说不仅要讲个故事。

　　首先,小说比故事更侧重虚构。故事既可以是"真实发生"的,也可以是"虚构"的。法语里有两个被译为"故事"的术语,其一是"histoire",它还有"历

---

①　[英]E. M. 福斯特:《小说面面观》,冯涛译,上海译文出版社2016年版,第79页。

②　[英]E. M. 福斯特:《小说面面观》,冯涛译,上海译文出版社2016年版,第38页。

史"的含义。中国古代对"故事"的解释,也指的是已经发生、"真实"存在的事件、事物。[①] 叙述真实事件的故事,要的只是讲述事件原本的样貌。

然而对于小说来说,虽然可以从现实生活取材,但其人物和事件往往是虚构的。作家如何处理真实与虚构的关系,展现出作家对小说逻辑的理解,这也是小说写作的难点所在。正如马克·吐温在《赤道环游记》里说过的:"真实的事情比虚构的故事更希奇,但这是因为虚构的故事必须符合可能性,而真实的事情却不必顾及这一点。"[②]现实生活中,我们常常遇到一些看似不合逻辑的事情,比如有人忽然抛弃自己美满的家庭,选择浪迹天涯。这些行为往往源于偶然、情感冲动,或人类行为中的不确定性。如果你将这些事情作为故事讲给别人听,单纯地按照实际发生的情况叙述就足够了。然而,这种叙述方式可能无法在读者心中激起太多波澜。小说则不同,它通过虚构的手法,让读者能够深入人物的内心,感同身受。比如卡夫卡的《变形记》,讲述了主人一觉醒来发现自己变成了一只巨大的昆虫的事情。这个设定本身显然是超现实的,但如何让读者相信这一事件有可能发生,便是作者的功力所在。卡夫卡是这样做的,他写道:"他稍稍抬头,就看见自己褐色的腹部高高隆起,分成许多块弧形的硬壳,被子在上头快盖不住了,随时可能滑落。和庞大的身躯相比,那许多条腿细得可怜,无助地在他眼前舞动。"[③]卡夫卡一开篇便对"人"变成"虫"后,外观的变化进行精确描绘。这种细节的魔法,将荒诞的情节转化为一种令人信服的现实。读者不再质疑这一设定的合理性,反而能感受到人物的困惑和恐惧。

其次,小说中的时间安排比故事中的更自由。讲述故事时,事件通常需要按照时间顺序展开,否则读者可能会感到困惑。然而,小说中的时间安排则更加自由。马尔克斯的《百年孤独》是这样开头的:"多年以后,面对行刑队,奥雷

---

① 葛红兵,许道军主编:《大学创意写作·文学写作篇》,中国人民大学出版社 2017 年版,第 60 页。

② [美]马克·吐温:《赤道环游记》,张友松译,百花洲文艺出版社,1992 年版,第 109 页。

③ [奥]卡夫卡:《变形记》,姬健梅译,江苏凤凰文艺出版社 2019 年版,第 3 页。

里亚诺·布恩迪亚上校将会回想起父亲带他去见识冰块的那个遥远的下午。"①小说开篇即采用预叙、回叙的方式,从奥雷里亚诺上校多年后行刑开始叙述。然而,作为"故事"的《百年孤独》,却只能从布恩迪亚家族第一代何塞·阿尔卡蒂奥·布恩迪亚着眼,并按照时间顺序讲起。②

更进一步,法国叙事学家如热奈特(Gerard Genette)在其著作《叙事话语》中,从时序(顺序)、时长(时距)和频率三个方面讨论了叙事时间和故事时间的关系③,揭示了小说在时间处理上的复杂性和灵活性。小说创作者可以通过打乱时间顺序、延长或压缩时间,以及重复或省略某些事件来创造不同的叙事效果。

### 三、展现具体的生活环境

小说的核心是写人,但人物在小说中不是静止不动的,人物活动起来,就产生了情节,而人物也不可能在真空中活动,为人物活动所提供的舞台,我们就称它为"环境"。小说中的环境描写包含两方面的内容:

一是"背景",即通过描写物理空间、时间、地点等具体元素,交代故事发生的外部条件。背景的描写不仅为人物提供了物理空间的依托,还为情节的发展提供了现实依据。如果没有好的背景描写,小说中的故事可能会显得悬浮。例如,本章第二节提到的典范文本中,《红楼梦》所描绘的贵族生活场景、《取景框》中展现的美国普通人居住环境,以及《长门赋》里刻画的知识分子的居住空间,都为人物的活动提供了真实可信的背景。

背景的描写不仅限于个人具体的小环境,它还包括社会的大环境。比如汪曾祺的小说《受戒》,在故事正式展开之前,通过对社会环境的描写,为故事的展开做了重要铺垫。"就像有的地方出劁猪的,有的地方出织席子的,有的地

---

①　[哥伦比亚]加西亚·马尔克斯:《百年孤独》,范晔译,南海出版公司 2011 年版,第 1 页。

②　葛红兵,许道军主编:《大学创意写作·文学写作篇》,中国人民大学出版社 2017 年版,第 59 页。

③　[法]热拉尔·热奈特:《叙事话语 新叙事话语》,王文融译,中国社会科学出版社 1990 年版,第 12—16 页。

方出箍桶的,有的地方出弹棉花的,有的地方出画匠,有的地方出婊子,他(明海)的家乡出和尚。"①这些职业的列举看似啰嗦,但正是这种"啰嗦"消解了"和尚"的神圣感,使得"和尚"这一身份从宗教的框架中脱离出来,成为俗世的一部分。② 正因如此,明海作为一名"和尚"破戒与农家小姑娘英子私订终身的行为显得既自然又充满人性。没有这段社会环境的铺垫,故事中和尚的破戒便无法成立,或者会显得荒谬,甚至沦为俗套的艳情故事。

这种对"背景"设定的需求,在类型文学,尤其是像科幻、奇幻作品中,会更加强烈。因为类型小说的作家必须通过大量的细节说服读者相信,这个空间真实存在。大到国家制度,小到普通居民的日常器物,作者都需要通过想象将它们创造出来。当然,这种想象仍然建立在现实环境的基础上。乔治·R. R. 马丁的《血与火:坦格利安王朝史》就虚构出了一个宏大的塔利安王朝,但这个王朝中的很多故事都来自真实的欧洲历史。比如红色婚礼(red weeding)的灵感就来自苏格兰历史上的两起事件,即 1440 年的"黑色晚宴"和 1692 年的格伦科惨案。③

二是"氛围",即通过细腻的描写渲染出特定的情感和心理氛围。比如鲁迅的小说《伤逝》中的一段环境描写:"依然是这样的破窗,这样的窗外的半枯的槐树和老紫藤,这样的窗前的方桌,这样的败壁,这样的靠壁的板床。"④它通过事物本身的颓败,渲染出一种凝滞、哀伤的氛围。

同样,类型小说中的氛围描写也很重要,比如"福尔摩斯"系列中《巴斯克维尔的猎犬·恐怖谷》篇,既描写了荒原寂静偏僻的环境"远远望去影像朦胧,如梦境般虚无缥缈"⑤,又描写了黑夜中的惨叫声"有节奏地时高时低,像海浪

---

① 汪曾祺:《汪曾祺全集》2 小说卷,人民文学出版社 2019 年版,第 90 页。

② 毕飞宇:《小说课》,人民文学出版社 2017 年版,第 155 页。

③ 乔治·R. R. 马丁于 2001 年 6 月 20 日回复粉丝的邮件中提及,邮件刊登于《冰与火之歌》粉丝网站 Westeros. org。

④ 鲁迅:《鲁迅全集》第二卷,人民文学出版社 2005 年版,第 113 页。

⑤ [英]阿瑟·柯南·道尔:《巴斯克维尔的猎犬·恐怖谷》,张雅琳译,天津人民出版社 2019 年版,第 58 页。

此起彼伏,暗藏凶险"①,烘托出一种神秘紧张的氛围。

### 四、小说的新变化

在 20 世纪的现代主义和后现代主义文学中,作家常通过非线性的叙事、破碎的结构和复杂的语言来挑战传统的小说写作方法,迫使读者重新思考文本的意义。这种新的变化,让小说呈现出一种更加流动和开放的新形态。这种写作方法的创新在人物塑造和情节构建上尤为突出。

传统小说中的人物通常具备清晰的个性特征、动机和发展轨迹,而在先锋小说中,人物往往呈现出不稳定、模糊甚至是缺失的特征。比如余华的小说《十八岁出门远行》中的司机这个人物,他一开始对"我"态度粗暴,拒绝让"我"搭车,但当"我"强行上车后,他又表现得十分友好,甚至与"我"聊天。当汽车抛锚后,他不动声色地做广播体操。当一群人抢走苹果并殴打"我"时,他也没有出手相助,反而嘲笑我,甚至最后还抢走了"我"的红色背包。司机的态度变化让人捉摸不定,他的行为似乎没有任何深刻的内在原因,也没有情感上的延续,而是如同一个飘浮在空中的符号,完全脱离了传统小说中的人物发展逻辑。这是因为司机这个形象主要是出于象征性的目的塑造的,反映了少年对周围世界的困惑与不确定,象征着成长过程中无法掌控的外部环境和内心的迷茫。

在传统小说中,情节通常具有明确的因果关系,也是呈线性发展的。而在 20 世纪出现的现代主义和后现代主义小说中,情节往往是非线性、碎片化的,甚至是无序的。这种情节的创新方式,打破了传统故事发展的连续性。例如,乔伊斯的《尤利西斯》以其复杂的时间结构和非线性叙事著称,小说中的情节发生在一天之内,但并非按照传统的时间顺序展开,而是通过意识流动的方式呈现出人物的内心活动。情节的发展不是由事件推动,而是由人物的思维和感受交织形成的。情节的碎片化,不仅打破了传统叙事的线性逻辑,还挑战了传统小说对因果关系的依赖。

---

① ［英］阿瑟·柯南·道尔:《巴斯克维尔的猎犬·恐怖谷》,张雅琳译,天津人民出版社 2019 年版,第 136 页。

综上所述,小说的文体特征可以从"人物"、"情节"和"环境"三个方面进行概括。在"人物"方面,小说深入刻画人物的内心世界,揭示人性的复杂与多样;在"情节"方面,小说得以构建富有层次和张力的情节,推动情节的发展;在"环境"方面,小说创造出独特的时空背景,赋予故事更多的象征意义和情感深度。理解了小说文体的基本特征之后,我们在阅读小说时,不仅能够更好地领会作品的深层意图,也能更深刻地感受到小说作为文学形式的独特魅力。

## 第二节　小说典范文本

范文一

# 贾雨村夤缘复旧职　林黛玉抛父进京都①

### 曹雪芹

　　且说黛玉自那日弃舟登岸时,便有荣国府打发了轿子并拉行李的车辆久候了。这林黛玉常听得母亲说过,他外祖母家与别家不同。他近日所见的这几个三等仆妇,吃穿用度,已是不凡了,何况今至其家。因此步步留心,时时在意,不肯轻易多说一句话,多行一步路,惟恐被人耻笑了他去。

　　…………

　　一语未了,只听后院中有人笑声,说:"我来迟了,不曾迎接远客!"黛玉纳罕道:"这些人个个皆敛声屏气,恭肃严整如此,这来者系谁,这样放诞无礼?"心下想时,只见一群媳妇丫鬟围拥着一个人从后房门进来。这个人打扮与众姑娘不同:彩绣辉煌,恍若神妃仙子。头上戴着金丝八宝攒珠髻,绾着朝阳五凤挂珠钗;项上带着赤金盘螭璎

---

① 曹雪芹:《红楼梦》,人民文学出版社 2008 年版,第 35—45 页。

珞圈；裙边系着豆绿宫绦，双衡比目玫瑰珮；身上穿着缕金百蝶穿花大红洋缎窄裉袄，外罩五彩刻丝石青银鼠褂；下着翡翠撒花洋绉裙。一双丹凤三角眼，两弯柳叶吊梢眉，身量苗条，体格风骚。粉面含春威不露，丹唇未启笑先闻。黛玉连忙起身接见。贾母笑道："你不认得他，他是我们这里有名的一个泼皮破落户儿，南省俗谓作'辣子'，你只叫他'凤辣子'就是了。"

黛玉正不知以何称呼，只见众姊妹都忙告诉他道："这是琏嫂子。"黛玉虽不识，也曾听见母亲说过，大舅贾赦之子贾琏，娶的就是二舅母王氏之内侄女，自幼假充男儿教养的，学名王熙凤。黛玉忙陪笑见礼，以"嫂"呼之。

这熙凤携着黛玉的手，上下细细打谅了一回，仍送至贾母身边坐下，因笑道："天下真有这样标致的人物，我今儿才算见了！况且这通身的气派，竟不像老祖宗的外孙女儿，竟是个嫡亲的孙女，怨不得老祖宗天天口头心头一时不忘。只可怜我这妹妹这样命苦，怎么姑妈偏就去世了！"说着，便用帕拭泪。贾母笑道："我才好了，你倒来招我。你妹妹远路才来，身子又弱，也才劝住了，快再休提前话。"这熙凤听了，忙转悲为喜道："正是呢！我一见了妹妹，一心都在他身上了，又是喜欢，又是伤心，竟忘记了老祖宗。该打，该打！"又忙携黛玉之手，问："妹妹几岁了？可也上过学？现吃什么药？在这里不要想家，想要什么吃的、什么玩的，只管告诉我；丫头老婆们不好了，也只管告诉我。"一面又问婆子们："林姑娘的行李东西可搬进来了？带了几个人来？你们赶早打扫两间下房，让他们去歇歇。"

⋯⋯⋯⋯⋯

一时进入正室，早有许多盛妆丽服之姬妾丫鬟迎着，邢夫人让黛玉坐了，一面命人到外面书房去请贾赦。一时人来回话说："老爷说了：'连日身上不好，见了姑娘彼此倒伤心，暂且不忍相见。劝姑娘不要伤心想家，跟着老太太和舅母，即同家里一样。姊妹们虽拙，大家一处伴着，亦可以解些烦闷。或有委屈之处，只管说得，不要外道才是。'"黛玉忙站起来,一一听了。再坐一刻,便告辞。

邢夫人苦留吃过晚饭去,黛玉笑回道:"舅母爱惜赐饭,原不应辞,只是还要过去拜见二舅舅,恐领了赐迟去不恭,异日再领,未为不可。望舅母容谅。"邢夫人听说,笑道:"这倒是了。"遂令两三个嬷嬷用方才的车好生送了姑娘过去。于是黛玉告辞。邢夫人送至仪门前,又嘱咐了众人几句,眼看着车去了方回来。

············

茶未吃了,只见一个穿红绫袄青缎掐牙背心的丫鬟走来笑说道:"太太说,请林姑娘到那边坐罢。"老嬷嬷听了,于是又引黛玉出来,到了东廊三间小正房内。

正面炕上横设一张炕桌,桌上磊着书籍茶具,靠东壁面西设着半旧的青缎靠背引枕。王夫人却坐在西边下首,亦是半旧的青缎靠背坐褥。见黛玉来了,便往东让。黛玉心中料定这是贾政之位。因见挨炕一溜三张椅子上,也搭着半旧的弹墨椅袱,黛玉便向椅上坐了。王夫人再四携他上炕,他方挨王夫人坐了。王夫人因说:"你舅舅今日斋戒去了,再见罢。只是有一句话嘱咐你:你三个姊妹倒都极好,以后一处念书认字学针线,或是偶一顽笑,都有尽让的。但我不放心的最是一件:我有一个孽根祸胎,是家里的'混世魔王',今日因庙里还愿去了,尚未回来,晚间你看见便知了。你只以后不要睬他,你这些姊妹都不敢沾惹他的。"

············

《红楼梦》是中国古典章回体小说的集大成之作,虽然它延续的是中国古典小说的写法,但在人物塑造、情节设置和环境描写等方面,与今天的西方小说有着异曲同工之妙。我们下面从人物塑造的角度,分析节选片段如何展现出贾府人物的众生相。

首先,这个片段通过林黛玉的眼睛带出了贾府众人。作为片段中的核心人物,作者不仅从正面描写了林黛玉的外貌、动作和心理,还通过小厮、婆子、丫鬟以及王熙凤、邢夫人、王夫人的行动和语言,从侧面刻画了他们眼中的林黛玉。通过多角度的描写,林黛玉的形象变得立体,贾府内人物的关系也被呈现得清晰明了。

其次,我们可以通过一些细节描写了解林黛玉的形象。比如在未进贾府之前,黛玉已经时时留心观察了,"他近日所见的这几个三等的仆妇,吃穿用度已是不凡了",体现出她心思之细腻,自尊之强。在待人接物上,她面对着王夫人"往东让"的逾矩之举,再三推辞,"便向椅上坐了",体现了她的守礼。而王夫人"再四携他上炕"后,她没有再次推辞显出忸怩,而是"挨王夫人坐了",既保持了礼节,又避免了让王夫人为难,体现出她作为贵族少女在社交场合中的妥帖。

这个片段对王熙凤的塑造也常为人称赞。小说通过林黛玉的视角"黛玉纳罕道:'这些人个个皆敛声屏气,恭肃严整如此,这来者系谁,这样放诞无礼?'"写出王熙凤"未见其人,先闻其声"的张扬。而后又通过极尽细致的穿着打扮描写,再次强化了王熙凤的华贵、得势,也暗示出她的贪婪和市侩。对王熙凤的外貌描写,"丹凤三角眼""柳叶吊梢眉""粉面含春威不露,丹唇未启笑先闻",展现出这个"女曹操"俏丽明艳的独特风韵。脂砚斋在《红楼梦》里这样评论说:"可笑近之小说中,有一百个女子,皆是如花似玉、一副脸面。"[1]而上面这一段对王熙凤的外貌描写,显然摆脱了当时对人物塑造的刻板写法。小说通过对王熙凤的行为描写,展现了她"少说也有一万个心眼子"的性格。对王熙凤的动作描写,展现出王熙凤的精明能干。她与黛玉初见后,看似在夸赞黛玉"况且这通身的气派,……竟是个嫡亲的孙女",其实是借黛玉赞贾母,从而博得贾母的宠爱和权力支持。她日常工作的首要任务便是给贾母制造一些欢笑的"泡沫",所以她在众人"敛息屏气"恭候时,却突破大家族辈分与礼法的约束,上演了一台精彩绝伦的"说书"好戏,也是情理之中了。[2]

最后,这个片段中还通过人物对比的写法,写出了两个形象迥异的舅妈——邢夫人和王夫人。比如,当贾母提议让黛玉去见见舅舅时,邢夫人主动

---

[1]　曹雪芹:《红楼梦》,齐鲁书社1994年版,第48页。

[2]　崔志钢:《从"脂批"角度看人物形象的塑造——以《林黛玉进贾府》为例》,《课程教材教学研究(教育研究)》,2012年第2期。

提出带黛玉过去。反观王夫人，则是让黛玉在另一间房里吃茶等着。在同是"请舅舅"这件事上，邢夫人真正"命人"去请，而王夫人则并未命人去就下定论说"你舅舅今日斋戒去了，再见罢"。在对黛玉的嘱咐上，邢夫人让黛玉"或有委屈之处，只管说得，不要外道才是"，展现出了长辈应有的温暖关怀。而王夫人的"你只以后不用睬他（贾宝玉），你这些姊妹都不敢沾惹他的"，则更像是一句警告。通过这些对比，一冷一热的两个舅妈形象显得格外鲜明。

**范文二**

# 取景框①（存目）

[美]雷蒙德·卡佛

雷蒙德·卡佛被誉为"极简主义"大师（尽管他本人很反感这个标签），他的写作风格常常让人联想到他的前辈——同为美国代表作家的海明威。不过，卡佛的写法比海明威的"冰山原则"显得更为激进，他的作品隐藏在水面下的言外之意更多，而浮出水面的文字却更少。这种作品往往让没有受过太多文学训练的读者感到难以进入，甚至有时会觉得不知所云。在卡佛的作品中，我们很难看到传统小说中常见的"曲折情节"。以这篇小说为例，它似乎讲述了一个极为平凡的故事，用第一句话就能完整概括——"一个没有手的男人上门向我兜售我家房子的照片"。文中的两个人仅就是否购买照片聊了几句无关紧要的话，小说便莫名其妙地结束了。然而，细读文本，我们会发现，虽然情节看上去简单，实际并非没有曲折，只是其曲折之处不来自外部冲突，而来源于人物自身。人物外表的平静掩盖了内心的波涛汹涌，那些看似无关紧要的对话，充满了微妙的暗示与张力。正是这种外冷内热的表达方式，构成了卡佛作品独特的张力。

---

① [美]雷蒙德·卡佛：《当我们谈论爱情时我们在谈论什么》，小二译，南海出版公司 2020 年版，第 11—17 页。

　　小说一开始,"我"和"没有手的男人"的关系就陷入了紧张之中。因为我问出了一句不合时宜的话:"你是怎么失去双手的?"这句话对他来说是十分冒犯的,而"我"却脱口而出,这显示出"我"是一个多么无礼的人。这种情节上的紧张感通过"没有手的男人"的反应得到缓解,他并没有动怒,但是他回避了这个问题,他说"那是另外一码事了"。然后他的话锋马上转到工作话题上:"你到底要不要这张照片?"这句话塑造起了一个虽身有残疾,但不卑不亢,努力工作的人的形象。但情节上的紧张感到这里并没有完全消失,小说进一步通过细节描写加强了"我"无礼的形象,让紧张延续。我一直在"凝视"这个残疾人。"我想看他怎样端住一个杯子","我一直站在窗户后面观察",似乎"我"一直在等着这个残疾人出丑。读者随着情节的进展,等待着两人关系的进一步变化。这两个人物交锋的高潮,是在残疾人发现"我"独居,并对"我"表示出同情时。"他在相机旁边坐了下来,往后靠时叹了口气,笑起来的样子像是知道了什么但又不想告诉我。"这个举动在残疾人看来,是善意的,在我看来却像是一种"高高在上"的同情。更关键的是,对"我"来说,这个同情者是一个举止粗俗,一边吹嘘自己是"专家",一边"在裤裆处抓了一把"的残疾人———一个没有资格同情"我"的人。"我"被激怒了,于是开始想要刺痛他,"我"想到的方法就是攻击他的工作,把它类比成"把门牌号漆在路缘上"这种找个名义乞讨的行为。情节在这时进入了最紧张的时刻,而它的缓解始于残疾人的反应:"杯子平衡在他的钩子之间",他并没有被激怒,甚至还很平静。他介绍了自己的生活状态,显得非常坦诚。他甚至继续回答了"我"一开始问出的那个冒犯性的问题"你是怎么失去双手的?",他说"是他们(孩子们)让我成了现在这副样子。""我"被他的真诚打动了,"我"开始相信,他真如表现出来的那般,是一个积极的人。读到这里,读者也豁然开朗,为什么"我"一开始表现得那样无礼?为什么"我"一直观察着这个"没有手的男人"? 那是因为他和"我"一样是经历过悲剧的人,甚至他的悲剧表现得更明显,但他却能如此乐观地生活。"我"不愿意相信有人在经历过如此悲剧后真的能够重新振作,因为"我"做不到,所以"我"既对他充满好奇,也对他充满怀疑。最后,"我"通过见证残疾人积极生活的态度,找回了振作的勇气。"我"爬上屋顶清理那些象征着过去悲剧的"石头",此时,"我"已经把残疾人视为朋友了。虽然他喊着"我不搞动态摄影",但"我"并未停下丢石头的动作,一方面因为拍出好看的照片并不重要,另一方面因为我已经不把他当成残疾人,而把他当成一个普通人去对待了。

通过上述分析,我们可以看到,一篇好的小说不必依赖重大外部事件(如死亡、失忆、破产等)来构建曲折的情节,而可以通过人物内心的冲突与矛盾来实现这一点。这种内在张力会使情节发展更自然、真实。

## 范文二

# 长门赋①(节选)

#### 阿袁

......

如此的交谈总不能站在路边进行。师大西门外有许多咖啡馆和茶屋,但小米不想和一个正爱恋自己的学生坐在那样情调的地方,那会让杨果产生错觉的,小米对自己说。但小米真实的心思其实是怕被别人看见,西门外是师大师生云集的地方,保不准会碰到小米的朋友,和一个学生待在咖啡馆那样的地方,总是不太好说清楚,再说有些事情原本又是不能解释的,当事人只要一开口,味道就会变了,本来是清清楚楚的紫菜汤,别人却能喝出五味俱全;就是给杨果的朋友看见也不好,学生的嘴更没有轻重,流言总长了色彩斑斓的翅膀,小米深谙世道人心,所以,为避嫌疑小米选择了"王太太绿豆汤"小店和杨果谈话,店是露天的,且就在菜市场边上,周围都是喧嚣的市声,小米知道大隐隐于市的道理,也想用这种选择来打击一下杨果的自作多情,小米是喜欢在细节上用心思的女人。小店的太阳伞下摆着铺着格子桌布的小方桌,小米和杨果相对而坐,小米要了一碗莲子银耳羹,替杨果也要了一碗,这样一来,两人很像是偶遇的样子,绝对的光明磊落。小

---

① 阿袁:《子在川上》,太白文艺出版社2018年版,第1—14页。

米一找到感觉,居高临下的状态就出来了,谈话的自始至终,小米都是直视杨果的,作为一个老师,小米知道如何保持心理上的优势。我不能输在一个学生手里,难道多出来的十年的光阴是白过的吗?小米想。暗恋也就罢了,还敢写信?写信也就罢了,还敢在路上截住老师?这真是一个胆大包天的学生,假如不及时阻止他的话,接下来不定会做出什么事来。因为心软而听之任之,在别人看来,或许那是欲擒故纵,到时真是跳进黄河也洗不清了,别人不知道,小米可知道沈安在这事上是如何小气的一个人。这样一想,小米是真的生杨果的气了,生气中小米的语言势如破竹,都是劈面而来,无从躲闪的,声音不高,但语气却是冷若冰霜,又句句伤到杨果的短处痛处,既凌厉又无情,简直刀刀见血!杨果哪见过这种阵势,在杨果的印象里,小米老师是有些小女孩气的,又会脸红,书读得多,话也有趣,所以才会心生爱慕之心,没想到,却也是一个又世俗又冷酷的女人,真是知人知面不知心哪!杨果的爱情刹那间跑得无影无踪,昨天还以为坚如磐石生生世世的爱,结果只是在小米铺天盖地的语言面前,就土崩瓦解脆弱得不堪一击,世上有多少能坚持始终的东西?杨果怀着无限伤感的心情落荒而逃。

但伤感的何止是杨果,小米的情绪也糟糕到无以复加的地步。时近中午,太阳热热的斜照到小米的脸上,小米甚至能感觉到自己额上鼻上细密汗珠的动静,仿佛刚刚发过内功一样,小米四肢无力,一动也不想动,王太太进进出出地招呼着前来喝绿豆汤的客人,时不时瞅一眼小米一动没动的莲子银耳羹,客人多了,王太太想小米早点空出位子来,可这时的小米哪有心情去察言观色,身边是人来人往,有谁知道桌边年轻的女人刚刚经历了什么。无情哪里是自己真实的面目,可为了避免流言蜚语,却依然在学生面前扮演了如此的角色,男人的风流韵事满天飞舞,追究起来,都是逢场作戏,可有几个女人胆敢在这事上逢场作戏呢?再厉害的女人其实不过都是装腔作势——像小米一样,纸老虎一个,要么就得像虞绢,拼它个鱼死网破,玉石俱焚。小米此时真有些佩服起虞绢来,怎么说,也给了那个男人一顶绿帽子,出了一口恶气,不然白白地被欺负了,小米现在很能体会虞绢的心情。睡了十多天的沙发了,沈安那边却若无其事,丝毫不为所动,吃定了小米似的。尽管也把沈安恨得咬牙切齿——恨他明知她会不高兴依然不管不顾地接受阿媚的挑逗,简直是成心和外人联手来气自己;恨他对身边年轻女人的温柔关注,尽管多数时候是稍纵即逝,可身边的小米还是能够捕捉到;恨他得理不饶人,明知她在等什么,却装聋作哑。可小米终归只是小米,恨归恨,到底做不出什么出格的事来。

账留到以后慢慢清算,日子还长,不愁找不到报复的机会,小米想。只是眼前如何才能找到一个台阶,小米绞尽脑汁,也想不出一个头绪。如此不死不活的状态小米实在受不了,小米不是一个沉得住气的人,也知道在定力方面,她是远远不能和沈安比的。万般无奈,小米还是想法把杨杲的信给沈安看了,自然不是像陈青说的那样——把信直接扔在沈安的书桌上,那简直不像下战书而像举白旗了,怎么说,小米也是一个聪明而又喜欢花心思的女人。小米家的书桌有三层抽屉,第一第二层各属于沈安和小米,下面一层是两人公用的,放些明信片工作证装订机之类的杂物,两人平时不见了什么东西都会到那个抽屉去翻找的。杨杲的情书原来是放在第二个抽屉的底层,但因为存心想让沈安看见,就被小米转移到了第三层抽屉,很零乱地和其他什物混在一起。仿佛是漫不经心地,可实际上小米却为此费尽心机在信里都做了记号,每封信纸中间都藏了一根小米又细又软又短的头发,只要沈安一展开信,头发就会掉下来。为此,小米甚至还做了几次试验,小米知道沈安一定会看这些信,正如小米也会偷看沈安的信一样。

……

阿袁的小说多书写学院生活,比较特别的是,她笔下的知识分子不再是"启蒙者""开拓者",而是一群陷在日常生活、情感旋涡、名利追逐中的庸人,《长门赋》中的主人公小米就是如此。小米虽然拥有高学历和稳定的工作,但在婚姻中,她依然无法摆脱传统女性的角色定位。她的情感需求被忽视,她的自尊被践踏,最终只能在冷战中妥协。

　　引文描写的情节是,小米利用追求自己的男学生杨杲的情书来刺激丈夫沈安,激发他的嫉妒心,从而打破两人之间的冷战僵局。我们可以从环境描写的角度分析,看看作家是如何通过环境描写将这个庸常生活的片段写得可信的。

　　首先,小米约杨杲见面之前,考虑了两个场地:"咖啡馆和茶屋"以及"'王太太绿豆汤'小店"。作家细致地描写了小米的内心活动,说明了最终选择了后者的原因:咖啡馆和茶屋是暧昧的、小资情调的场所,和学生单独喝咖啡是会引起误会的;绿豆汤店位于菜市场,是光明磊落的,也是打破浪漫幻想的。小米的思虑周全、谨慎理智的知识分子形象,也在她对场地的选择中得到了充分的体现。

　　当小米和杨杲来到了"王太太绿豆汤"店之后,作家对店内的环境和两人的食物进行了描写。"小店的太阳伞下摆着铺着格子桌布的小方桌,小米和杨杲相对而坐,小米要了一碗莲子银耳羹,替杨杲也要了一碗"。"格子桌布"确实是街边小店常用的装饰,"莲子银耳羹"也是甜品店常见的饮品,这两处细节本可以不写,但作者刻意将其纳入描写,赋予了场景更强的现实感和生活气息。

　　"莲子银耳羹"的选择也写得颇为有趣。为什么不是"绿豆汤"或者别的糖水?因为与"绿豆汤"相比,"银耳莲子羹"似乎更"温柔"、更精致,带有一种细腻的女性气质。下意识选择了"银耳莲子羹"的小米,自然也是更温柔、更精致的传统女性形象。这种选择与她在婚姻中的行为模式相呼应——她在冷战中最终选择了妥协,表现出一种隐忍与柔顺。与杨杲不欢而散后,小米的银耳莲子羹"一动没动",这几乎成了她自己的象征。

　　选文最后一段,作家详细地描写了小米家的抽屉。小米装作无意,实则故意将本来放在第二层自己抽屉的情书放到了第三层公共的抽屉里,"因为存心想让沈安看见"。并且,她为了确定沈安看了情书,在"每封信纸中间都藏了一根小米又细又软又短的头发,只要沈安一展开信,头发就会掉下来"。这些关于物质的细节描写,再一次展现了小米的性格:她是聪明细腻的,但她也是无奈和可怜的。

　　虽然环境(物质)描写并不是《长门赋》最出色的地方,但优秀的小说家深知写小说不是建设空中楼阁,而必须描写具体的生活。阿袁正是通过以上几处简单但准确的环境(物质)刻画,使人物有了血肉,使故事具有了现实质感。

# 第三节　小说写作练习

对于小说写作者来说,最大的奖励是创造一个全新的世界。这个世界虽由现实中的街道、建筑和人物构成,但在记忆与想象的交织下,它成为一个神秘荒野,充满未被触及的故事与情感。在这个世界里,时间和空间不再受现实束缚,人物的命运由你掌控,每一次冲突和相遇都充满可能性。为了让这个世界顺利运转,你需要尊重创造本身的过程,理解这个世界有它独特的运行规律,同时掌握搭建它的技巧。

无论你曾经写过多少小说,无论成功与否,真正重要的是今天你选择了重新开始,面对空白的纸页。在再次开始创作之前,你需要放下恐惧和怀疑,记住小说写作并非一开始就要完美。你只需勇敢迈出第一步,把内心的故事写出来。即便故事不完整,它依然是你与世界对话的开始,是你从内心深处释放故事的瞬间。接下来,我们将深入探讨小说写作的动机寻找,以及如何通过具体的技巧来创作小说。在这一过程中,我们将讨论如何塑造人物、组织情节和构建环境,以帮助你更好地理解和实践小说创作的核心要素。

## 一、小说写作的动机寻找

假如你已经坐在书桌旁,打开电脑,心中涌起万千风云,决定开始创造一个新世界了,第一个出现在你头脑中的问题是:写什么?

这个问题的答案是:写自己。没错,即使在小说这样的虚构文体中,写作题材也应该来源于熟悉的生活。纵观那些知名作家的生活经历与他们的小说之间的联系,你就会不由得承认这一点。沈从文怀念湘西淳朴的风土人情,渴望通过文学表达对那片净土的情感,于是创作了《边城》;鲁迅亲历社会动荡与人情冷暖,深感时代的痛苦与无奈,于是写下了《药》。马尔克斯对《百年孤独》的创作也能说明这个问题。马尔克斯童年生活在哥伦比亚小镇阿拉卡塔卡,"他常常到小镇附近的香蕉园去游玩,那地方名叫马孔多,这个名字,后来由他发展为一片他幻想中的圣地,关于这个地方的历史,从开始到结束,他把它写成一个故事,就是《百年孤独》。"①

　　你可以尝试做这样一个练习。在纸上写下 5 个关键词,它们与你自己过往的生活经验相关,同时也是你的作品想传达出的主题。如果《红楼梦》的关键词是爱情、家族、命运、阴谋、时代,《取景框》的关键词是孤独、言外之意、观察、人际关系、痛苦,《锦衣》的关键词是物质、阶层、欲望、女性、异化,那么,你的关键词是什么? 这些与你个人经历、情感和思考相关的关键词,将指引你走向属于你自己的写作世界。你最关心的问题是什么? 你的内心深处有什么难以言喻的困惑? 你人生中最难忘的回忆是什么? 这些来自你自己的生活经验与情感的积淀,正是你创作的源泉。

　　对他人的观察通常也是小说灵感的来源。这就要求你带着一颗赤子之心去生活,对世界,尤其是对人,充满好奇。你要拒绝流行语境中将人标签化的做法,真正地去关心具体的人,而非抽象的人。真正去理解人,而非评判人。迟子建创作《额尔古纳河右岸》的动机,来自她读到的一篇关于鄂温克族画家柳芭的报道。柳芭是鄂温克族的第一个大学生,大学毕业后,她成了一名美术编辑,但对城市生活的不适应让她选择回到了山林。遗憾的是,回到山林中的她也不再能适应游牧的生活。她不断地从城市到部落,又从部落到城市,最终死于一条河流。迟子建去柳芭的部落采访,人们告诉她,柳芭是自杀的,但柳芭妈妈说:"柳芭太爱画画了,她那天去河边,还带了一瓶水,她没想着去死啊!"②迟子建说,"我觉得这是一个母亲说的话。" ③于是在小说中,以柳芭为原型创作的依莲娜的死,也被迟子建处理得很美。"我们在贝尔茨河的下游找到了依莲娜的尸体。……我憎恨那几棵多事的柳树,因为依莲娜就是一条鱼,她应该沿着贝尔茨河一直漂向我们看不见的远方的。"④在面对柳芭这位世俗意义上的"失败者"时,迟子建没有选择轻易地下判断,她尊重个体的独特性和复杂性,通过细腻的叙述,给予人物更多的理解和关怀。她让人物的死亡不只是一个简单的悲剧结局,更成为对生命意义和民族命运的深刻拷问。

---

① 　西西:《像我这样的一个读者》,广西师范大学出版社 2016 年版,第 189 页。
② 　迟子建:《额尔古纳河右岸》,人民文学出版社 2012 年版,第 268 页。
③ 　迟子建在 2015 年香港书展上的发言。
④ 　迟子建:《额尔古纳河右岸》,人民文学出版社 2012 年版,255 页。

接下来你要做的,就是把那些在脑海中浮现的故事,不管是自己的还是别人经历的,都写下来。不要担心第一句话是不是完美,因为你永远有机会回头修改,最重要的是迈出第一步。"自由写作(freewriting)"①也许是一个好的开始方法:首先,为自己设定一个写作时间,通常是 10 到 30 分钟。避免过多地思考或计划,让思绪尽量保持轻松的状态。坐下来后,开始写下任何浮现在脑海中的词语、句子或想法,无论这些想法是否连贯、合理。不要担心语法、拼写或逻辑的正确性。自由写作的关键是放松,不要批判自己。允许任何形式的思维流出,哪怕是与主题无关的想法,也能激发新的创意。即使不知道接下来该写什么,继续写下去。自由写作的目的是保持笔触的流动。

现在,你可以回过头来查看写下的内容。也许你会发现其中有潜在的故事片段、人物特征。下面我们需要一些技巧,将它们变成一篇完整的小说。

## 二、小说写作的技巧练习

### (一)塑造人物

塑造人物的基本方法有六种,其中直接塑造人物特征的方法有四种,分别是外貌描写、人物对话描写、行为(动作)描写和心理活动描写。间接塑造人物的方法有两种,分别是作者阐释法和其他角色阐释法。下面我们将对这些方法进行简要介绍。

外貌描写。人是视觉动物,我们通过视觉获得的信息比任何其他感官都多。因此,外貌描写常常是人物塑造中分量最重的一种方法。然而,我们写外貌并不是为了停留在表面的美丑评判上,我们应该通过对人物外貌的写作表现她内在的某些特点。比如《红楼梦》中对王熙凤外貌的描写"丹凤三角眼""柳叶吊梢眉""粉面含春威不露,丹唇未启笑先闻",展现出她性格上的强势与玲珑。接着,作者又通过对王熙凤极尽细致的穿着打扮描写,展现出她的华贵、得势,也暗示出她的贪婪和市侩。

---

① [美]珍妮特·伯罗薇、[美]伊丽莎白·斯塔基-弗伦奇、[美]内德·斯塔基-弗伦奇:《小说写作:叙事技巧指南(第十版)》,赵俊海译,中国人民大学出版社2021 年版,第 7 页。

人物对话描写。人物的对话就像他的外貌一样,展示出他的品位、喜好和内心真实想法(虽然有的人物会说出言不由衷的话,但他的真实意图总会在聪明的读者面前暴露无遗)。我们在写作对话时常会采用三种不同的方式去呈现:概括性对话、间接对话和直接对话。概括性对话是将对话内容进行概括,使其变成叙述性文字。间接对话是经第三人转述,使其变成间接引语。直接对话是人物在现场的、当下的交流。例如同样在"选择大学专业"这个情境下,不同的对话方式会呈现出不同的效果:

> 在选择大学专业的问题上,他和父母之间的分歧很大,他们各执一词,难以达成共识。(概括性对话)

> 他想,为什么不能选择文学专业呢?但父亲却说人工智能更有前景。(间接对话)

> "我们家简直封建透顶,走开,我跟你们说不明白!"(直接对话)

作者应该考虑在不同的情况下选择恰当的对话写作方式。当作者想要让读者迅速了解某个情节的核心,或者一个角色需要将一件读者已经知道的事告诉他人,或是对话已经变得冗长乏味时,作者应该使用概括性对话和间接引语。而当人物交流包含戏剧性行为时,则应当使用直接引语。

另外,我们可以通过让角色不说出他们的真正意图,从而使表层话语和潜台词之间形成张力,让人物对话更有价值。比如《取景框》中,"没有手的男人"在推销照片时说:"可以吗?我个人认为照得不错。我能不知道自己在干什么吗?说实话,这事得靠专家来做。"不管他是否真的认为自己是个专家,这句话的言外之意是"请买我的照片",读者能通过他在对话中对自己的"包装",感受到他工作上的努力,和对生活的积极。

行为(动作)描写。行为像对话一样,会暴露角色的个人信息。《取景框》中男人"在裤裆处抓了一把"的行为,透露出他所处的社会阶层。另外,人物的行为能够推动情节的发展。如果说对话表现的仅是"可能"发生的变化,那行为则是让人物实践这个变化。比如当人物说出"我们家简直封建透顶,走开,我跟你们说不明白!"这句话时,他同时可以抓起手边的东西扔出去。"抓起手边的东西扔出去"这个动作比语言更能将他内心的愤怒具象化,也会推动情节发展——因为其他人物会对这一动作产生反应。在小说中,我们要避免描写孤立、无意义的行为。

心理活动描写。与影视戏剧相比，小说在展现人物内心活动上独具优势。常规的心理活动描写能够说明人物的言行动机，而更细致甚至是矛盾的心理活动描写，则能够塑造出更有魅力的人物形象。在福楼拜的《包法利夫人》中，包法利夫人就是一个充满着矛盾的人物，作者是这样写她的心理的："她渴望出去旅行，或是回修道院去，她想死掉，又想到巴黎去住。"①另外，描写心理活动和行为之间的反差，能进一步将人物丰满。包法利夫人想做上述一系列事，但一样都没有真正去做。读者会通过这种反差意识到，她是一个不满现实，却又缺乏改变的勇气和能力的人。

作者阐释法。这种方法指的是作者直接将角色的成长背景、动机、想法等"告诉"读者。例如托尔斯泰在《安娜·卡列尼娜》中对奥勃朗斯基的介绍："他今年三十四岁，是一个多情的美男子；他的妻子比他只小一岁，却已是五个活着、两个死去的孩子的母亲。现在他不再爱她了，这一层他并不后悔。"②作者阐释法的优点是能够灵活地在短时间内传达大量的信息，但缺点是概括和抽象化的叙述容易拉大作者和读者之间的距离。因此，我们应扬长避短，谨慎地使用这种方法。

其他角色阐释法。这种方法是指通过一个角色的对话、行为和心理活动表达出他对另一个角色的观点。比如，《锦衣》中吕美红在受到男同学赞美后心想"很高级的赞美了"。这种写法既能表现出吕美红的态度，也能表现出男同学的形象，可谓在人物塑造上的一箭双雕。

(二) 组织情节

为了了解如何组织情节，我们需要重申福斯特的定义：故事是"对一系列按时序排列的事件的叙述"，而情节把"重点放在了因果关系上"。因此，组织情节首先要在事件中建立起因果关系。

我们可以试着按照时间顺序写下自己一天中发生的三个事件，例如：

---

① ［法］福楼拜：《包法利夫人》，张道真译，上海文艺出版社 2007 年版，第 48 页。

② ［俄］列夫·托尔斯泰：《安娜卡列尼娜》，草婴译，上海文艺出版社 2007 年版，第 5 页。

> 我起床
>
> 我打电话
>
> 我摔了一跤

把这三件事从头到尾叙述一遍就组成了一个故事,因为它解释了"然后"发生了什么。但是它给读者的感受是,其实"什么也没有发生",不能给读者留下任何印象。除非,它们之间能产生因果关系,也就是产生"情节"。我们可以尝试一下:

> 我起床,意识到今天是母亲节,于是马上打了个电话给妈妈。但是电话没有接通,我只好先去上课。在去上课的路上,我摔了一跤,心里咯噔一下,有一种不好的预感。

我们也可以不按照时间顺序去结构这些事件,那就会产生新的情节,例如:

> 我摔了一跤,睁开了眼,发现刚刚是在做梦。我从床上坐起来,手机忽然响了,我拿起电话,是一个陌生的号码。

在组织情节的过程中,曲折的情节能够为作品吸引更多的读者,我们可以尝试从以下几个方面去创造曲折的情节。

制造悬念。在中国古典小说发展阶段,小说还以话本形式呈现时,说书人往往会在故事进展到高潮时戛然而止,留下一句"欲知后事如何,请听下回分解",吊足听众的胃口。人们有渴望知道"然后呢"的本能,很多故事就建立在此基础上。《灰姑娘》的故事通过留在台阶上的水晶鞋制造了悬念,王子开始寻找鞋的主人解决了这个悬念,但又制造了新的悬念:能不能找到正确的主人?故事就在这种悬念的制造—解决—制造过程中得以不断被讲述下去。

设置障碍。虽然现实生活中我们常常希望一切顺利,但写小说时,我们却应该给人物制造一些麻烦。如果林黛玉家庭美满,父母双全,她就没有被送进贾府的机会了。因此,障碍的反面,恰恰是情节发展的契机。但是,障碍不应仅来自外在的突发性力量,也不一定要巨大。一些初学写作者倾向于用如死亡、失忆等重大事件作为障碍,认为阻碍越大,克服起来就越困难,从而情节会显得越加曲折。但这种做法容易引发一个致命问题,那就是这些突发事件往往让情节塑造显得过于刻意,让作者的意图显得过于明显。更重要的是,这种外在的冲突也会让人物在情节发展中显得被动:似乎人物不用再为小说中发生的一切承担责任,他是如此的纯洁和无辜。人物又再次沦为工具,情节又再次降格为故事。其实,"对多数人来说,父母的冷漠带给他们的伤害比陌生人的暴力更甚;心脏病发作比受到枪击更容易致死;我们在早餐的餐桌上毁掉的热情比起漫漫人生路上的还要多"[1]。另外,解决障碍的方案不应总是一目了然的,如果想创造出有深度的小说,我们往往要为角色设置两难的抉择。选择爱情还是选择权力?选择家庭还是选择事业?当角色面临矛盾的选择时,情节会朝着读者难以预料的方向发展。

分配权力。正是权力的分布与斗争,塑造了人物之间的矛盾和冲突,从而推动情节的发展。但权力不仅体现在显性的社会地位和资源掌控上,还体现在人物之间微妙的情感控制、信息掌握、依赖与背叛等互动关系中。在分配权力时,我们应该注意的是,在情节开始时让矛盾双方的力量旗鼓相当,让双方都真实地陷入危险境地。在事件的僵持阶段,通过双方力量的转换实现情节的曲折,让读者对事件最终的走向产生好奇。在事件的结尾时,再让一方的力量压过另一方,使冲突得到完满结局。比如陀思妥耶夫斯基的《罪与罚》,作者通过大学生拉斯科尔尼科夫与追捕他的警察之间的权力关系分配,构造出了紧张曲折的情节。在故事开始时,大学生拉斯科尔尼科夫掌握着更多的信息(即他是杀人犯),但警察却拥有更大的执法权力和资源,这使得两者之间的权力关系保持了平衡。小说通过几次审讯和对话,巧妙地展示了他们之间权力的博弈。最终,大学生的内心冲突和良知的觉醒增强了警察的权力,而这一权力转变又引发了大学生的自首,使事件得到最终的解决。

(三)构建环境

下面将介绍一些常见的构建环境的手法:

(1)调动多种感官来创造环境,能使得环境更加立体和真实。视觉、听觉、嗅觉、触觉甚至味觉的描写能够让读者获得身临其境的沉浸感。比如,描写一间狭小阴暗的房间时,不仅可以通过形容墙壁的斑驳、空气中的灰尘来展示视

---

[1] [美]珍妮特·伯罗薇、[美]伊丽莎白·斯塔基-弗伦奇、[美]内德·斯塔基-弗伦奇:《小说写作:叙事技巧指南(第十版)》,赵俊海译,中国人民大学出版社2021年版,第150页。

觉的感受,还可以通过沉闷的脚步声、钟表的滴答声来增强听觉的体验。加入空气的潮湿气味、腐朽的木头味或是湿土的气息,甚至可以让读者感受到环境中的触感。通过这些多感官的细节描写,环境不再是抽象的背景,而成为与人物心境、情节发展紧密相连的一个活生生的部分。

(2)写出环境的象征意味。在莫言的小说《红高粱家族》中,有大量关于高粱地环境的描写。"八月深秋,无边无际的高粱红成洸洋的血海,高粱高密辉煌,高粱凄婉可人,高粱爱情激荡。秋风苍凉,阳光很旺,瓦蓝的天上游荡着一朵朵丰满的白云,高粱上滑动着一朵朵丰满的白云的紫红色影子。"①这一段环境描写,首先交代了小说故事发生的主要背景,但它不是一种具体的描述,而是对劳动人民生活场域的浓缩。高粱地是农民勤恳劳作的地方,也是情人自由恋爱的地方;是土匪杀人越货的地方,也是抗日英雄精忠报国的地方。它孕育出了"最英雄好汉最王八蛋、最能喝酒最能爱"②的父老乡亲们。这里的"血海"既暗示了暴力与历史的沉重,又蕴含着生机;"洸洋"则展现了生命的激荡;阳光的旺盛、秋风的苍凉以及云朵的"丰满",让高粱地既生动又诗意。"紫红色影子"增强了视觉冲击力,仿佛一幅色彩浓烈的油画。这段环境描写将土地、人、历史与现实、生命与死亡交织成一种震撼的力量。

(3)环境描写应当与情节发展紧密结合,互为依托、相辅相成。比如,《水浒传》第九回《林教头风雪山神庙　陆虞候火烧草料场》中对风雪的描写,直接推动了林冲投奔梁山这一事件的发生。正是因为大雪纷飞,寒风刺骨,林冲才决定出门买酒以御寒;而正是由于这次出门,他躲过了草屋被积雪压塌的命运,并且没有被困其中。出门后,他在雪中偶遇山神庙,也因此在草屋毁坏后,选择前往庙里避寒。正是因为在山神庙过夜,他才躲过了草料场的大火,并听到了陆谦等人的谈话;在这些谈话中,他得知了自己的冤屈,激起了复仇之心。因此,林冲最终选择了杀人报仇,并在杀人后无路可走,只得投奔梁山。这一系列情节的展开,都是由环境——风雪所引发的,且在每一环节中,雪的描写与情节发展都交织在了一起。

---

① 莫言:《红高粱家族》,浙江文艺出版社 2017 年版,第 4 页。
② 莫言:《红高粱家族》,浙江文艺出版社 2017 年版,第 4 页。

（4）环境描写也可以是人物心情的外化。在爱丽丝·门罗的小说《逃离》中,女主人公终于坐上大巴逃离了原有的生活后,作者写了一段她在大巴上看到的风景。"阳光很灿烂,阳光这么好已经有一段时间了。她们坐着吃午饭的时候阳光就曾使酒杯反射出光的。从清晨起就再也没有下过雨。风够大的,足以把路边的草都吹干伸直,足以把成熟的种子从湿漉漉的枝梗上吹得飞散出去。夏天的云——并非雨云,在天上飞掠而过。整片乡野都在改变面貌,在抖松自己,使自己成为一个七月里真正晴朗的日子。"①在这段描写中,反复强调的"晴朗"环境,象征人物明朗的心境;"风把湿润的种子吹散",象征着人物渐渐地摆脱了过去沉重的情感;夏天的云流动在天空中,却"并非雨云",暗示人物心中没有暴风骤雨般的情绪波动,而是淡定、安宁的;最后,乡野在"抖松自己",对应的是人物内心的解放。

通过上述内容,我们简要总结了小说创作中人物塑造、情节组织、环境构建的技巧,希望这些技巧能为你的小说创作提供帮助。

但写作不仅需要技术的积累,更需要对世界的感知,最重要的是,还需要不断地实践。所有关于小说写作的困惑,只能靠写作小说去解决。

【创意训练】

课堂练习:

1.请写一个简短的情节片段(300字左右),内容是一个陌生人来到你家门口,试图推销某样物品(例如书籍、纪念品等)。要求:要避免直接说明这个陌生人的性格、生活状况或情感,而应该通过细节去暗示。提示:可以想想《取景框》是怎么写的。

2.请先按照时间顺序,在纸上列出你今天遇到的任意三件事。接着,请你和同桌交换这张纸,看看同桌的三件事是什么。然后,运用你的想象力,给同桌的三件事加上因果关系,使它们联系起来,编织成一个故事。最后,再次交换,互相评价一下对方的故事写得怎么样。注意:在你的故事中,这三件事不必按

---

① ［加］艾丽丝·门罗:《逃离》,李文俊译,北京十月文艺出版社2014年版,第31页。

照原本的时间顺序进行排列。

课后练习：

以"正在上大三的女孩带男朋友回家，要求登记结婚"为主题，写一篇3000字左右的小说。可以思考以下内容：

1.分歧所在：女孩尚在读大三，年纪尚小。

2.家长态度：父母双方或许都反对，或许都同意，或许一方反对一方同意。

3.反对理由。

**【延伸阅读】**

1.曹雪芹：《红楼梦》，人民文学出版社，2008年版。

2.鲁迅：《鲁迅小说全编》，人民文学出版社2006年版。

3.迟子建：《额尔古纳河右岸》，人民文学出版社2012年版。

4.莫言：《红高粱家族》，浙江文艺出版社2017年版。

5.陈蔚文：《雨水正白》，长江文艺出版社2013年版。

6.[法]福楼拜：《包法利夫人》，张道真译，上海文艺出版社2007年版。

7.[俄]列夫·托尔斯泰：《安娜卡列尼娜》，草婴译，上海文艺出版社2007年版。

8.[加]艾丽丝·门罗：《逃离》，李文俊译，北京十月文艺出版社2014年版。

9.[美]雷蒙德·卡佛：《当我们谈论爱情时我们在谈论什么》，小二译，南海出版公司2020年版。

10.[英]阿瑟·柯南·道尔：《福尔摩斯探案全集》，张雅琳译，天津人民出版社2019年版。

11.[美]乔治·R.R.马丁：《血与火：坦格利安王朝史（第一卷）》，屈畅、赵琳译，重庆出版社2020年版。

12.[奥]卡夫卡：《变形记》，姬健梅译，江苏凤凰文艺出版社2019年版。

13.[哥伦比亚]加西亚·马尔克斯：《百年孤独》，范晔译，南海出版公司2011年版。

# 第八章　诗歌写作

【学习目标】

1. 知识目标:掌握诗歌的文体特征与写作要点。

2. 能力目标:通过发现与组织真实生活经验,借助模仿、练习的方法,学会诗歌写作的基本方法,具备创作诗歌作品的基本能力。

3. 价值目标:通过诗歌写作,培养学生发现生活之美的能力。

【学习重点】

通过分析典范诗歌文本,领会诗歌的文体特征及写作方法。

【学习难点】

在分析、修改自己的诗歌习作过程中,理解诗歌文体特征与写作技巧的关系。

诗歌是一种高度凝练且富有表现力的文学体裁。广义上的诗歌范畴,涵盖了历史悠久、形式多样的古典诗歌以及风格多变、表达自由的现代诗。中国是诗歌的国度,作为中华民族精神文化的重要组成部分,诗歌承载着深厚的历史积淀与文化内涵。中国古典诗词蕴含丰富的美学经验,强调意境、音韵、节奏与形象的统一,追求"言有尽而意无穷"的艺术效果,它们为现代诗提供了丰富的语言形式与表达方式,是现代诗歌写作的重要资源。

中国现代诗(新诗)的发展始于五四新文化运动时期,随后逐渐成熟。现代诗以其独特的语言结构、丰富的意象运用以及深刻的情感表达,成为创意写作领域中备受关注与探索的一种文学样态,由此构成了狭义的诗歌范畴。本教材关注的诗歌写作,也主要集中于现代诗的写作。但是,我们也必须承认,诗歌的难以习得是一个普遍共识,有关诗歌形式和内容,传统与创新,情感抒发的界限,技巧运用的程度等的探讨,甚至有关"诗是什么""好诗的标准是什么"等的一系列争论从未停止。这些困惑往往指向诗歌的文体特征。概而言之,诗歌被界定为通过特定的音韵、节奏、意象和修辞等手法,对现实生活、内心情感、哲理思考等进行创造性表达的一种文学形式。

## 第一节　诗歌写作特征

诗歌具有区别于其他文体的外在形式,同时,就内在而言,它是语言的艺术化升华与情感的深刻抒发。诗歌语言往往突破日常语言,诗歌创作者通常以独特的语言结构和表达方式,构建出超越现实的审美意境。此外,诗歌不仅关注音韵美感和节奏韵律,更注重意象的营造与情感的传达,通过一系列修辞技巧,实现言外之意与象外之象的深层表达。诗歌的文体特征是其独特魅力的体现,本节将从结构的独特性、语言的简洁性、意象的丰富性以及情感的深刻性出发,大致勾勒出诗歌这一文体的基本面貌。

### 一、结构的独特性

在中国古典诗论之中,我们可以发现很多有关诗歌的表达,如"诗言志"(《尚书·尧典》);"诗,可以兴,可以观,可以群,可以怨。迩之事父,远之事君;多识于鸟兽草木之名"(《论语·阳货》);"温柔敦厚,诗教也"(《礼记·经解》);"风雅颂""赋比兴"(《毛诗序》)。我们发现,这些内容几乎都是在尝试归纳诗歌的写作方式、主题,以及社会价值。在黑格尔《美学》里有过这样的观点:"凡是写过论诗著作的人几乎全都避免为诗下定义或说明诗之所以为诗。"在詹姆斯·鲍斯韦尔的对话体传记《约翰逊博士传》之中,也有这样的一段关于诗歌的讨论:"先生,什么是诗呢?""要说什么不是诗,倒容易得多。我们都知道什么是光，但要说明它却不太容易。"我们不得不承认，古今中外，很多关于诗歌的"定义"往往是在"形容"，究其原因，就在于诗歌的确难以界定。然而，尽管诗歌如此难以定义，当我们阅读诗歌时，通常不会将其与其他文体混淆——当我们看到"诗歌"的外在形式时，往往能够第一时间作出判断："这是一首诗"。这种直觉判断，来源于诗歌独特的形式特征和语言表现，使我们能够在视觉或听觉上迅速识别其诗意的本质。

学者吴晓东曾言，"分行是诗歌最直观的形式特征"，确实恰如其分。我们知道，空行带来的是诗歌的分节，分行则清晰地划分了诗句，诗人们的每一次分行和空行，皆蕴含着深意，是经过深思熟虑与精心布局的体现。正如较早关注新诗格律的诗人闻一多曾主张，诗歌要有"音乐美、绘画美、建筑美"，其中的"建筑美"就是强调"有节的匀称，有句的均齐"，要有形式上的美感。翻译家许渊冲在介绍诗歌翻译的要诀时也曾经介绍过：诗歌要有"音美、形美和意美"，其中的"形美"也是在强调诗歌的外在结构美感。试看以新诗结构创新著称的诗人戴望舒的《我的记忆》：

> 我的记忆是忠实于我的，
> 忠实甚于我最好的友人。
>
> 它生存在燃着的烟卷上，
> 它生存在绘着百合花的笔杆上，
> 它生存在破旧的粉盒上，
> 它生存在颓垣的木莓上，
> 它生存在喝了一半的酒瓶上，
> 在撕碎的往日的诗稿上，在压干的花片上，
> 在凄暗的灯上，在平静的水上，
> 在一切有灵魂没有灵魂的东西上，
> 它在到处生存着，像我在这世界一样。

它是胆小的,它怕着人们的喧嚣,

但在寂寥时,它便对我来作密切的拜访。

它的声音是低微的,

但它的话却很长,很长,

很长,很琐碎,而且永远不肯休;

它的话是古旧的,老讲着同样的故事,

它的音调是和谐的,老唱着同样的曲子,

有时它还模仿着爱娇的少女的声音,

它的声音是没有气力的,

而且还夹着眼泪,夹着太息。


它的拜访是没有一定的,

在任何时间,在任何地点,

时常当我已上床,朦胧地想睡了;

或是选一个大清早,

人们会说它没有礼貌,

但是我们是老朋友。


它是琐琐地永远不肯休止的,

除非我凄凄地哭了,

或者沉沉地睡了,

但是我永远不讨厌它,

因为它是忠实于我的。


　　诗人自己曾言,这首作品的创作过程就是在形式上创新,努力"为自己制最合自己脚的鞋子"的诗意旅程。诗无定节,节无定行,行无定字,体现了新诗结构上的自由。

　　很多诗人在创作时,也会将空格与标点的独特运用当作自己的"形式实验",以此来增强诗歌的表现力和节奏感,赋予作品更为丰富的内涵和独特的审美体验。诗人们往往巧妙地利用空格来打断常规的阅读节奏,引导读者以新的方式感受和理解诗句;同时,诗人们也会通过创造性地使用标点,尤其是省略号、破折号、分号等,来传达更为细腻和复杂的情感变化,以及语气的起伏和转折。比如,北岛在《回答》一诗中,巧妙地运用了破折号等标点符号,来传达一种沉默、断裂和反思的情感。诗中的"告诉你吧,世界/我——不——相——信!"强烈地表达了诗人对现实世界的怀疑和反叛精神,以及内心的挣扎和矛盾。

作为诗歌初学者,在阅读一首诗时,一定要注意它的结构特征,并认真把握诗歌的外在形式为诗歌本身带来的意蕴。

### 二、语言的简洁性

诗歌最显著的特征之一是语言的简洁性。相较于散文和小说等文体,诗歌追求通过少量的文字表达丰富的思想和情感。正如许多写作者都认同的"诗歌是语言的艺术",诗歌的每个字词都经过精心挑选,却能最大限度上给读者带来余韵悠长的感受,这就是我们说的,诗歌要在语言上简洁,却要在意境上深远。我们会发现,诗歌中的语言往往不是日常生活中的习见语言组合,而往往是"陌生化"的,诗人们往往挑选最合适的词语进行搭配,并形成诗意的效果。诗歌的语言应该经过高度提炼,语言运用力求简洁明了、精准有力,以凸显诗歌凝练的特点。

然而,当我们强调诗歌语言需力求简洁之时,绝非意指诗歌在语言艺术上无所追求。恰恰相反,诗歌创作者常常沉浸于丰富多样的语言实验中,精心雕琢每一个词句,以微妙、深邃的方式细腻地传达内心的诗意世界——他们不仅追求语言的精炼与准确,更致力于探索语言的音乐性,力求在有限的文字中蕴含无限力量,使读者在字里行间感受到诗歌独有的韵味与魅力。相较于现代诗,中国古典诗歌尤其讲究对仗工整、平仄协调,正所谓"声依永,律和声",此种语言表达方式不仅增强了诗歌的音乐性,也加强了其表现力。现代诗歌虽然在语言上更加自由,但也并不是完全摒弃了韵律和节奏,反而会在简洁性的基础上,更多地通过节奏和音韵的自由变化来创造音乐感。比如,在现代诗歌中,诗人可以尝试句首重复、句中押韵等方式来增强诗歌的韵律感,而不仅仅采用句尾押韵,也不用严格按照韵书进行押韵。有些诗歌创作者也会在诗歌中探索现代汉语的音响效果,如郑愁予的《错误》。

杨牧曾评论说:"郑愁予是中国的中国诗人,用良好的中国文字写作,形象准确,声籁华美,而且是绝对现代的。有经验的人一定同意,郑愁予的诗最难英译,《错误》是最好的范例之一。"我们可以看到,这首诗第一节的"过""落"直接押韵,用紧凑的韵律节奏恰当地表现了羁旅过客行程的匆忙;第二节和第三节在全诗中分量最重,却并不押韵,语言舒缓松弛。为了弥补没有韵律的缺憾,第二节在诗句中使用了"不来""不飞""不响""不揭",以增强诗歌的内在韵律,同时在第三节使用了"不是"与前文呼应,显示出作者的匠心独运。"我达达的马蹄是美丽的错误",更是脍炙人口的经典名句,"达达的马蹄"本身就是声音的表达,让语言瞬间具有音乐感,"美丽的错误"更是通过简洁却相互背离的搭配,增加了诗歌语言的张力,韵味无穷,令人涵泳不已。

### 三、意象的丰富性

现代诗中的意象,是由创作主体凭借独特的情感活动,将客观存在的物象转化为文本语言的一种艺术表现形式。诗歌的一个显著特点在于广泛运用意象,即借助具体而生动的形象和场景,传达诗人在情感与思维层面的感悟与体会。诗歌通过意象构筑诗意世界,这一特点和我们之前说到的诗歌语言的简洁性是分不开的。诗歌之中的意象表达往往富于象征与隐喻,通过象征,诗歌可以通过具体的事物来传递抽象的概念或情感,达到"言有尽而意无穷"的效果。在诗歌创作者的眼中,日月星辰皆有意,山川草木皆有情,每一处风景都是一个故事,每一个细节都富含哲理,引领着人们穿梭于现实与想象之间,体验超越日常的审美之旅。

诗人、评论家西渡曾在系统研究 80 年代朦胧诗潮及其后对于意象的讨论后得出:"意象问题是当代诗学的核心问题之一。"[①]对于初学者来说,最简单直

---

① 　西渡:《当代诗歌中的意象问题》,《扬子江·评论》,2017 年第 3 期。

接的方式,就是通过对自然中、社会中实际存在的物象进行观察,然后通过自己的主观加工和抽象组合,让诗歌语言更加生动、具体,且富有象征意义。比如,江西诗人三子的长诗《堪舆师之诗》的第一部分:

> 在古籍里,他是一个泛黄的
> 词汇,夜静处
> 却映出月亮的微光
>
> 微光中,他的行迹
> 隐于山川。衣衫模糊
>
> 而面目
> 尤不可知

诗中首个意象是"泛黄的词汇",词汇仿佛被岁月洗净,成为一种难以捉摸的存在。接下来的"夜静处""月亮的微光"则充满了朦胧和柔和的意味。而后,诗人通过"隐于山川"的描写,体现了堪舆师仿佛与大自然融为一体。最后的"衣衫模糊""而面目/尤不可知"强化了人物的模糊性,象征着个体身份的难以定义,也暗示着人类在时间流逝中的无常与不可知。而在诗歌结尾时,诗人化具象为抽象,把有形的堪舆抽象为普遍的哲理,"在风和水的/流动中,他是变幻的山川/沟壑/是城池,屋宇,门户/是某个/不可求证的谶语/是某个/徒劳的愿望","所谓堪高舆低/不过是/风水轮流转/ 万千星宿,在头顶高悬/长江以南的丘陵间/自有灯火闪烁对应/未知近/焉知远/ 也许,正如是",同样体现出了意象的转换和对应。学者李洪华将本诗评价为"三子诗歌向传统致敬,思考人生奥义的集大成者,也是三子诗歌美学成熟的表征"[①]。从意象组合的角度而言,这种评价毫不为过。

此外,丰富的意象还会为诗歌塑造出较为圆融的情境,这也是现代诗歌写

---

[①] 李洪华:《江西当代文学史(1978—2018)》,百花洲文艺出版社 2023 年版,第 259 页。

作的一个特征。诗人使用系列意象,可以引导读者进入一个既熟悉又新奇、既具象又抽象的美学空间,体验到一种独特的审美享受。比如,李元胜的《我想和你虚度时光》,题目中的"虚度时光"本身就超出了接受者对这一个通常带有贬义色彩的词汇的常规理解,将其转化为一种对美好时光的珍视。诗中运用了丰富的意象,如"低头看鱼""水的镜子""茶杯的阴影""落日""风""满目的花草"等,这些意象共同构筑了一个诗意、温馨的情境,让人联想到爱人之间的细腻情感,而诗句最后"长出薄薄的翅膀"一句,则将整首诗歌带入了一个极其轻盈的结尾,扩大了诗歌的空间。同时,诗中对纯粹生活状态的向往以及对情感的细腻体察触及了广泛的社会情感共鸣点,从而在文化传播领域获得了广泛影响,展现了诗歌作品在传递人类共通情感与价值追求方面的强大力量。

### 四、情感的深刻性

《毛诗序》中提到:"情动于中而形于言。言之不足,故嗟叹之;嗟叹之不足,故永歌之;永歌之不足,不知手之舞之,足之蹈之也。"这段话表明,诗歌是情感表达的产物,当内心情感激动时,人们会寻求言语来表达,而言语不足以完全表达时,就会通过歌唱、舞蹈等更丰富的形式来抒发。从更深层次来看,诗歌审美性写作最终指向的是人的想象和情感。朱光潜借司空图《诗品》中的一句话"超以象外,得其环中"指出:"诗人于想象之外又必有情感","情感是综合的要素,许多本来不相关的意象如果在情感上能调协,便可形成完整的有机体"。可以说,诗歌审美的圆融,极大程度上体现为情感的圆融。艾略特在《传统与个人才能》中也写道:"很少有人理解诗歌是有意义的感情的表现,这种感情只活在诗里,而不存在于诗人的经历中。艺术的感情是非个人的。"由此而言,诗歌传递的精神和感情往往是人类共通的,包含着更为广泛的、具有普遍意义的价值。

我们可以发现,那些能够被大众广泛喜爱的众多诗歌作品,往往正是因为它们深刻地触动了读者的心弦,引发了强烈的情感共鸣。比如,郑振铎译泰戈尔的《飞鸟集》中的名句"让生如夏花之绚烂,死如秋叶之静美",以其简洁而富有哲理的语言,道出了生命的美好与死亡的宁静,触动了无数读者对于生命意义的思考,成为激励人心的力量源泉。而且,成熟的诗人往往会在高度凝练的语言表达之外,进一步通过构建复杂意象,使诗歌中的情感具有多义性,比如欧阳江河的长诗《凤凰》,西川的长诗《开花》等。在现代意义上,许多诗歌不仅表达个人情感,还反映社会生活,延续着中国古典诗歌之中的"诗言志"传统,这也为现代诗增添了更多人文关怀与社会关怀。比如艾青的名诗《我爱这土地》这首诗以诗人对自己化作鸟儿的想象开始,写鸟儿歌喉中的土地,随后笔锋一转,写鸟儿死后魂归自己热爱的土地,诗歌充满了强烈的爱国情感,表达了对祖国土地深沉的热爱与对民族命运的关注。在诗歌中,诗人对祖国的爱不仅仅是对美好与富饶的热爱,更是对土地上曾经遭受苦难与压迫的深切共鸣。伤痕象征着历史的痛苦与民族的屈辱,但诗人依然坚守着对这片土地的爱,传递了不屈不挠、历经风雨仍怀抱希望的情感。整首诗既是对祖国的深情告白,也是在苦难中寻找力量和希望的宣言。

综上所述,诗歌的文体特征主要基于以上四个方面,结构的独特性是诗歌区别于其他文体的鲜明特征,语言的简洁性是诗歌凝练、和谐的核心体现、意象的丰富性是诗歌内容表达的必然要求,情感的深刻性则是诗歌触动人心、引发共鸣的关键所在。在创作诗歌时,我们要将这些文体特征内化于心,以下,我们提供了三首诗歌的典范作品,以期帮助同学们加深对诗歌文体特征的理解。

## 第二节　诗歌典范文本

范文一

# 春①( 存目)

穆　旦

诗歌分为两节,每节六行。首先,诗歌开篇通过"绿色的火焰在草上摇曳/他渴求着拥抱你,花朵"这样的描写,赋予春天一种强烈、蓬勃、不可遏制的生

---

① 　穆旦:《穆旦诗集(1939—1945)》,人民文学出版社 2001 年版,第 48 页。

命力。随后,花朵等新生命的萌发则被视为对土地的反抗,它们向往阳光与自由,正如人类对自我认知和突破的渴望。这样,绿草是野火冲腾,花朵是反抗者,一个充满生机和竞争的春天就被诗人表现出来了。草和花不是现象,而是精神,是本质;是诗人穿透表面秩序看到隐蔽秩序的精神能力的体现,有着深层的理性特征。随着诗歌的推进,"暖风吹来烦恼,或者欢乐",暗示着外部世界对个体内心的影响与震动,这种情感的波动恰好呼应了人的内心世界,为诗歌带来了更大的普遍性,进而将诗歌引入到人类世界的视角之中:"如果你是醒了,推开窗子/看这满园的欲望多么美丽",这一句直指人类情感的复杂性与欲望的美丽。这里的"欲望"并非仅仅指生理上的欲望,而是包含着一种追求真理、自由与理想的深层欲望,它们既能带来美好,也可能引发痛苦。穆旦通过这一描写引导我们思考:春天不仅是自然界的复苏,更是人类心灵的复苏和对未来的向往。

在诗歌的第二节中,诗人从"春"字出发,将春天巧妙地过渡到青春,诗歌的焦点转向了"二十岁的紧闭的肉体",这一描写是对青春的深刻揭示。青春期的肉体与精神处于一种紧张的对立之中,外部的美丽与诱惑与内心的封闭和困惑之间的矛盾,展示了个体对未知世界的探索与试探。那"永远的谜"就是生命内部的冲突,青年人为它所"迷惑",他们要施展、要创造,而这也构成了20世纪40年代初青年知识分子的精神图谱。但是,囿于时代,他们被春天"点燃",但只能"卷曲又卷曲","无处归依",就这样置身于彷徨、苦闷而又坚韧不屈的氛围中,"泥土做成的鸟的歌"正隐喻着生命的局限性与挣扎,尽管存在无限的可能性,但个体却被束缚在现实的框架中,无法完全释放。在此,自然的春和人的青春构成对比,从而将诗歌最后的结句推向高潮:"光,影,声,色,都已经赤裸,/痛苦着,等待伸入新的组合",这是对诗歌主题的升华,通过这些极富表现力的词汇,穆旦描绘了一种深沉的生命体验,光与影的对照,色与声的感知,这些元素的"赤裸"与"痛苦"体现了生命在冲突中寻求平衡的复杂性,等待着新的可能和重生。也昭示着在诗人的内心之中,"春"是一种必然,给读者带来了无尽的希望与无比开放的生命可能。

这首诗的主题为"春",却"截然不同于千百首一般伤春、咏怀之类的作品。它要强烈得多,真实得多,同时形式上又是那样完整"(《穆旦:由来与归宿》)。其中意象和诗思的自然转换以及感性和理性的和谐交融,尤其值得诗歌初学者借鉴。

## 范文二

# 菠菜①(存目)

### 臧　棣

全诗不分节,共27行,正如诗人、学者胡续冬在《诗歌让"不存在的天使"显现——读臧棣的〈菠菜〉》中所言,整首诗歌"基本上是在一种简洁、干练、有着耀眼的条理性和逻辑性的陈述语言中完成的,属于臧棣多变的语言风格中在字词意义、修辞指涉等方面比较容易把握的一类。但在这些雄辩、精确、冷静的语言背后,却是一个整体意义的迷宫,充满了由人称代词、陈述的中断和延续、复合句群的语法关系构成的岔路和空隙"②。

胡续冬认为,解读这首诗的关键之一是诗中频繁切换的人称代词。这些代词包括:"你""我""我们""它们""他们"。"我",陈述人,在写作中面具化的作者;"它们",指代本诗的"中心之物"——菠菜。在深入阅读之前还有些暧昧不明的是:"你",陈述对象,和"我"关系亲密,但不能进行社会学意义上的关系确认;"我们",是"我"和"你"在私密状态下的合称,但其私密程度和社会学归类不能确定;"他们",这个词在诗中只出现过一次(第17、18行),其指代对象是相对于"我们"而言的,是"我们"之外的某类人的合称。"这首诗从结构上来看大致可以分为三个部分。1—8行是一个部分,其中所呈现的逻辑关系基本上是以菠菜("它们")和"你"的关系为轴心;9—18行是第二部分,其中的逻辑关系的重心是菠菜("它们")和"我"的关系,并在这种关系中隐含了"我"与

---

① 臧棣:《新鲜的荆棘》,新世界出版社2002年版,第7—8页。

② 洪子诚主编:《在北大课堂读诗(修订版)》,北京大学出版社,2014年版,第54页。

"你","你"与菠菜,"我们"与"他们"的关系;19—28 行是第三部分,其中所呈现的逻辑关系以菠菜("它们")和"我们"的关系为主。"在诗歌中,"菠菜"其实是一个中介,它以其日常性、小家碧玉式的可疑的"美丽""碧绿的质量"、"零乱"、"繁琐"和"营养"搭建了一个私人空间框架,在这个框架之中,"我"和"你"这一对情侣组成了"我们"这条脆弱的、不稳定的情爱关系链。这条关系链连接着内心世界的丰富性和现实生存空间的琐屑、乏味,而在诗歌的最后,诗人写下"而它们的营养纠正了/它们的价格,不左也不右",为诗歌中环绕的"不稳定性"提供了平衡的砝码。

对于诗歌初学者而言,这首诗的语言看似并不复杂、极易接近,但事实上,其中意象与现实生活的张力形成了具有丰富阐释空间的意义迷宫,比如,在阅读诗歌的过程中,读者往往会从"菠菜"这一意象出发,进而被"亲密关系""生育""居住环境"等更宏大的命题吸引,从而产生更深层次的共鸣。这给我们一个有益的提示:当书写日常生活中习见的事物时,可以把自身经验结合其中——即使是平凡的物象,诗人也能够通过细致的观察和精妙的表达,赋予其新的维度。这种"简约而深刻"的写作方式尤为重要,它能帮助我们在创作中既保持清晰的表达,又能通过细腻的情感和独特的视角,使文字和个体经验行进于诗歌"表里之间"。

范文三

## 一只白蝴蝶停在豌豆花上[①]

林　莉

一只白蝴蝶停在豌豆花上
简单,快乐。村庄显而易见的自然事物啊
我,一定是深爱过这样的场景

---

① 　林莉:《在尘埃之上》,作家出版社 2011 年版,第 45 页。

> 颤动的羽翼含苞的藤蔓
>
> 那阵扑面的气息
>
> 细小的窸窣的，胸口酥麻的温热
>
> ——透明的花蕾举起轻快之翅
>
>
> 四月还是五月？
>
> 在乡间，我疼着的泥地上
>
> 必定有豌豆花的浅蓝溢出田垄
>
> 也必定有白蝴蝶破茧而来
>
> 停顿，翻飞，稍纵即逝
>
> 我怎能一次次地想起
>
> ——难道春天来得太快？而冬天过于漫长

　　《一只白蝴蝶停在豌豆花上》以简洁而深情的笔触，描绘了一幅乡村自然风光的画卷，同时又在字里行间透露出诗人对过往时光的深切怀恋。

　　诗歌开篇即以"一只白蝴蝶停在豌豆花上"这一简单而富有画面感的场景作为切入点，迅速将读者带入一个宁静而美好的乡村世界。白蝴蝶与浅蓝色豌豆花的结合，色彩鲜明、形象生动。诗人用"简单，快乐"来形容这一场景，既是对自然之美的直接赞美，也透露出自己内心深处对这份宁静与美好的向往与追求。随后，诗人通过细腻的笔触，进一步描绘了这幅乡村画卷的细节："颤动的羽翼含苞的藤蔓""那阵扑面的气息""细小的窸窣，胸口酥麻的温热"。诗人通过视觉、嗅觉、触觉等多种感官的描写，以情感化的，瞬时经验的连接串联起诗歌的写作思路，尤其是形容词的使用，可谓自然流畅。

　　然而，在这份美好之中，诗人又巧妙地融入了一丝哀愁与怀念。"四月还是五月？"似乎在询问着春天的确切时间，又仿佛在暗示着时间的流逝与不可追回。紧接着，诗人用"疼着"一词，表达了自己对这片土地的深厚情感。"必定有豌豆花的浅蓝溢出田垄，也必定有白蝴蝶破茧而来"，这两句诗不仅是对前文场景的呼应与深化,更是对生命循环与生生不息的深刻诠释。豌豆花的盛开与白蝴蝶的破茧而出,都是自然界中再平常不过的现象,但在诗人的笔下,它们却成为生命力量与希望的象征。诗歌结句"难道春天来得太快?而冬天过于漫长",既是对前文的升华,又蕴含着对人世间普遍情感的思考。

对于初学者而言,最值得借鉴的是这首诗从日常出发的写作思路。林莉曾经在创作谈中分享过自身的诗歌创作经验,并将其总结为三点:"一、敏锐;二、独特;三、自然"。具体而言,敏锐是指要有一颗细腻感知生活的心,能够捕捉到那些稍纵即逝的瞬间与微妙的情感波动;独特则强调在表达上要有自己的声音,避免陈词滥调,以新颖的角度和独特的语言展现个人视角;自然则是要求诗歌在形式上流畅不拘束,内容上贴近生活的本质,让读者在阅读时感到亲切而真实,仿佛诗歌本身就是生活的一部分。

# 第三节　诗歌写作练习

诗歌或许并非我们在日常创作中最为频繁触及的体裁,然而,它可谓是我们通往其他文学体裁的必经之路,这是因为:诗歌对语言负责,也对想象力负责,而这两点,几乎构成了文学创作的基本素养和核心要素。

在想象力方面,诗歌以其天马行空的构思与奇幻多姿的意象,为创作者提供了一个广阔的想象空间。在诗歌的创作过程中,创作者需要充分发挥其想象力,将现实与幻想、具象与抽象、理性与感性等元素巧妙地融合在一起,创造出一个个独特而富有魅力的文学世界。这种想象力的培养与运用,不仅为诗歌创作本身注入了活力与灵魂,更为其他文学体裁的创作提供了源源不断的灵感与动力。

从语言层面而言,诗歌以其独特的韵律、节奏、意象与象征等手法,对语言进行了深度的开发与运用。它要求创作者在有限的篇幅内,以最为凝练而富有表现力的语言,传达出丰富而深刻的情感与思想。这种对语言的极致追求,不仅锻炼了创作者的语言驾驭能力,更为其他文学体裁的创作提供了丰富的语言资源与表达技巧。

因此,可以说诗歌在文学创作中扮演着至关重要的角色。它不仅是通往其他文学体裁的必经之路,更是提升创作者基本素养与核心能力的关键所在。通过诗歌的创作与学习,我们可以更加深入地理解语言的魅力与力量,更加敏锐地捕捉与表达生活中的点滴情感与深刻思考。同时,我们也可以更加自由地驰骋于想象的天空,创造出更加丰富多元、独具魅力的文学作品。

## 一、诗歌写作的想象力练习

### (一)发掘日常生活中的诗意

#### 1.敏锐与细致的观察

在创意写作的视阈下,诗歌初学者首先要从日常生活中捕捉灵感——要将日常生活转化为诗歌,首先需要通过深入观察来捕捉细节。

诗歌写作者应该观察身边的一切事物,无论是自然景观、人物动态还是社会现象。正如朱光潜先生所说:"慢慢走,欣赏啊!"写作者应当放慢自己的步伐,细致地感知生活中的每个瞬间:无论是都市的喧嚣,还是乡村的宁静,抑或是自然的四季更替,生活的细节常常蕴藏着丰富的诗意。比如,在散步的时候,不妨放下手机,多多关注周围的景象:阳光透过树叶的缝隙洒在地面,风轻轻拂过水面,或是夕阳映照下的楼宇剪影,这些常见的景象,往往能成为诗歌创作的灵感源泉。

以具体作品为例,在前文中列举的《一只白蝴蝶停在豌豆花上》,就是从日常生活中获取灵感的典范之作。此外,闻一多的《死水》通过对"死水"的观察,痛陈了当时社会的腐败与停滞;舒婷的《致橡树》从"橡树"和"凌霄花"这两种普通植物的基本区别出发,展现了诗人对自由的坚持,以及对在爱情中保持独立人格的个体的讴歌;美国意象派代表诗人埃兹拉·庞德(Ezra Pound)的《地铁站台》只有短短两句,却通过对地铁站台上人群状态的情境化展示,表现了现代都市的快节奏与人类的孤独感。这些作品都给我们提供了启示:只有通过细致入微的观察,才能捕捉那些被常人忽视却能够触动心灵的瞬间,并通过这些微小细节表达更深层的情感或思想。

2. 深入与动情的感知

一是要培养"从平凡中发现不平凡"的深入感知力。诗人可以尝试用不同的感官去体验世界，如听觉、嗅觉、触觉等，从而丰富自己的感知世界，为诗歌创作提供更多素材。从诗歌创作的角度来说，感官的多维度体验不仅能使诗歌更具细腻的质感，还能突破单一视角的限制，赋予日常生活新的意义。

在前文中提到的散步观察中，我们只提到了视觉这一种感官，而其他感官对于诗歌创作而言同样非常重要。比如，走在街上时，空气中的味道是什么样的？路面的车声、行人的脚步声，树叶与鸟鸣的声音是什么样？在熙攘的人群中，衣物触及皮肤的触觉是什么样？作为一名初学者，你甚至可以尝试在某一瞬间闭上眼睛，单纯依赖听觉、嗅觉或触觉来感知世界，也可以通过侧耳倾听周围的声音、触摸不同的物体，或者专注于空气、食物的味道和气味等，来训练诸多感官的敏锐程度。你甚至可以尝试为每一种感官建立专门的词汇表，列出不同类型的感受，并尝试在诗歌创作初期交叉使用这些词汇。

试举一例，《荒原》是英国诗人 T. S. 艾略特创作的长诗，发表于 1922 年。其中开头的几句广为传颂："四月是最残忍的一个月，荒地上／长着丁香，把回忆和欲望／掺合在一起，又让春雨／催促那些迟钝的根芽。"这一段诗句中，艾略特将季节的变化与人类情感的记忆相联系，突出了春日里视觉与触觉的感官体验，将季节的复苏与回忆的思绪交织在一起。通过这个例子可以看到，诗人们在不同感官之间建立的联系不仅让读者感受到诗歌语言的层次，还能引发读者对世界更为复杂和多元的感知。这种训练不仅能让诗歌更加生动、立体，还能帮助诗人跳出传统的表达框架，将日常生活中的平凡事物转化为富有诗意的艺术作品。

二是要培养将"眼前之景"化为"心中之景"的动情感知力。诗歌创作不仅仅是对眼前世界的简单描写，更是对历史与现实的思考和提炼。在日常生活中，我们可以通过这种方法去感知自然美与人文美的意义，我们不妨试着用诗歌的眼光去看待周围的一切，发现其中蕴藏的生命力与诗意。

诗人李少君曾经写过一篇文章，名为《诗意地命名山河》，其中对诗歌"人文含义与自然风景的结合"的论断颇有意趣，这一视角对我们日常生活中的诗歌想象力训练具有重要的启示作用。文中,李少君指出:"中国幅员辽阔,地形地貌多样,自古以来,人们对诗歌与地理的关系就敏感。……地点、地方、地理,就是'触景生情'里的景,现在喜欢称之为'现场''场域',最终都要落实为一个个具体的地名。所以,每一个伟大的诗人,一定都有其心仪的地名,有埋藏在其心灵深处、记忆深处的地名。……地名里包含着悠久的历史传统,积淀着深厚的文化内涵,再加上个人的情感记忆,就很容易激发诗人的灵感。"①

对于诗歌初学者来说,最容易进入诗歌写作的方法,就是清楚地认识到诗歌并非仅仅是抽象的概念,而是与我们身边的一草一木、一山一水紧密相连的存在,更是与我们所在的人文历史、时代社会息息相关的存在。它鼓励我们在自然与生活的每个角落,寻找那种能唤起情感共鸣和思考的"命名",从而实现对世界的诗意理解与表达。在这种意义上,诗歌成为我们与世界沟通、表达个体体验的桥梁,是一种与生命深度契合的语言艺术。

(二)让思维在诗情中流转

1. 整合个人经验

刚才我们已经探讨了如何将日常生活的点滴转化为诗歌创作的灵感源泉,这无疑为诗歌创作开启了一扇通向感受力的大门。然而,必须明确的是,诗歌创作是一个复杂而精细的整体过程,它不仅仅是灵感闪现的瞬间火花,更是需要经过深思熟虑、精心雕琢的艺术实践。

对于诗歌创作者来说,灵感确实是转瞬即逝的,我们非常推荐诗歌初学者通过录音、文字记录等方式记录下瞬间的诗意感受。而在此之后,以下几种方式可以帮助我们重新审视当时的诗情,重拾个人经验。

第一种是情境模拟,即创作者将自己回溯至产生灵感的特定的情境或场景,让自己重新置身其中,并发挥想象力,补充那些在当时或许未曾察觉或未及完善的细节,进行深入的创作。在这样的过程中,创作者可以延长那些宝贵的"灵感瞬间",在重新体验过去的过程中,发现新的视角和感悟,从而丰富诗歌创作的向度。

---

① 李少君:《诗意地命名山河》,《光明日报》,2021 年 09 月 03 日,第 15 版。

第二种是思维转换,即创作者将当时的灵感转换至自己熟悉的音乐、绘画、雕塑甚至电影等艺术形式之中,用诗意的眼光审视自己之前的全部经验。通过转换思维,诗歌创作者可以重新发掘事物的丰富性,尤其是音乐、绘画等"描绘心中之景"的思维方式和现代诗歌创作思维抽象形式是非常类似的,创作者可以在这样的训练中创作出具有深度和广度的作品。

第三种是尽情联想,即诗歌创作者可以由一个事物联想到另一个事物,或者由一种情感联想到另一种情感,构建出超越现实的意象与情感链条。创作者甚至可以整合不同时期的创作灵感,将看似不相关的事物和情感巧妙地编织在一起,创造出一种全新的、富有哲理性和艺术感染力的诗歌思维。这种创作方式还能让读者在阅读过程中体验到思维与情感的跳跃,从而获得更深层次的审美享受,这种联想的魅力,也是诗歌艺术魅力的重要来源之一。

2. 积极学习借鉴

个体的经验毕竟非常有限,如果创作者能够在诗歌创作中积极借鉴中华优秀传统文化和西方优秀文学文本,便可在极大程度上丰富创作手法、拓宽艺术视野。

中华优秀传统文化源远流长,蕴含着丰富的哲学思想、美学理念和艺术表现形式。借鉴传统文化,可以使诗歌作品在内容上更加深厚,形式上更加多样,有助于创作出具有中国特色、时代精神的诗歌。比如,注重主客体交融的"意象",尤其注重古典资源中的"意象原型"和"意象叠加",甚至情景交融、物我合一的意境,始终和中国传统美学观念相合,许多诗歌创作者在自身的实践与探索中尝试了这种诗歌构思方式。试举一例,在张枣的《镜中》里,张枣多次使用了"梅"这个意象,在古典传统之中,梅花自然指向志向高洁,以及坚强、谦虚的品格,与诗歌后文的情境隐隐相合,但在首句末句之中"只要想起一生中后悔的事/梅花便落了下来""只要想起一生中后悔的事/梅花便落满了南山",直接使用了两个字形相近的字——"悔"和"梅",拓展了梅的意象空间,可视为在诗歌创作中借鉴经典意象并赋予其全新意涵的经典之作。

此外,西方诗歌作品以其独特的艺术风格、表现手法和深刻的思想内涵,为诗歌创作提供了新的灵感来源和思维方式。神话与寓言的想象,浪漫主义的激情、象征主义的隐喻,现代主义与后现代主义的实验与创新,这些文化资源对于诗歌创作而言都是非常宝贵的。比如,在郭沫若的创作经历中,他就曾经试译过泰戈尔的诗集,完整翻译并出版了《鲁拜集》,翻译过波斯诗人莪默伽亚谟的百首短诗,他甚至还是第一个出版雪莱诗歌汉译集的译者①,可以看到,多元文化资源为郭沫若的诗歌创作提供了较为丰富的情感图景。

在诗歌创作中学习、借鉴多元文化资源,达到"中西诗艺的融合"②,是诗歌创作者非常理想的状态。这个过程并不是简单地复制或模仿,而是要通过对这些文化资源的深入理解和重新诠释,赋予它们新的生命和意义。这要求创作者在借鉴的同时,也要具备独立思考和创新能力,即在传承与创新之间找到平衡点,从而根据自己的创作意图和情感需求,灵活地运用这些文化资源,创作出既具有文化底蕴又富有时代气息的诗歌作品。

**二、诗歌写作的语言练习**

(一)语言基础训练

在诗歌的世界里,语言被赋予了前所未有的生命力和表现力。正是这种对语言的极致追求和深刻挖掘,使得诗歌成为我们通向其他文学体裁的桥梁。在创作小说、散文、戏剧等体裁时,我们往往会不自觉地借鉴诗歌中的语言技巧和表达方式。比如,在小说中,我们可能会运用诗歌般的描写来刻画人物形象、渲染氛围;在散文中,我们可能会借鉴诗歌的抒情手法来表达内心的情感与思考;在戏剧中,我们可能会通过诗歌般的对话来展现人物的性格与冲突。因此,可以说诗歌是我们通向其他文学体裁的必经之路。它教会我们如何更好地运用语言,如何以更加精准、生动、富有感染力的方式来表达自己的思想和情感。

在学习写诗的路上,我们首先可以来做一些非常基础的语言训练,这些训练将有助于增强我们对语言的敏锐程度,进而提升我们的语言运用能力。

词汇积累对于很多写作者来说,是略显老生常谈的事情,但是,广泛阅读、

---

① 熊辉:《诗歌翻译 郭沫若鲜为人知的成就》,《博览群书》,2016 年第 4 期。

② 冷霜:《"中西诗艺的融合":一种新诗史叙述的生成与嬗变》,《文学评论》,2019 年第 4 期。

勤做笔记确实是提高词汇量的有效途径,无论是古典诗词、现代诗歌还是散文、小说,都能为诗人提供丰富的词汇资源。同时,每一位优秀的写作者都会有自己偏好的诗歌语言,建立个人词汇库,记录并分类整理那些触动心灵的词汇,可以在写作中达到事半功倍的效果。另外,将积累的词汇任意排列组合,用之前我们提到的诗歌"想象力",通过语法与修辞寻找他们之间的诗意,也是一个不错的语言训练方式。比如,我们随意列举两个词"月亮""纵横",首先,我们可以考虑"月亮"这个词是否有其他表达方式,哪种表达方式最适合写入当下诗句之中;随后,我们可以将"纵横"这个词排布在某句诗歌之中,尝试用诗歌语言打破常规语法,形成一种思维跳跃的语言效果。

另外,通过注重日常对话与写作练习,诗歌初学者可以迅速建立起对语言的敏感度。比如,在日常生活中,写作者可以注意观察人们的语言习惯,捕捉那些生动、有趣的表达,甚至可以考虑将某些有意味的句子直接使用在特定类型的诗歌(如口语诗)之中。同时,写作者可以坚持写日记、随笔等练习,锻炼文字表达能力。我们需要承认,日记、随笔中的语言表达方式在很大程度上和诗歌语言是不同的,但是,在实际写作之中,总有一些句子会成为自己的灵感来源,甚至,我们可以通过删除日记和随笔中的形容词,以及更换其中的动词等方式,形成全新的文本,从而为诗歌写作储备丰富的写作素材。

(二)写出一句诗

在积累之外,还有一些语言表达习惯是诗人们经常使用的,在初学之时,可以尝试模仿。

第一种,我们将其总结为"意象+感情",这是中国古典诗词之中经常使用的语言组织方式。比如,马致远的《天净沙·秋思》:"枯藤老树昏鸦,小桥流水人家,古道西风瘦马。夕阳西下,断肠人在天涯。"这首小令很短,一共只有五句,二十八个字,作者一连描绘出九幅画面:枯藤、老树、昏鸦、小桥、流水、人家、古道、西风、瘦马,直接以名词性意象的组合来描绘景物,再辅以夕阳西下的宏大背景,更显前述景物之微,而在最后一句"断肠人在天涯"之中,作者将悲秋与羁旅之情融为一体,通过古而有之的审美情感体验方式,来抒发游子心中之思,使个人的情感获得普遍的社会意义。在现代诗写作之中,我们也可以借鉴这种写作方式,从而将意象和感情融合起来。比如,多多的长诗《感情的时间》中的第 V 部分,前面的几句是:"我修剪你栽下的树/照看你撒下的花房/我让窗子四季敞开/像迎接你到来时一样",可以发现,树、花房、窗子,都是确定性的意象,而这四句中的最后一句,"像迎接你到来时一样",则为前面的意象增加了感情色彩,让读者瞬间领悟到作者笔下的等待与遗憾。在实际写作实践时,可以尝试观察自己写出的诗句是否有合适的意象,并尝试为这些意象染上情感的颜色。

第二种,我们将其总结为"意象+判断",这是现代诗歌中非常常见的思维方式和语言组织形式。黄梵在《意象的帝国:诗的写作课》中将其总结为以下四条:①A 的 B;②A 是 B;③B 解释 A;④让 A 做 A 做不到的事儿。

以第一条为例,"……的……",这是一种常见的日常语言组织方式,比如,"我的衣服""你的故事""书籍的页码""杯子的形状"等等。但是,我们在诗歌中使用这种语言方式时,应该注意呈现"前言不搭后语"般的意味无穷。比如,在前文中我们分析过的穆旦《春》的起句"绿色的火焰在草上摇曳/他渴求着拥抱你,花朵"中的"绿色的火焰",就是纯然的诗歌表达,将春草化为绿色的火焰,有燎原之势,足见春天的生机与热烈。

再来看看第二条,"……是……(像,如,似……)",但是,我们在使用这种语言组织形式的时候需要注意,同样不能按照日常生活中的习惯性语言来组织诗歌语言。比如,"我是写作者""大家是同学""女人如花""老师像蜡烛",这些表达对于诗歌写作来说有点太过陈旧了。在诗歌中运用这种判断方式,主要基于寻找表面相异特质之外的共性和相似性。比如,废名创作于 1936 年的短诗《十二月十九夜》,全诗几乎都在使用这种语言表达方式:"深夜一枝灯,/若高山流水,/有身外之海。/星之空是鸟林,/是花,是鱼,/是天上的梦,/海是夜的镜子。//思想是一个美人,/是家,/是日,/是月,/是灯,/是炉火,/炉火是墙上的树影,/是冬夜的声音。"学者司马长风将其评论为:"不但没有韵,而且不分节,诗句白得不能再白,淡得不能再淡,可是却流放着浓浓的诗情。"这种"诗情"在一定程度上也来源于这种诗歌的语言组织方式。学者吴晓东将这首诗的主题总结为"参禅悟道",为解读这首"难解"的诗歌提供了一把钥匙。

第三条,即用一个特别的事物,解释习见的事物。比如寺山修司的《名词》:"将恋爱这个词/和猫这个字/做个对换:'某个月夜,我发现铁皮屋顶上一只恋爱,/从那以后/我完全猫上你了。'我说。/那时开始,只要把白兰地倒进酒杯,/恋爱就会在近旁摇动着胡子。"诗人用猫来形容恋爱时的感受,将恋爱的微妙与若即若离通过猫咪的性格精准地呈现出来,可谓是一个有趣的诗歌语言练习。在之后的诗歌创作中,大家也可以考虑通过这样的语言练习创作出具有诗歌意味的文本。

最后一条则比较直接,但在实际写作之中难度较大——让一个事物本身做自己做不到的事情,或者做自己做不了的事情。比如,顾城著名诗作《一代人》:"黑夜给了我黑色的眼睛/我却用它寻找光明"。黑夜是无法赋予人黑色的眼睛的,诗人这样写,自然让人印象深刻,同时和下一句中的"我"用这双眼睛寻找光明形成了强烈的对比。另外,海桑的《摇来摇去的尾巴》也可作为一例:"找你的路上,小白跟着我/它的尾巴摇来摇去/回来的时候,我跟着小白/我的尾巴摇来摇去"。可以想象,主人带着小狗去找心上人,主人步履急切,小狗紧跟主人,并因为和主人一同出去玩非常高兴,而当回来时,主人因为不愿离开而跟着小狗,但因为见到了心上人,自己仿佛长出了"摇来摇去的尾巴",想象有趣而又不失真实,细腻地描绘出了特定情境下的情感体验。

通过之前的学习,我们已经感受到诗歌思维的跳跃性和诗歌语言的自由度,但这也引发了一个重要问题:"如何使诗句写得准确?"写诗的过程绝非"瞎写""乱写"或"胡编乱造"。对于初学者来说,一种比较好的思维方式是:"在没有关联之中,求得一点关联。"比如,前述顾城的《一代人》中,"黑夜给了我黑色的眼睛",因为我们的眼睛是黑色的,所以诗句中的联想变得更加真实。另外,顾春芳《十月》的开头,也是"写得准确"的范本:"秋日的乡村,似一个熟透了的果实,/静默地悬在/橙红色的日落时分。"秋天让人想到成熟,所以将乡村比作"熟透了的果实",就显得非常真实,同时,视角自然转化,将成熟的果实逐渐外置,化作天边橙红色的太阳,也很合理。正如雪莱所说,"诗是世界未公认的立法者",在创作诗句时,我们既要写得真实,体现生活的本质,又要追求独特,呈现个人的诗意视角,还要确保逻辑的合理性和表达的清晰性。因此,作为初学者,我们要通过不断地练习,提升自己在诗歌创作中的精准度,力求在表达中找到既真实又独特、既合理又具创意的平衡。

(三)写出一首诗

在写出"诗句"后,我们要尝试把"诗句"连缀成"诗篇"。

形式的美感尤为重要,正如之前所述,诗歌的外在结构是其区别于其他文体的重要特征。分行、空行、空格、标点,共同构成了诗歌的外在结构美感。在诗歌创作的过程中,我们应精心构思这些外在结构元素,使它们成为增强表达力、提升审美体验的有力工具,从而确保每一行诗都能以最优美、最恰当的形式触达读者的心灵。

节奏和韵律同样可以帮助我们让一首诗更加具备整体感。比如戴望舒《雨巷》:"撑着油纸伞,独自/彷徨在悠长,悠长/又寂寥的雨巷,/我希望逢着/一个丁香一样地/结着愁怨的姑娘。"全诗通过押韵增强情感氛围,形成回环往复的阅读体验。又如北岛《一切》的开篇:"一切都是命运/一切都是烟云/一切都是没有结局的开始/一切都是稍纵即逝的追寻"。每句的起始都是"一切",而后的句子跌宕起伏,形成荡气回肠的效果。

同时,我们还要为诗歌创设圆融的情境,让诗歌在属于我们自己的同时,也向读者敞开。这要求我们不仅要勾连个人的情感与思想,更要具备共情能力,从而能够构建出一个既私密又普遍的诗意空间,让读者在阅读的过程中,仿佛亲身经历了诗中所描绘的场景,与创作者产生共鸣。比如,卞之琳的名作《断章》就是情境诗的代表:"你站在桥上看风景,看风景的人在楼上看你。//明月装饰了你的窗子,/你装饰了别人的梦。"作者曾经自谦地介绍这首诗歌的创作过程:这是从一首长诗中抽出来的片段,而作者认为只有这四句最好,所以将其截取出来,独自成诗,是为"断章"。由此,诗歌只有短短四行,分为两节,它文字简短,但意蕴丰富朦胧,极具"诗"的意味。第一节用近乎"摄影"的方式,将人"看风景",和自己"被看"对置在同一空间之中,呈现出了绝妙的"相对性",而诗人通过两句之间细腻的视角转换,形成了流动的美感。诗歌的第二节则具有更大的景深,将"明月"和"梦"引入观看者之间,对看之人在"看"这一过程中获得确定性与主体性又被后两句中的"装饰"客体化,让诗歌在流畅之外更具哲思。可以说,诗人在隽永的情境之中,创设出了一种共同的情感体验和精神体验,从而形成了一种"诗化的经验"。从诗歌写作手法上来看,诗人截取了生活中的一个片段,通过想象创设出一个圆融的情境,将人生哲理和诗歌意象巧妙地结合起来,形成自己的感受。从卞之琳的创作来看,他非常擅长通过这样的方式获取灵感并创作诗歌,比如他的另外一首代表作品《雨同我》,也是基于类似的创作思路,大家在课后可以自行查阅,并体会这种创作方式。

在创作完一首诗之后,最重要的阶段就是修改,很多写作者甚至会在修改上花费比创作更多的时间,这也是在诗艺上精益求精的表现。修改诗歌是一个既富有挑战性又极具创造性的过程,我们鼓励大家自由写作,但也希望大家能够通过敏锐的观察捕捉诗歌的细微之处,运用恰当的语言和技巧来完善诗歌的表达。比如在写完一首诗之后,首先可以问问自己:诗歌中的语言是否准确、生动、富有表现力? 意象是否鲜明、独特、能够引发读者的共鸣? 最重要的是,在修改诗歌的过程中,诗人需要确保诗歌的连贯性,尤其是主题和情感一致性。在写完一首诗之后,"放一放",过几天之后再问问自己:诗歌的各个部分是否紧密相连? 它们是否共同服务于这首诗歌本身? 在自我修改之外,我们也推荐大家结成"诗歌共同体",选择"诗友""读者""评论者",倾听他们的声音,比如柏桦和张枣的友谊,就促进着彼此精益求精地打磨诗歌——写作也可有知音,也可形成对话。在倾听他人的反馈时,诗人需要保持开放的心态,虚心接受批评和建议,同时也要有自己的判断和坚持。

综上所述,诗歌写作是一个复杂的过程,我们要在把握诗歌文体特征、学习诗歌典范文本的基础上,不断进行写作训练。诗歌写作者往往痛苦,因为洞察生活、磨炼技艺并非易事。但诗歌写作者也是幸福的,因为我们可以尝试用诗意丈量生活中的一切,如果我们愿意留意美,那么诗歌就是美好本身。

**【思考】**

1.诗歌常常通过象征来增强其表达的层次与深度。请从你熟悉的诗歌中选取一首,分析其意象的象征手法。请举例说明并探讨这些象征在诗歌中的作用。

2.诗歌的节奏与情感表达密切相关。请分析你所读过的诗歌中,诗人是如何通过节奏的变化来传达情感的。比如,诗歌的韵律、停顿、分行分节等方面如何影响诗歌的情感氛围?请举例说明并讨论节奏对诗歌表达的作用。

【创意训练】

课堂练习:

1.选择在你日常生活中最常见的一件事物或场景,通过细致观察,写3—5行关于这一内容的诗句。要求:在诗歌中尽量避免直白叙述,注意要用诗歌的思维方式组织语言,注重意象塑造,同时通过隐喻、象征、比喻等手法来传达情感或哲理。

2.选择一个自然景象(如大海、山川、天空、森林等)与一个人类的活动(如旅行、工作、对话、等待等),将两者结合,写出3—5行诗句。要求:将自然景象与人的情感或活动有机融合,形成对比或互补,使两者之间产生共鸣。

课后练习:

基于课上的训练,挑选一组你认为比较优秀的诗句,通过联想、整合等方式创作成一首诗,在创作后的第三天再次修改这首诗,并与同学交流分享,互相点评。要求:注意分行、分节,同时注意要通过意象、情境等建立诗歌内部的有机联系。

【延伸阅读】

1.徐志摩:《雪花的快乐:徐志摩诗集》,人民文学出版社2020年版。

2.冯至:《悲欢的形体:冯至诗集》,新星出版社2018年版。

3.卞之琳:《雕虫纪历》,人民文学出版社1979年版。

4.海子:《海子诗全集》,作家出版社2009年版。

5.北岛:《北岛诗歌集》,南海出版公司2002年版。

6.舒婷:《舒婷的诗》,人民文学出版社2003年版。

7.林莉:《跟着河流回家》,中国言实出版社2022年版。

# 第九章　散文写作

【学习目标】

1.知识目标:掌握散文的文体特征与写作知识要点。

2.能力目标:通过发现与组织真实生活经验,借助模仿、练习的方法,写出达到发表水平和感动读者的散文作品。

3.价值目标:通过散文写作训练,能够反思己身生活并从人文视角感知世界。

【学习重点】

通过分析典范散文文本,领会散文的文体特征及写作方法。

【学习难点】

在分析、修改自己的散文习作过程中,理解散文文体特征与写作技巧的关系。

散文,是一类文章的名称。广义上的散文,是指不讲究韵律的文章;狭义上的散文,是指区别于诗歌、小说、戏剧、评论等文体的文章体式。狭义上的散文概念及其外延,仍在广义的规定之内。我们所谓的散文,即指狭义上的散文。在我国,散文写作历史悠久。先秦诸子的无韵文章,可视为早期散文写作的代表;及至唐宋,散文写作蔚为壮观,有"唐宋八大家"的散文经典;五四运动以后,周作人、徐志摩、朱自清等人的散文写作别开生面;中国当代散文写作更是繁荣。散文写作历史既久，关于散文写作的理论与观念争议自然渐多。例如，关于"形散神不散"的讨论，关于散文结构有无的争论，关于散文"真实性"的拷问等。这些争议往往指向散文的文体特征。所以，明晰散文文体特征，从学习论的角度看，更益于初学者快速认识散文写作的规律。

## 第一节　散文写作特征

散文写作特征是指散文这一写作文体所独有的性质。不过，我们也应该清楚如下历史性事实：首先，文体是一种人为划分写作样态的形式性标准；其次，文体特征是对某类文体属性的经验性总结；最后，划分文体的目的，主要在于方便我们对文学创作进行结构化认识，以进一步指导阅读、写作等文学实践活动。概括而言，散文写作特征有三：一曰"情信"，二曰"形随"，三曰"心寄"。

### 一、"情信"而辞巧

"情信而辞巧"（《文心雕龙·徵圣》）是刘勰对散文写作原理的经典描述。意思是说，文章的情感真实，文辞美好。刘勰的认识，源自孔子论君子的话"情欲信，辞欲巧"（《礼记·表记》）。"情"是情感、感情，"信"是真实、真挚。

感情真挚是古人为人作文的一条至善标准。情感和文采又有诸多关联。所谓"言为心声"或"文如其人"，说的即为"情"与"辞"的关系。对散文文体而言，感情真实是其一大特征。这个特征主要是针对散文写作的情感、内容而言的。纵观古往今来的散文，虽有叙事、议论等表达方式，但是，它们最后都服务于抒情：即借助叙述真实内容，而抒发真实情感。不论诸葛亮的《出师表》，还是归有光的《项脊轩志》，抑或朱自清的《背影》、史铁生的《我与地坛》、刘亮程的《狗这一辈子》等，首先都是基于某种真情实感的写作，然后让读者透过美好的文辞，而感受那种由个别到一般、由特殊到普遍的人类情感。

虽然，诗歌、小说、戏剧等文体写作也基于或表达某种真情实感，但是，诗歌多借助虚实相生的意象和意境来完成，小说多借助虚构的故事和人物来完成，戏剧多借助虚构和夸张的情节与对话来完成。唯有散文文体多借助真实的内容,通过"借景抒情""借事抒情"等方式,来完成真实情感的表达。换言之,散文文体所具有的抒情性、真实性,较其他文体而言,更为真实、直接,更与现实、记忆呼应,更易感染读者心情。我们从既往海量散文作品中第一人称"我"的使用,可以看出,散文文体中的"我",即为真实的写作者。由此可见,散文文体的"情信"这一特征,也是依据散文写作主体的"真实写照"和"真情流露",做出的判断。

虽然,刘勰没有在《文心雕龙》中详细阐释"情信"与"辞巧"的关系,但是,在散文写作历史上,散文往往因为情感真实、真挚,而"言为心声",文辞汩汩流出。在这个意义上,我们理解"情信而辞巧",可以是由于"情信"而至"辞巧",正如由于"理屈"而至"词穷"一样。在英美创意写作理论中,散文是最适于用来进行"自我表达"的文体,这不仅因为,散文的表达没有音律、格式、叙事、结构等方面规则的束缚,而且因为,散文文体的语言和内容表达,只需依据写作者内心最真实、真挚的情感,即可完成。自我表达阶段的写作,在根本目的上,不是追求语言文采的写作,而是强调"情信"特征的写作。所以,我们可以这样说,散文写作是较容易上手的文学文体写作,因为它以"情信"为重要特征。

## 二、"形随"而自然

散文写作有"形散神不散"[1]的观点。所谓形"散",肖云儒指"散文的运笔如风、不拘成法,尤贵清淡自然、平易近人"[2]。但后来也有人认为,形"散"指散文的语言、结构或题材之散。不论哪种观点,都在一定程度上,承认散文具有"散"的特点。不过,这种"散"是需要辩证的。尤其当"形散"与"神不散"对立又统一的时候,我们更应该慎重理解散文之形"散"的含义。

其实,从散文文体形成历史的角度看,散文是相对韵文而言的文体。所以,散文之"散",在本义上,是指语言音韵的错综无序,不遵从某种固定的韵律、格

---

① 这一观点较早在 1961 年 5 月 12 日《人民日报》上文章《形散神不散》(作者肖云儒)中提出。

② 肖云儒:《形散神不散》,《人民日报》,1961 年 5 月 12 日,第 8 版。

式，从而形成了语言表达在字数、音韵、段落结构等方面的错落。又由于散文所述内容杂芜，所写事情、景物，在散文中，往往与情感、思想密切关联，或叙事，或抒情，或写景，或议论，并无固定章法、节奏，所以，在一般读者看来，散文的形态是"散"的。

如果我们再用"散"来概括散文的文体特征，那么，对初学散文写作的人而言，理解这个"散"，是需要花费很多工夫的。所以，我们引入了"形随"这个概念。所谓"形"，是指散文的文体形态，所谓"随"，《说文解字》释义"从也"，亦即顺从、跟从的意思。那么，"形随"便可理解为：散文文体的具体形态，依据散文意旨与情感的表达需要，而变动不居、气象万千、摇曳多姿。因此，我们既往所说散文的"形散"，其实是"散"而有宗、"散"有所依。以"形随"来概括散文文体"形散"的特征，可以大大减少理解上的歧义。

为什么要突出这个"散"呢？因为"情信"和自然。我们试想：当一个人真情流露时，这个人的表达便会跟随自己的心情；当一个人的状态很自然、放松时，这个人的表达便会随心所欲、闲散自在。所以，散文之"散"，是在跟随与表现一种自然而然的情意。"形随"所描述的散文文体特征，即散文的具体表达形态，随着散文写作者的情意而自然流动。如果，我们把散文比作生活，那么，生活中的每一个具体的人，千千万万种不同生活方式与形态的人，便是散文文体之"散"所呈现的具体形态；生活中的每一个人，都为了生活而存在，他们跟随生活的规律，依从生活的指引，顺应生活的变化，同时，也不断改变与创造新的生活。因此，一个写作者的"散文生活"，也当如是，既缤纷多彩，又随性自然。

### 三、"心寄"而无涯

散文是表达与寄托心灵的艺术。古人言："生也有涯，无涯惟智。逐物实难，凭性良易。傲岸泉石，咀嚼文义，文果载心，余心有寄。"①意思是说，人生有限，知识无尽，追逐外物实在困难，只有任凭天性才是容易的。寄情山水，推敲文义，以文章书写心意，心灵便会有所寄托。

---

① 周振甫：《文心雕龙今译（附词语简释）》，中华书局 2013 年版，第 458 页。

因此，"心寄"是指写作者的一种心灵寄托；写作者以书写的方式，将心灵寄托至无限，可以用来超越难以把握的物质世界。相较其他文体，散文是更直接书写作者心意、心情与心性的文体。不论蒙田的随笔集，还是爱默生的《自然》，不论周作人的《雨天的书》，还是鲁迅的《朝花夕拾》，都在书写真实的个人思想、个人观察、个人经验、个人情感……并希望这些心意、心情与心性能够寄至无涯的远方。以此观之，散文是寄寓心灵的文体。

"心寄"的内容是什么呢？在生命现象方面，是体验与回忆；在生活本质方面，是情感与思想。对文学作品而言，不论哪种文体，都具有真实性这个特征。即便是虚构人物、故事的小说，作者也期冀小说表现虚假叙事背后的真实性。不过，散文与之不同。散文不是借助虚构来表现真实性，而是通过书写真实的生命体验，来表现心灵的无限性。很多人错误地将"真实性"作为散文文体的特征，正是由于这些人没有认识到，散文就是在书写"真实"本身。所谓"真实性"，是相对虚假的表征而言的特点，对书写"真实"本身的散文而言，便不能再用"真实性"来定义真实的特点，而应该用"心灵性"或"心灵的无限性"来概括散文的文体特征。

上面讲到，"情信"与"形随"构成散文的两个文体特征：一个是情感真挚，一个是形态自然。那么，"心寄"则是散文的第三个文体特征：心灵无限。"情信"是基础层面的特征，是散文写作对内容的基本要求；"形随"是过程层面的特征，是散文写作对内容表现形态的基本要求；而"心寄"则是目的层面的特征，是散文写作在内容"真实"、表达"任性"背后，对写作者自身生命力的基本要求。中国古人讲"三不朽"（《左传·襄公二十四年》）[1]，其中"立言"以不朽，即认为写文章可以达至无限与永恒。在古代散文文体中，有用以记事、颂德的"铭"文，有用以表白、言志的"表"文，有用以回忆、抒情的"志"文、"记"文等。这些散文文体，都在不同程度上写人、记事、忆景，以表达心意，寄寓情思，流传永久。即便是爱默生的《自然》散文集，也是爱默生通过思索自然及生活现象，而书写的个人经验、思想与情感，其间所寄寓的也难免是个人对历史的抵抗，或

---

① 杨伯峻编著：《春秋左传注》，中华书局 1981 年版，第 1088 页。

心灵对世界的悲悯等自我拥有无限可能的心意。

所以，所谓"心寄"，既是散文作者对逝去生命经验的回忆与整理，也是散文作者面向未来与永恒的心灵寄托和无限诉说。这种心灵致敬无限的生命书写特质，构成了散文的又一个重要文体特征。

综上所述，散文的文体特征有三个："情信""形随"与"心寄"。三者分别在内容的信度、内容的形式与内容的目的上，给予散文文体以特征上的判定。散文写作因"情信"，而使文辞美好，因"形随"，而任笔法自然，又因"心寄"，而致心灵无限。理解散文文体的基本特征之后，我们再阅读一篇散文时，便会更加深刻地领悟散文写作的精髓与宗本。散文写作的所有技法，万变不离其宗；这个宗就是散文的文体特征。所以，从写作学方法论的角度看，理解本体论、认识论层面的散文文体特征，有助于在观念上指导散文写作实践。这种观念上的领悟，是激发写作者创意的本源，也是写作者进行散文创意写作的起点。在此基础上，我们提供了散文的典范文本，以供初学者进行创造性地阅读与模仿。

## 第二节　散文典范文本

范文一

# 秋天的怀念[①]（存目）

史铁生

史铁生写《秋天的怀念》，是基于真实的生命体验，所以，这篇散文的写作可谓"情信"。这种基于真实经验而抒发的情感和思想，自然是真挚、可信的。在这篇散文中，史铁生由于母亲的去世，对生活的情感发生了转变。同样是秋天，北海的菊花同样鲜艳，不同的是，母亲不在了，作者在复杂的情感中理解了

---

① 史铁生：《我与地坛》，人民文学出版社 2011 年版，第 41—42 页。

母亲的话,以及如何面对生活的困难。

这篇散文只有八百余字,读者读后,却仿佛感觉历经了别人的半生。散文对感情的表达是依照事件发生的自然顺序进行的。作者对生活的抱怨与愤懑,通过细节描写展现出来。作者将那种暴怒无常的情感迁怒在母亲身上,与母亲的对话,虽平凡无奇,却真实,不禁让人心中酸涩,感慨十分。无论写自己的暴怒,写和母亲对话,还是写菊花,史铁生的表达都是朴素、自然而真挚的。这篇散文没有直接抒情性的语言,表达冷静、克制,而文字背后的情感却愈发强烈、深沉。究其原因,史铁生的情感表达是基于其真实生活经验的写作。写作的时候,史铁生直面自己曾经令亲人不堪的暴怒情感,直面自己曾经的伤痛与执迷不悟。这种基于真实生活经验与真挚情感的写作,是这篇散文能够感动读者的重要原因。因此,这篇散文的"情信"文体特征显而易见。

对散文写作而言,《秋天的怀念》为我们提供了一种敢于直面生活苦难的方式,即书写真实的生命体验,表达真情实感,让情感灌注笔尖,让语言按照情感的方向自然流淌。感情真挚不仅是散文写作的文体特征,也是散文写作的基本要求。

## 范文二

# 春天①(存目)

[美]梭罗

这篇题为《春天》的散文是亨利·梭罗对自然世界的书写,可以让读者身临其境,感同身受,产生心灵共鸣。如果读过《瓦尔登湖》全文,那么,我们会感觉自己仿若在瓦尔登湖畔生活了一辈子那么久,那么细致、自然而热烈。一篇散文带给读者的感受,一定是自然而然的。这种自然的特质,又通常以"随物

---

① [美]梭罗:《瓦尔登湖》,王家湘译,北京十月文艺出版社2007年版,第302页。

赋形"的"散"的方式呈现。梭罗对瓦尔登湖的春天的书写,就鲜明地传达了散文写作之"形随"特色。

纵观全文,梭罗按照春天来临的时间顺序写景抒情。这种时间顺序,不是作者"构思"出来的,而是作者顺从春天来临的规律,依照眼前观察的景象,而做出的写作"顺序"。梭罗的《春天》从瓦尔登湖的冬天写起,也从人们对瓦尔登湖冰冻的湖面的理解写起。这个起点恰好孕育着春天。然后,与春天有关的一切事物,湖泊、河流、鸟类、动物、树木、阳光、花朵……在梭罗笔下,都如此自然、舒缓地出现。所以,散文叙述形态的多姿多彩,也许并不是由于作者构思之变化多样,而恰恰是由于作者依据写作对象而任笔墨自然流淌,散文之具体叙述形态与表达方式,也便因散文作者的所见、所闻、所感、所想而多姿多彩。

对散文写作而言,《春天》为我们提供了一种自然随性的写作方式。散文写作要将心思放松,要以"感性直观"的姿态,让笔墨自然生长,即把感官触及的事物,依照它们本来的样子,顺从心灵的意愿,自由地写出来。

**范文三**

<h2 style="text-align:center">珍宝的灰烬[①]</h2>

王晓莉

我在子固路上走着时,远远看见两个人,手牵着手过来。那略微走前一步的女人,和我已过花甲之年的母亲年纪应该差不多。身材是松垮了,脸上倒还没有完全皱纹密布,她的五官还是清清爽爽的,年轻时的端庄与美依然有迹可寻。

但是她的一头头发已经灰白了,那种白还不是像高山白雪,刺人眼目;而是像刚熄灭的炉中灰烬,柔和而又暗淡地堆积在她那张仁慈的脸的上部。

---

① 王晓莉:《珍宝的灰烬》,《人民日报》,2014 年 06 月 18 日,第 24 版。

　　她一手牵着的那个人,总有一米七十以上了。他挪移着,脚步迟缓,像始终不肯去上学的孩子。有时他手上抓一包"旺旺"或者"浪味仙",都是幼儿食品。他走几步,停下来,把塑料袋子往嘴巴里倒一倒。袋子已经放下来了,他的嘴还仰天张开着,像一尾贪玩的鱼,不肯回到水里去。

　　她便驻足等着,回头以目光查询。她的目光,她的身体姿势都表明,她这样的等,已经有一辈子那么久了。

　　我慢慢经过他们身边。他的长相是人们早已熟悉的那种,胖腮帮子直往下塌,小眼睛眯眯的,眼神散着,没有光,一看就不对。他的动作直而僵,并不比木偶灵活。明明是天生如此,却像故意在搞笑。

　　你知道了:他是一个智障者。

　　一个介乎男人和男孩之间的人。

　　她的儿子。

　　五六年了,每天我都在子固路上和他们相遇。……

　　他们喜欢在街边的大排档吃那种几块钱一碗的炒米粉。常常是,儿子伸着脖子,要凑到碗里去,母亲便喂他,米粉因此一根根贴到了他的脸。他的脸上,这一点,那一点,就都是酱油色的斑。

　　母亲拿餐巾纸去帮他揩。左一下,右一下。都是动作,没有语言。周围的孩子好奇地盯着这一切看,母亲丝毫没有注意到——我敢保证,在那时刻,喧嚣的街面上,她的眼前只有她的孩子一人。

　　他呢,让自己的脸顺着纸巾的周转节奏和方向转。就像葵花顺着光线转动一样自然,丝毫不被察觉。

　　他那么顺从,因为他感到安全。几十年都是这样的,就像一块石头之所以坚硬,就是因为它十年、百年、千年都是这样的,不会改变。

　　我总是想,纵然他什么也不明白,凭着本能,他还是了解:他可以一直绕着这个喂他米粉的人转动下去。日头会落下西山,他的母亲却连夜晚也是光彩照人地眷顾他。

　　…………

夏天的早晨,我走路上班,经过佑民寺。拜庙的人明显比平时多。一个卖香的老妇对我说:"买把香吧。今天是观音老母的生日。"

一个熟悉的身影被我发现了。在密集的人群里,这个永远牵着儿子手的母亲,今天她的手里握着三根巨大的香烛。

她的背影肃穆得就像是只有她一个人,她是一个人站立在空阔的原野上,站在离上苍那些能够洞察人世苦难并可解救他们的菩萨最近的地方。

我看见她深拜下去。倒身下拜的时刻,她灰烬般的白发缓缓飘垂,我想起茨维塔耶娃的那几句诗:

> 灰白的头发,
>
> 这是珍宝的灰烬:
>
> 丧失和委屈的灰烬。
>
> 这是灰烬,在它们面前,
>
> 花岗岩变成尘土。

生活的火焰并不能够总是燃烧得旺盛与鲜艳。尤其对于小人物而言,更多的时候,它是灰烬的代价和化身。然而,当你于灰烬里埋头寻找,尘灰扑面呛人的刹那,你能发现的,总有一块心一样形状的钻石或珍宝,让你怦然心动。

"平凡人物的体察和书写"[1]是王晓莉散文写作最动人之处。散文《珍宝的灰烬》写的就是平凡生活中的一对母子,作者给予这对母子的观察、想象与悲悯,源自作者对日常生活中的人的关注。这种关注需要作者具有一双透视生活现象的眼睛,更需要作者具有一颗对生活热爱、敏感,对陌生人同情、悲悯的心灵,但是,这还不够。散文写作者还需要把观察所得、共情所感、心中所悟,转变为一种可以抵抗时间洗礼与空间阻隔的大寄托。这种大寄托即人把有限变为

---

[1] 李洪华:《江西当代文学史:1978—2018》,百花洲文艺出版社 2023 年版,第 196 页。

无限的一种心灵力量。

"灰烬般的白发"是"珍宝的灰烬"的本来。如何在"灰烬"中寻找一块可以让人心动的"珍宝",即如何在生活的原貌里发现人生的本来与真情,是这篇散文在文体特色上需要我们发觉的东西。文中母子的相互依靠,成为一种情感力量,给予作者对俗世凡情的信赖,同时,也让作者的心灵生发一种寄托之情:希望得到某种意义上的解救。那种解救源自"丧失和委屈的灰烬"所赋予那位母亲的力量,在这种心灵力量面前,即便坚硬的花岗岩也变成尘土。

看似这篇散文写的是那位母亲在生活"火焰"中"燃烧"自己的状态,实则,这篇散文是透过那种"燃烧"而化为"灰烬"的状态,探寻人类心灵中的那种坚韧如钻石的动人力量,并且,对散文写作而言,不仅要把那种力量表达出来,而且要把那种力量传达出去,将心灵之光寄托无限。

以上,由于篇幅所限,我们仅列举了《秋天的怀念》《春天》和《珍宝的灰烬》三篇散文,并对其写作特色进行了简要分析。三篇散文在写景物、写人事上,表现了不同的语言风格、结构特点、叙述技巧等。在文体特征上,它们都具备散文"情信""形随"与"心寄"的特质,又能够给予读者不同的艺术风貌和心灵启迪。在史铁生的散文里,我们能够感受到作者的生命经历和情感体验,获得面对生活苦难的某种情感力量;在梭罗的散文叙述中,我们能够品味出一种"古典风格"的味道,让人在纷繁尘世之中,体会另一番风景与另一种境界;在王晓莉的散文里,我们能够触碰到现代社会中平凡人的敏感神经,这些神经如可以拨动命运的琴弦,与时代,与写作者,与读者律动。

散文的典范文本可以为我们提供一种或多种写作思路、方法,不过,在根本上,这些文本所具备的散文文体特征,才是写作初学者需要多加注意的东西。写作思路、技巧、方法等技术性内容,对散文这种以"情信""形随"与"心寄"为特征的文体而言,往往是附着骨肉之上的皮毛,装饰珍宝的匣椟而已。换言之,如果写作者能够深刻把握散文的文体特征这一本体论、认识论层面的东西,那么,在方法论、实践论层面,散文写作练习就变得轻而易举了。

# 第三节　散文写作练习

　　散文文体形式多样,对散文初学者而言,宜从自身的日常生活、生命体验出发,进行关于散文写作的力量、技术、语言等方面训练。

　　此前的某个时刻,我们一定写过某篇文章。在那篇我们险些遗忘的文章里,我们写到了某个人、某件事,或者某一处风景、某一种心情。无论怎样,我们把它写了出来,赢得或失去了别人对那篇文章的赞赏(也许是某个分数)——没关系,现在我们即将成为散文作家。我们首先需要做两件事:第一,闭上眼睛,忘记以往的糟糕或更糟糕的散文写作经历,忘记曾经写作的所有散文——你不曾写过。第二,睁开眼睛,看此刻我们能看到的最远的地方,那里是记忆深处,是我们一路走到现在的全部过程与经验,生命中的每一个人、每一个眼神、每一处风景、每一缕微风、每一种感动、每一次沉默……此时此刻,我们的记忆与远方交会,远方是记忆之门的入口,我们找到了散文写作的根本力量。

## 一、散文写作的力量练习

　　我们每个人的生命旅程,都是一座宝藏,只要用力挖掘,一定能够得到宝贵的人生经验。这些宝贵的人生经验,或如史铁生所遭遇的生活磨难与亲人变故,或如梭罗独自驻足瓦尔登湖畔凿冰听风漫步丛林体悟自然性灵,或如王晓莉子固路上让心灵与陌生人同行共情体味珍宝之灰烬的力量,总能够在某一个瞬间,感动自己或他人。

### (一) 生命经验之力

　　我们从经验出发,便可以不费吹灰之力还原一个全新的个人世界。英国经验主义哲学家约翰·洛克认为,感觉与知觉是人类知识的入口,人类借助感觉力和概念力完成知识建构:"知觉是一切智慧能力中最初的一种动作……"①

---

① 　[英]洛克:《人类理解论》,关文运译,商务印书馆1959年版,第115页。

"感觉使我们相信有凝固的、扩延的实体,反省使我们相信有能思想的实体。经验使我们相信两者的存在,并且使我们相信,一种有能力来借推动力运动物体,另一种有能力来借思想运动物体;这是不容置疑的。"①感觉、知觉、反省(反思),这是洛克总结的人类获取经验的途径。不论洛克对经验的结构化过程是否合理,我们只需要理解这样一种事实:如果我们从来听不到,看不到,闻不到,尝不到,触摸不到——总之,感觉不到外界存在的任何事物与讯息,那么,我们还能够有对世界的认知吗?如果没有任何知觉,那么也便无从回忆与反思,我们也便无法获得关于生命与生活的经验。散文写作的最初力量也正是源自写作者对外部世界的感觉、知觉与反思。这些活动构成了一个写作者的生活阅历与生命经验,搭建了写作者的记忆结构与心灵世界。

那么,如何获取散文写作的这种经验之力呢?要感知。我们要像从来没有看过远方的景物那样观看远方,像从来没有触摸过眼前的书本那样触摸它们,即:把熟悉之物当作陌生事物来感觉,假若自己不知道眼前事物、友人的名字,像不知道它们是什么,自己从来没有见到过它们那样,重新感觉它们。我们不知道这是一支笔,我们只知道它尖尖的,可以滑动,可以留下自己想要的痕迹……我们像一个原始人那样观看一个崭新的世界。这样感觉和书写所有事物,那么,我们记忆中的人、事、物,就会变得新鲜起来,北海的菊花、瓦尔登湖的春天、子固路上的母子对散文作者而言,便是通往心意无涯之路上的神秘珍宝了。在西方文艺理论史上,俄国形式主义者曾提出一种名为"陌生化"的艺术表现方式,即主张通过语言表现的变形与异化,实现表达的改善与创新。而我们的获取写作力量的方式与众不同,更似美学与现象学意义上的对对象进行感性直观的方法。这种方法之所以有效且深刻,正是由于它建基在人类经验获取的原理之上。

(二)自我反思之力

我们在反思中重新观看自己,否定自己,重建自我。反思之力的练习需要借助理智。一个人天然能够运用思维来思考外部世界,这种思考最终构成了这

---

① ［英］洛克:《人类理解论》,关文运译,商务印书馆1959年版,第306页。

个人对世界的认知。但是,这个认识过程并不是人类思想能力的全部内容。反思是一种自我否定的能力,它要求写作者在回溯自身经验的时候,加入怀疑、批判、否定与重建的步骤。这个步骤的独立完成决定着一个人思想的自由度。

在《秋天的怀念》里,史铁生在母亲离世后的内省,是对既往生活苦难的透彻领悟。在散文《石钟山记》里,苏轼几经怀疑前人判断,及至深夜探寻时,有"心动欲还"之意,正是一种源于内心的反思能力,让自己的怀疑有了结果。在《一件小事》中,鲁迅是对自身的"小"有另一种思想上的反思。《珍宝的灰烬》也是对平凡之爱和生活"灰烬"的反思。所谓"吾日三省吾身"(《论语·学而》),人正是在反思中,获得精神上的锤炼和成长。由此,自我反思构成了散文写作的一种力量练习方法。例如,朱自清的《背影》,也是一篇充满反思力的散文,作者对父亲的愧疚之情,正与作者感受父爱之后的反思相关。

对散文写作者而言,反思需要勇气,它要求在写作中批判或否定自己的既往行为与情思,从而破茧成蝶,完成自身的精神蜕变。我们可以做这样一种练习:回忆我们与亲人或朋友交往的诸多往事,问问自己,是否在某一件事情里,我们做错了什么,想错了什么,或者我们可以做得更好一些。如果有那样的事情,那么,我们就可以把它放在反思的潮水中洗礼,把它和反思的过程写出来,就成功了。

(三)超越想象的真实之力

我们往往在真实的世界中忽略真实的力量,在真实里忘记想象。当我们阅读很多经典散文作品时,我们往往惊叹那些作品中所写的内容:如此新奇!在某一刻,我们甚至有时会怀疑那些散文所写内容的真实性。例如,我们在看三毛的散文集《撒哈拉的故事》时,是否怀疑那片沙漠里故事的真实性呢?在看刘亮程的散文集《一个人的村庄》时,是否怀疑那座村庄的有无呢?在看汪曾祺散文《跑警报》时,是否怀疑西南联大师生的境遇真假呢?——也许,我们从未怀疑。因为,这些散文都呈现了超越凡人想象的生活经验,《秋天的怀念》《春天》和《珍宝的灰烬》也是如此。这些散文中的生活经验如此真实,才有如此强大的叙述力量与心灵力量。

我们可以天马行空地想象一切,这一切都可以是生活中所没有的。但是,我们难以想象在另外一个国家、一个地区、一个角落、一种人生、一处景物的真实模样，就像我们难以想象这些散文中的内容一样，我们无法想象他者所经验的真实世界。所以，这是想象之于真实的无能为力之处，也是真实之力超越想象之力的地方。那么，我们如何在散文写作中运用好真实之力呢？我们可以做这样的练习：写出我们见到的真实世界，拥有的真实想法，并尽可能地细化它们。例如，我们虽然生活在同一个地球，但是每个角落是不同的；我们虽然生活在同一个角落，但是每个家庭是不同的；虽然列夫·托尔斯泰说"幸福的家庭都是相似的"①，但是我们收到的幸福礼物是不同的；即便我们收到了相同的礼物，但是送礼物给我们的人、时间或地点也总有不同……凡此种种"不同"，就是独一无二的真实。即便另外一个人，也无法完全重复写出那三篇散文中的真实种种——因为，这世界上没有两片完全相同的叶子，没有两个完全相同的人，也没有两种完全相同的生活。这是真实给予每一个散文写作者的力量。如何把握这种力量，就看我们如何足够真实地生活了。

### 二、散文写作的技术练习

把握了散文写作的源泉与力量之后，我们需要练习散文写作的技术。如果我们有一件藏在心中不吐不快的"大事情"，那么，我们的散文写作便不需要什么技术，只需任凭自己的笔或键盘，跟随事情的真实情况自然舞蹈即可。这种"写作技术"是与自我表达近似的一种状态，它同说话一样简单，只是把经历过的事情说出来即可，亦即所有有记忆的人且会正常说话的人都可以做到这件事。但是，当我们把生命中的"大事情"（那些只需简单复述，便足以写出一两千字的经历）逐一写出来之后，我们会发现，我们可以用来写散文的素材（真实经历）似乎被"耗尽"了——仿佛只有那些"大事情"才可以用来支撑散文写作，或者仿佛它们才是有意义的生活，而那些零散的"吃喝拉撒睡"等日常琐事，那些称不上事件，甚或情节的日常生活碎片、所见所闻、所思所感，好像根本无法构成散文写作的素材，也似乎没有任何意义可言。如果你这么想，那么，你很可

---

① 见列夫·托尔斯泰长篇小说《安娜·卡列尼娜》题词页。

能不具备这两种技术：一是，在琐碎的日常生活中发现真、善、美，以及意义、价值的技术；二是，通过散文写作，将那些看似无意义的碎片组织起来，并让它们以某种特殊的形式，成为你所期望的"大事件"的技术。概括而言，前一种是发现的技术，后一种是组织的技术。

（一）发现"琐事心情"的技术

对日常生活而言，与其说发现是一种能力，不如说发现是一种技术。日常生活中的种种琐事，各有其意义、价值或意味，而且，琐事甚至占据了我们生活的大部分时间。如果散文作者不能把那些琐事点石成金，那么，这样的散文作者也不是一个用心生活的人。日常生活通常由诸多琐事构成，如：吃饭、午睡、换衣服、停电、爬楼梯、迟到、买水果、取快递、上厕所、刷手机、看书、看剧、聊天、发呆、散步……如果，我们将自己一天的生活路线和事项，绘制成一张"生活地图"或记一本"流水账"，那么，我们便不需要额外发现的能力，就可以重新审视自己的生活。如果，我们将这份"生活地图"或"流水账"做得足够详细，那么，我们势必要发现自己生活的某些特征或问题。即便不记录做这些琐事时的所思所想，我们也会依照做事情时的时间长短、速度快慢、心情好坏，自然而然地形成一种对诸多琐事的"心情变化曲线"。例如，刷手机，可能是放松的；看剧，可能是开心的；看书，可能是困倦的……日常生活既是由许多琐事交织而成，也是由这些琐事所给予我们的心情连缀而成。所以，我们所经历和观察的日常琐事，影响着我们每天的"琐事心情"。

人们常常忽略自己的"琐事心情"，这种忽略，往往导致人们将注意力和内心情感放在"大事情"上，而对琐事"无感"。在心理学上，用"心理基线"来形容那些隐藏或跃出心理基线内外的心情波动。例如，我们看一场电影，电影的情节让我们（紧张得）手心出汗，或（开心得）前仰后合，那么，出汗、大笑行为及其背后的心情，就是跃出心理基线的表现。而那些看似面无表情、雷打不动的观众，并不意味着电影的情节对他们毫无影响，而只是心情波动幅度不足以跃出心理基线而已。所以，我们日常经历的琐事及其引发的心情，便是隐藏在心理基线之下"琐事心情"。这种"琐事心情"，积少成多，便能够影响我们的生活状态，是疲惫或振奋，是躺平或内卷，年深日久，成为一种生活的惯性或惰性。但是，如果我们像《珍宝的灰烬》那样，能够发现日常行人中的隐秘，发现生活灰烬中的珍宝的话，像《春天》那样，能够发现自然千变万化的触角，并捕捉自己的心情的话，我们便可以化"琐事"为神奇。

所以，发现的技术关键在于，体味、放大并反思那些隐藏在心理基线之下的"琐事心情"。接下来我们做两件事，练习这种"发现技术"：第一，我们为昨天或今天的所有琐事，画一张"生活地图"（流水账）；第二，我们用回忆、反思的方式，用心体会那些琐事背后的隐秘心情，并对照"生活地图"画一张"心情地图"。记录和书写"琐事心情"，可以为我们打开一道微观生活之门、创意写作之门：发现隐微之处的独特生命体验。哲学中有一个术语"活在当下"，它的意思是说，人的思想和情感虽然时刻处于海德格尔所言的"被抛"状态，但是，人的存在不在别处，而恰恰在此时此地。此时此地的此种心情，便也构成了人之所以存在、人是其所是的最基本、最本真的内容。

（二）让"风铃"响起来的技术

在发现"琐事心情"之后，我们要把零散的琐事及其心情"组织"起来。打个比方：日常生活琐事就像贝壳、铜管、竹筒等空心"铃铛"。这些"铃铛"自己不能发声，需要彼此碰撞才能发声；同样，每一件琐事也难以单独构成一篇散文，需要组织在一起才能成文。做一个风铃，需要将贝壳、铜管、竹筒等"铃铛"编织起来才行；写一篇散文便在于，如何把诸多"琐事心情"编织起来。制作"风铃"需要穿织"铃铛"的"线"；这个"线"，亦即散文叙述的线索。散文写作的叙述线索有两种，一种是按"琐事"的类型叙述，另一种是按"心情"的主题叙述。

1．"琐事"线索

某一件琐事，往往构成一种生活方式、习惯或态度。对一件琐事的叙述，由于时间、空间、人物等背景的转换，很可能让这件琐事生发一种具有历史性、人性、普遍性的意义与情感。例如，取、寄快递这件日常琐事。一旦我们从时空变迁角度重新审视它，我们回忆自己第一次取快递时的情形，回忆在不同地点取、寄快递的感受，回忆快递点及取件方式的变迁，回忆取、寄快递过程中的各种愉快、不愉快的插曲，回忆快递带给我们的欢乐或苦恼，体会并思考"快递"这件事、这种生活方式本身意味着什么，等等。这篇以"快递"为话题和线索的散文,便从生命经验的时空里渐次展开。而每一次与快递相关的生活经验,都构成了这篇散文"风铃"的"铃铛"。让"风铃"响起来的方法很简单,就是让这些"铃铛"彼此相遇、对话、拥抱,让它们以各种方式、姿态、视角,构成我们对"快递"这种生活方式、生命体验的认知、感受与领悟。

2."心情"线索

生活琐事多种多样,被琐事牵动的心情也自然纷繁复杂。如果心情有种类可言,那么,它首先便可分为好心情和坏心情两种。其次,好心情和坏心情又可以分别细分,如:好心情可以包含喜悦、怡然、感激、宁静、自豪等,坏心情可以包含痛苦、悲伤、愤怒、恐惧、烦闷等。散文写作将"心情"作为线索,穿织各种零散、琐碎的铃铛(生命体验),是一种有效运思的技术。例如,以"宁静"的心情为线索,便要求我们在自己的诸多生命体验中,搜寻那些具有"宁静"感觉的琐事,如午睡、发呆、看书、散步、浇花等。这类琐事可能是很多件,只要它们都具有基于"宁静"心情的共通感,那么,我们便可以将它们编织在一个"风铃"里,它们的共通感让它们彼此碰撞、对话、拥抱,发出美妙的声音。梭罗写瓦尔登湖的春天,虽然书写了不同事物,却都在以那种满怀希望、欣然的心情将它们编织在春天特有的花环里。现在,我们用手轻按自己的胸口,感受自己此刻的情绪,与此同时,回忆自己生命体验中与此类似或相通的心情,然后拿起笔或敲下键盘,将这些心情及触发它们的琐事,依据时间的顺序写下来——属于自己的风铃就响起来了。

综上所述,散文写作的技术,归根到底是如何发现写作的题材,并如何将它们组织起来的技术。我们对散文写作的技术训练,也从这两个主要方面展开。通常情况下,散文写作者比较容易书写生活中的大事情,而往往忽略生命体验里的琐事及其牵动的纷繁心情。洪堡认为:"散文与日常生活环境有密切的关系,日常生活可以借助发达的散文形式而在精神上得到提高,同时并不因此失去真实性和天然的简朴。"[1]日常生活及其牵动的心情是散文写作的重点。所

---

① ［德］威廉·冯·洪堡特:《论人类语言结构的差异及其对人类精神发展的影响》,姚小平译,商务印书馆1999年版,第232页。

以,发现和组织"琐事心情"成为散文写作技术训练的重点、难点。对这个项目的训练,还有很多方法,例如:随意想出一件能够影响心情的琐事,再由这件琐事联想到不同时空中的此种琐事或此种心情,把它们按照时间、空间或意识流的顺序,有详有略地写出来,就完成了一篇散文的初稿。

### 三、散文写作的语言练习

散文的语言是自由的,这是散文文体的特征决定的,也是散文写作的思维风格决定的。洪堡特将散文与诗歌语言进行了比对,认为:"诗歌只能够在生活的个别时刻和在精神的个别状态之下萌生,散文则时时处处陪伴着人,在人的精神活动的所有表现形式中出现。散文与每个思想、每一感觉相维系。在一种语言里,散文利用自身的准确性、明晰性、灵活性、生动性以及和谐悦耳的语音,一方面能够从每一个角度出发充分自由地发展起来,另一方面则获得了一种精微的感觉,从而能够在每一个别场合决定自由发展的适当程度。"①散文语言的自由性与散文写作的内容密切相关,散文写作的内容又与散文写作者的日常生活密切相关。所以,《秋天的怀念》《春天》和《珍宝的灰烬》三篇散文作者的日常生活不同,写作内容自然迥异,语言风格也便千差万别。但是,这些散文的语言运用都足够自由,或写景记事,或抒情议论,或夹叙夹议,摇曳多姿,自在自得。然而,对散文初学者而言,这种自由的状态往往越发难得。初学者往往眼高手低,思想中固化了中小学时期作文写作的旧有观念,所以,很多人越想将散文写得像"散文",最后写出来的文章往往越僵硬,没有灵性,不够自由。

对创意写作而言,散文写作尤其讲究自由,自由地写出第一个词,自由地展示自己的真实生活与心灵(而不是公开隐私),自由自在写完整篇散文,然后审慎地修改。

(一)写出第一个词

所谓"万事开头难",对散文写作也如此。很多写作者已经想好了写哪些

---

① 　[德]威廉·冯·洪堡特:《论人类语言结构的差异及其对人类精神发展的影响》,姚小平译,商务印书馆1999年版,第237—238页。

内容,但是却不知道第一句话如何写。句子是由词组成的,词是人类对日常生活对象和状态的基本规定。在这个意义上,词即构成了人类认知日常生活的概念。所以,一般认为,散文写作的语言训练,从写出第一个词开始,其实不尽然。

《秋天的怀念》的第一个词是"双腿",《春天》的第一个词是"采冰",《珍宝的灰烬》的第一个词是"我"。三篇散文的写作视角不同(观看这个世界的方式不同),决定着它们开篇选择的词不同。《秋天的怀念》开篇讲述作者双腿瘫痪后的暴怒无常,这种情感持续笼罩在作者和母亲的生活上,执迷不悟,直到母亲突然离世,作者的情感才受到巨大震动,结尾的情感发生转变;《春天》开篇需从冬天瓦尔登湖的冰面写起,采冰人不能影响冰面融化是瓦尔登湖冬天的一个特点,可见唯有瓦尔登湖的春天才有融合寒冰的力量,结尾写春天万物繁华;《珍宝的灰烬》开篇写"我"在子固路上走,才与那对母子相遇,全文以"我"的视角观察、猜想、抒情,结尾在灰烬中看到珍宝。三篇散文的开篇用词,看似设置精妙,其实,未必是作者巧设心思、有意为之,只是由于三者选择了各自的叙述视角:"双腿瘫痪后""从瓦尔登湖的冬天开始"和"我看见一对母子"。所以,散文写作的开篇最重要的不是斟酌某个词语或句子,而是寻找一种一以贯之的叙述的视角(写作者的讲述方式)。找到这个叙述视角之后,第一个词、第一句话便会自然而然地从指尖跳跃而出。我们可以做两种语言练习,以写出第一个词、第一句话、第一个段落。

第一,找到散文的叙述视角,即找到能够吹响那串"风铃"的"风"。在上一节,我们将"琐事心情"编织为一串美丽的"风铃",那么,这篇散文的叙述视角就是吹响"风铃"的"东风"。这个叙述视角并不难找,我们只需跟随自己的感觉,像跟最亲切、最信任、最喜欢的人讲自己的故事那样,随意、任性、自由地讲出来就好——这样的叙述视角往往是自然、亲切、真挚、准确、明晰、灵活、生动及和谐悦耳的。

第二,如果我们实在无法放松、自由地讲出第一个词、第一句话,我们可以翻开词典的任意一页,然后,找到其中第一个(或者以你喜欢的数字为次序)非虚词词语,用这个词语或与之词义相近的词语造句,以引出所要表达的"琐事心情"。如果第一次练习失败了,可以进行多次,以拓展自己的表达思维,放松自己的写作心态。要相信,总有一个词语适合我们;要相信,所有词语都适合我们;要相信,一个词语会带着另一个词语走出来,一句话会带着另一句话靠近我们。

此外,我们甚至也可以用"我"这个词开头。不要想着写作要有创意这件事。创意写作的基本要求首先是写出来。散文写作之所以适合作为创意写作练习,正是因为散文写作的表达要求写作者放松、自由,回归日常生活与平凡的生命体验,珍视每一种"琐事心情"。所以,我们随便写一个词,就开始创作一篇散文了。

（二）展示性语言练习

英美创意写作理论在语言表达层面,要求一定程度地展示(show)而非告诉(tell)。所谓"展示",是指在叙述语言上以描写、记录等镜像表达的方法,将所写内容原原本本地写出来。"展示"这种语言训练方法类似将所写内容看作古典戏剧,不要让戏剧中的人物、事物直接与观众对话或说明自身,而要使戏剧中的人物、事物沉浸在戏剧的世界中,以展览的方式不加说明地、客观地呈现给观众。梭罗对瓦尔登湖春天景物的表达,基本用的是展示的语言,描绘一幅瓦尔登湖春天的画面,让读者观看、沉浸其中,而不是用说明、评价似的语言直接告诉读者描写对象如何。所以,"展示"这样的语言表达技术就像用语言进行电影、戏剧表演一样,是表演性语言或展示性语言。散文的文体特征要求写作者运用展示性语言。

事实上,这种展示性语言在很多古典风格的作品中俯拾即是。例如,荷马史诗、司马迁的《史记》、莎士比亚的戏剧、鲁迅的小说、梭罗的散文等。这些作品的语言,符合洪堡特所谓的"准确性、明晰性、灵活性、生动性以及和谐悦耳"的散文语言特征,尤其具备洪堡特所未关注到的古典风格。所谓古典风格是指与现代风格相对的一种语言风格,它要求语言清晰、简洁,以展示世界为主,是以观看世界中具体事物的方式来写作,进而展示作者所观看到的世界。古典风格不倾向预言、沉思、讽刺或想象,而更倾向于将真实的本来展示给读者。所以,对散文写作而言,展示性语言是一种接近古典风格的语言,有利于"情信""形随"与"心寄"。

例如,朱自清的散文《背影》就是使用了生动、真切的展示性语言。朱自清写他看见父亲买橘子的背影:"戴着黑布小帽,穿着黑布大马褂,深青布棉袍,蹒跚地走到铁道边,慢慢探身下去……他用两手攀着上面,两脚再向上缩;他肥胖的身子向左微倾,显出努力的样子。……过铁道时,他先将橘子散放在地上,自己慢慢爬下,再抱起橘子走……"①朱自清用语言描绘一幅视觉影像,让读者感受叙述视角的真挚。张爱玲的散文《爱》在叙事时也使用了展示性语言。不同之处,张爱玲在文中第一、三段还使用了两句非古典风格的语言:"这是真的。""就这样就完了。"②这两句是讲故事的语言,一个是把读者拉入故事,一个是把读者从美好故事中拉出。其实,这种语言的运用类似中国古典时代章回小说的语言。这两句是与展示性语言相对的"告诉性语言",是作者直接面向读者使用的语言,意在告诉读者"这个故事是真的",这个"美妙的时刻结束了"。由于这两句告诉性语言的存在,张爱玲散文的展示性语言得到凸显。《爱》的最后一段,之所以具有震撼心灵的力量,一个重要的原因,便在于张爱玲恰到好处地处理了展示性语言和告诉性语言之间的关系。这是我们在写作练习时需要多加注意的地方。

此外,我们还需要注意:展示性语言也具有在观点中表达亲切和疏远的灵活性(如鲁迅的散文《藤野先生》),也可以呈现内心情感(如周作人的散文《初恋》),也能够展示过去、现在和未来之间的关系(如苏轼的散文《石钟山记》),也可以处理表现与象征等元素(如王晓莉的散文《珍宝的灰烬》)。③ 那么,如何练习以把握展示性语言呢? 我们可以找一幅画、一张照片或一扇窗户,静观其中的内容,用文字描述视觉、听觉,写出每一个细节,把里面的内容真实、简洁地呈现给读者,就像读者自己所见所听那样。这样练习熟练以后,我们就可以用展示性语言书写自己的全部生命体验了。

---

① 朱自清:《朱自清散文精选》,中国文联出版社 2016 年版,第 30 页。

② 张爱玲:《张爱玲经典作品集》,来凤仪选编,花城出版社 2004 年版,第 70 页。

③ [加]琳达·哈琴、[加]西沃恩·奥弗林:《改编理论》,任传霞译,清华大学出版社 2019 年版,第 37—49 页。

（三）语言修改练习

除了那些能够"妙手偶得之"的天才作者，绝大部分作者都需要修改自己的作品。对初学散文的作者而言，必须认识到：修改是同写出初稿同样重要的写作过程。修改的内容涉及散文初稿的各个方面：题目、开篇、结构、材料、词语、段落、标点、结尾、修辞、风格、语法等所有内容。

修改的过程其实是作者作为读者的过程。如果一个作家从来没有读过自己写的作品，那么这个作家是不具备自我观察与反思能力的，便不能在阅读中把握自己写作的优劣得失，不能借助阅读完善自身。优秀的写作能力需要建立在优秀的阅读能力基础上：阅读经典作品的能力和阅读自己作品的能力。这两种能力一个主要在于学习、借鉴，另一个主要在于反思、完善。在这个意义上，修改活动就是作者反思、完善作品的活动。虽然，初学者可以请老师、朋友帮忙，提出作品的修改意见。但是具体的修改行为，往往还需要作者自己完成。修改阶段的写作所呈现的技术性更强。散文文体讲究"情信""形随"与"心寄"，所以，初学者只要凭借真性情而写，写出琐事及其心情，运用展示性语言，一般都不需要进行太大的修改。修改的重点往往是语言。

对创意写作而言，写作分为三个阶段：第一个阶段是"构思"，即预写阶段；第二个阶段是写，即写出初稿；第三个阶段是修改，即完善作品。前两个阶段的主要任务，不在语言，而在写什么和写出来，写的时候不宜过多斟酌措辞；后一个阶段主要任务之一，则是语言的精益求精。对语言的追求，是写作者的最终归宿。无论多深刻的思想、多热烈的情感，最后都要落实在语言上。对散文写作者而言，最后阶段的语言修改练习，要做好四件事：一是尽力表达简洁，用短句。当句子里有超过 20 个字的连续长句（没有标点分隔）时，我们要注意对它进行适当拆分，以保证表达的简洁、有力。二是去掉多余的形容词。形容词通常是表达作者主观感受的词语，若使用过多，会妨碍读者对散文真实性的领会，尤其在叙事性散文写作中，要格外注意。三是尽可能去掉"告诉性语言"。"告诉性语言"是与展示性语言相对的语言，它更为直接地表达作者的思想感情，甚至直接"站出来"，与读者对话，例如，此刻我对你说"要尽可能去掉告诉性语言"一样。从美学角度看，展示性语言的特征类似于中国古典美学中的"含蓄"，而告诉性语言倾向于"直抒胸臆"，后者更适用于解释性和论说性文体。四是尽量不用别人写过的修辞。"陈言务去"是所有写作的语言要求，散文写作也如此。例如写月亮，已经有人写过"月华如水"和"月亮像一只弯弯的小船"了，我们就不宜再用此类修辞了。修辞创新本质上是对新生命体验的展示，所以，修辞归根到底还是要求作者体验的真实、独特。

我们现在找出自己写过的一篇散文，尝试对标上述修改语言的技巧，对它进行最大可能的修改。修改时，不要担心字数的减少，即便剩下五百字，那也比张爱玲散文《爱》字数多。散文从不以字数多少论好坏，散文贵在"情信""形随"与"心寄"，如能"言美"，则是锦上添花。自己删改之后，再将这篇散文与同学的散文交换，彼此再删改一遍。然后，把两次删改后的稿子，与初稿对比，自己重读一遍，感受语言修改的过程，领悟散文写作的要义。

综上所述，我们在开篇阐明了散文文体的主要特征："情信""形随"和"心寄"，并在随后给出了三篇散文写作范文：《秋天的怀念》（存目）、《春天》（存目）和《珍宝的灰烬》（节选）。在散文文体特征与典范文本的呼应下，我们从散文写作的力量练习、技术练习、语言练习三个方面，讲解散文写作练习的主要要求与方法。在力量练习部分，着意训练对生命经验之力、自我反思之力、超越想象的真实之力的把握能力；在技术练习部分，着重训练对"琐事"及其"心情"的发现和组织能力；在语言练习部分，重点训练如何写出第一个词、如何把握展示性语言、如何修改初稿的语言。力量练习是散文写作的根本，是"琐事心情"的出发点；语言练习伴随散文写作的全过程，是对技术训练的完善，对力量训练的具体发展。其实，对散文作家而言，散文写作是自然而然的事情，就像聊家常那样，语言"自己说话"。换言之，三篇散文范文的作者在写作时，不会考虑散文的文体特征、力量、技术或语言之类的东西，而更大可能是任胸中笔墨流淌。我们所讲解的散文文体特征、典范文本、练习技术，更多是为了帮助散文初学者，尽快把握散文写作的要点与方法。待将它们练习纯熟或领悟到家之后，像儿童学会了走路一样，我们便可以"忘记"那些规定和技法，自然而然地写作和奔跑了。

**【创意训练】**

课堂练习:

1.请你结合老师展示的世界名画,运用展示性语言,写出这幅画所包含的全部"世界",并在书写中,尝试体会这幅画带给你的感受,写出300字,分享给同学们,并对同学们的写作作出评价。

2.拿出自己的一篇散文习作,花10分钟时间修改,再与身旁的同学交换习作,彼此再花10分钟时间修改对方的散文习作,然后比较三个版本散文习作的优劣。注意:可以用不同颜色的笔进行修改,也可以用电脑文档"修订"方式进行修改。

课后练习:

寻找生活中某种"琐事",把那些"琐事"用相应"心情"编织一串"风铃",依据散文的特征,运用散文的语言,把你心中的"风铃"写出来,分享给大家。要求:写出至少三件琐事,或一类琐事的至少三种时空状态;字数在1500字左右。

**【延伸阅读】**

1.汪曾祺:《蒲桥集》,作家出版社2000年版。

2.张爱玲:《流言》,北京十月文艺出版社2009年版。

3.余光中:《时间的乡愁》,中国友谊出版公司2019年版。

4.三毛:《撒哈拉的故事》,北京十月文艺出版社2007年版。

5.周涛:《游牧长城》,湖南文艺出版社2015年版。

6.江子:《回乡记》,广西师范大学出版社2021年版。

# 第十章　剧本写作

【学习目标】

1. 知识目标：了解剧本的文体特征，明确剧本与剧本表演的不同。

2. 能力目标：通过发现与组织生活经验，领会剧本写作的基本方法。

3. 价值目标：养成剧本写作思维，具备通过剧本写作反思己身生活的素质，并且能够写出达到发表水平的剧本作品。

【学习重点】

通过分析代表性剧本文本，领会剧本的文体特征及写作方法。

【学习难点】

在分析、修改自己的剧本习作过程中，理解剧本文体特征。

剧本，或称戏剧文学，即戏剧之文本，是一种文学作品的体裁。众所周知，在中国，戏剧有广义、狭义之分。广义戏剧是话剧、歌剧、舞剧、戏曲的总称。戏曲即中国传统戏剧的独特称谓。狭义戏剧则仅指话剧。因此，相应地，剧本也有广义、狭义之分。广义剧本即一切演出戏剧的文本，如话剧剧本、歌剧剧本、舞曲剧本，也包括电影剧本、广播剧本、电视剧本等各种形式；狭义剧本则仅指话剧剧本。此处所论剧本主要是指话剧剧本。

# 第一节　剧本写作特征

剧本的外在构成主要是台词和舞台提示两部分,其中,以台词为主,舞台提示为辅。台词主要包括人物的对白、独白、旁白、唱词等。舞台提示包括对剧情发生的时间、地点、人物的交代,对剧中人物的形象特征、形体动作、内心活动的描述,对场景、气氛的说明,以及对布景、灯光、音响效果等方面的提示等。剧本演出的舞台场景,或称戏景,是提供观看表演的物质条件,包括道具、布景、灯光、服装等,这些内容仅仅是为表现剧情服务的,决不能喧宾夺主。剧本写作特征主要体现在以下三个方面:表演性、集中性、综合性。

## 一、表演性

剧本的生命在于演出,即剧本的表演性。剧本经典的魅力,首先在于其演之不衰、传之不废的生命力。因此,剧本作者的写作,最终的目标指向是演出。任何一个创作剧本的作者无不是为了演出的。事实上,剧本只有通过演出,才能体现出其全部价值。古今中外优秀的剧本,具有双重价值:一方面具有文学价值,能够适合读者的阅读;另一方面是具有戏剧表演价值,能创造出精彩的舞台表演效果。相应地,剧本有两个接受者:一是文本的读者,是私人阅读;一是舞台前的观众,是一种集体欣赏。更重要的是后一种接受者,因为,舞台是完成剧本的最终表达之所在。优秀的剧本当然是可演可传。如明代戏曲理论家王骥德所言:"可演可传,上之上也。"[①]莎士比亚创作的剧本,曹禺创作的《雷雨》《日出》等,既经得起阅读,又经得起表演。

剧本只是一个静态的文本,其价值还体现在之后的演出中,而这是一个动态的过程,也是一个永无止息的过程。因此,剧本与演出是一与多甚至是无限

---

① 隗芾、吴毓华编:《古典戏曲美学资料集》,文化艺术出版社1992年版,第193页。

的关系。剧本的演出是一次性的、毫无回旋余地面对现场观众,下一次演出,由于环境、氛围、演员自身条件的变化,不可能完全相同,即使是同一个演员演出同一个剧目的同一个角色,第二次演出也不会同上一次的一模一样。因此,剧本与剧本演出,是一与多(甚至是无限)的关系。至于演员,即使是最为优秀的演员,面对经典作品,也应该是"永远在路上"。因此,剧本的演出史、接受史,甚至首演时间也就成了一个并非无关紧要的问题。例如,曾经学术界比较一致的看法是《雷雨》首演于1935年4月27日至29日的日本东京,这一版本又称"日本版"《雷雨》,杜宣、吴天、刘汝醴任导演。由中华话剧同好会在日本东京神田一桥讲堂演出三场。但最近几年不断被新发现的物证和人证所表明,这一看法不准确。2007年11月曹禺研究界在中国浙江省绍兴市召开会议,经过论证重新确定《雷雨》的首演地是中国浙江省上虞县的春晖中学,演出时间是1934年12月2日,比东京的正式演出要早四个多月。应该说,当时浙江省上虞县春晖中学举办校庆纪念会时在学校大礼堂公开演出,是《雷雨》的首演。演员为景金城、胡玉堂、章志铣、经菊英等8位上虞春晖中学的学生。

相对其他文类,剧本的文学性较弱,因为其以舞台表演为目标。因此,考察一部剧本的命运,无非就是两种:一是成功演出,二是无法演出。经过导演处理,用于成功演出的剧本,也可称为"脚本"或"演出本";不适合演出、专供阅读的剧本,称为"案头剧"或"书斋剧"。在中国古典戏曲中,有所谓"案头之曲"和"场上之曲"。只供阅读而不能演出的,或只能演出而无文学性的剧本,都是跛足的艺术。在国外,也有部分不适合舞台演出,甚至根本不能演出的剧本。比较著名的如王尔德的《莎乐美》等。欧洲19世纪的许多浪漫主义诗人和作家创作过很多这种戏剧形式的诗歌,但只能提供阅读,不适合上演。20世纪60年代,陈白尘(执笔)、叶以群、唐弢、柯灵、杜宣、陈鲤庭集体创作的电影剧本《鲁迅传》经过反复修改,但最终没有成功拍摄。随着摄制组的解散,陈白尘于1962年8月最后一次完成修改剧本,并交给上海文艺出版社在1963年3月出版,改名《鲁迅》。这就是一部典型的"书斋剧"。但总的来说,优秀的剧本都是既经得起阅读又经得起表演的。

因此,剧本最主要的文体特征是表演性,即剧本的每一个字都是为了将来能够更好地演出。人物介绍、布景描绘、各种提示词语、适合各个角色的台词等等，都是为了演出而存在、设计的。剧本《雷雨》是"可看（阅读）可演（演出）"的典范。它的舞台提示部分，包含"人物"和"景"。"人物"如下：

姑奶奶甲（教堂尼姑）

姑奶奶乙

姊姊——十五岁。

弟弟——十二岁。

周朴园——某煤矿公司董事长，五十五岁。

周蘩漪——其妻，三十五岁。

周萍——其前妻生子，年二十八。

周冲——蘩漪生子，年十七。

鲁贵——周宅仆人，年四十八。

鲁侍萍——其妻，某校女佣，年四十七。

鲁大海——侍萍前夫之子，煤矿工人，年二十七。

鲁四凤——鲁贵与侍萍之女，年十八，周家使女。

周宅仆人等：仆人甲，仆人乙……老仆。[1]

这里交代了全剧出场所有人物的年龄、身份，以及一些人物彼此之间的关系。这些都是为了演出服务的，由此，演员的选择、角色的身份以及角色彼此的血缘关系和矛盾纠葛等都有章可循了。

另如"景"，则交代了所有场次故事发生的所在场地。

**序幕**

在教堂附属医院的一间特别客厅内。

——冬天的一个下午。

---

[1] 曹禺：《曹禺经典戏剧选集》，新华出版社2010年版，第3页。

**第一幕**

十年前,一个夏天,郁热的早晨。

——周公馆的客厅内(即序幕的客厅,景与前大致相同。)

**第二幕**

景同前。

——当天的下午。

**第三幕**

在鲁家,一个小套间。

——当天夜晚十时许。

**第四幕**

周家的客厅(与第一幕同)。

——当天半夜两点钟。

**尾声**

又回到十年后,一个冬天的下午。

——景同序幕。

(由第一幕至第四幕为时仅一天。)①

该作"景"的详细说明,当然首先也是为了更好地演出。此外,"景"作为人物活动的舞台,能够映照出人物的内心世界。布景的设置,既增强了戏剧悬念,加强了戏剧的矛盾推进,也渲染了环境,更为人物的出场烘托了悲剧性色彩。但值得商榷的是,第四幕注明时间是"当天半夜两点钟",似乎不妥,应该改为"次日凌晨两点钟"更为妥当。

下面是一个不适合演出的反面例子。曹禺创作的经典剧本《雷雨》,是可演可传的经典之作。但是,该作有一处作者的处理就不具有表演性。

(四凤端过药碗来。)

①　曹禺:《曹禺经典戏剧选集》,新华出版社 2010 年版,第 3 页。

鲁四凤　您喝吧。

周蘩漪　(喝一口)苦得很。谁煎的?

鲁四凤　我。

周蘩漪　太不好喝,倒了它吧!

鲁四凤　倒了它?

周蘩漪　嗯?好,(想起朴园严厉的面)要不,你先把它放在那儿。不,(厌恶)你还是倒了它。

鲁四凤　(犹豫)嗯。

周蘩漪　这些年喝这种苦药,我大概是喝够了。[1]

　　该片段出自《雷雨》第一幕,情节是四凤端药给蘩漪喝。蘩漪不想喝,就让四凤倒掉。面对这一命令,四凤有点犹豫,就反问"倒了它"。就在这瞬间相持之际,蘩漪改口,让四凤把药先放着,立马又说还是倒了它。由这些台词可以显现蘩漪的迟疑、反复,但是作者写道她"想起朴园严厉的面",这一思想活动却无法通过演员表演出来让观众看见,如果是电影则可以做到。因此,"想起朴园严厉的面"不具有表演性,如果改为"犹豫、恐慌、害怕"可能更为妥当,更具有表演性。

　　总之,表演性是剧本的主要特征之一。诚然,"一切都是为了表演",剧本作者写下的每一个字都是为了将来能够更好地表演。

**二、集中性**

　　由于演出的时空限制,剧中人物既要用自己的语言和行动来表现自己的特征,这一表现也还必须在一定的时间(一般是1—2小时)、空间(舞台空间)之内完成。因此,剧本必须浓缩地反映现实生活,集中地表现矛盾冲突。其他文学作品的作者可以无限想象,精骛八极、心游万仞,但是剧本必须在有限的时间、空间内把故事表演结束,故事情节、活动场景不可随意铺展。因此,剧本必

---

① 曹禺:《曹禺经典戏剧选集》,新华出版社2010年版,第26—27页。

须高度集中,必须高度地浓缩反映生活。它必须把复杂的人物、故事集中在一个或几个主要场景中来,通过最为紧凑的情节结构,突出故事主线,展示矛盾冲突,刻画主要人物形象,表现生活内容。这就是遵守古典主义"三一律"理论对时间、地点、行动三者的完整划一的要求。

剧本的演出时间(不是故事时间,故事时间可以无限)有限,最多不能超过3~4小时,否则,时间太久,观众无法承受,演员也难以熟记台词无法表演下去。情节(舞台上表演的)不能过于复杂,也不能太拖沓。场上人物不能太多,主要人物一般就那么几个。否则观众看不懂。场景的集中,也是为了防止对制景、换景和表演带来麻烦。经典的《雷雨》就是时间、空间、情节集中的成功之作。另如《茶馆》,故事时间从1898年戊戌变法失败到1948年国民党统治崩溃的前夕,前后跨度达半个世纪,但是每一幕的时间是非常浓缩的,整个演出的时间仅两个多小时,地点始终是同一个茶馆。

戏剧通过几个核心手段来实现内容的集中:在主题上,戏剧倾向于聚焦单一主题,而非像小说那样可以涉及多个主题。在人物方面,戏剧通常集中展现少数核心角色,而非众多配角。在场景设计上,为了容纳丰富情节,戏剧力求场景简洁,将事件压缩到有限的舞台空间内。在情节上,戏剧强调主线,删减次要情节,有时将不同时间、地点的故事融合在同一场景中表现。在冲突上,戏剧突出主要矛盾,略过次要冲突,以确保剧情焦点清晰。不能事事上台,许多戏只能虚写,在人物对话中加以"回顾""说明"。

总之,集中性是剧本的内在特质。剧作者通过各种艺术手法,在情节安排、人物塑造、矛盾冲突、主题表达等方面高度集中,将故事情节不断推进,使观众始终保持高度的注意力和紧张感,在有限的时间内获得强烈的审美体验。

### 三、综合性

众所周知,戏剧是一种集文学、音乐、舞蹈、美术、表演等多种艺术形式于一体的综合性艺术。相应地,剧本的文体特征也表现为综合性。剧本是舞台演出的基础和依据,规定了戏剧的主题、人物、情节、语言和结构,综合了文学、表演、舞台美术、音乐音效等,在创作中也体现了这种多元融合的特点。

如曹禺的《雷雨》。它的人物元素很丰富,有周朴园、繁漪、周萍、四凤等众多性格鲜明、形象立体的人物。对话元素也很精彩,人物之间的对话充满了张力,推动了剧情的发展,展现了人物之间的矛盾和冲突。情节元素更是扣人心弦,各种复杂的情节交织在一起,让整个故事充满了悬念和戏剧性。还有布景元素也很用心,通过精心设计的布景,营造出了一种压抑、沉闷的氛围,让观众能够更好地沉浸在剧情中。这些元素在《雷雨》这部话剧剧本中相互融合、相互映衬,共同构成了一部极具艺术感染力的作品。

另如《茶馆》里有各种各样的人物,像王利发、秦仲义、常四爷等等,通过他们的对话和行动展现了不同社会阶层的生活状态和思想变迁;情节上跨越了三个不同的历史时期,通过茶馆这一微观视角反映了宏观的社会变迁;在语言上也极具特色,充满了京味儿;还有舞台布景也很用心,很好地营造出了老北京茶馆的氛围。

总之,剧本一般都要结合多种艺术元素,以舞台对话的形式展现具体的艺术形象,直接向观众展示社会生活的情景。谚语"舞台小天地,天地大舞台",前半句是说小小的舞台却上演着人生天地间的大剧,也道出了剧本综合性的特征。

## 第二节 剧本典范文本

范文一

# 雷雨①(存目)

### 曹 禺

曹禺的《雷雨》最初发表于 1934 年 7 月的《文学季刊》,作者曹禺时年 23 岁。《雷雨》在中国话剧史上无疑具有极其重要的意义,它被认为是中国现代

---

① 曹禺:《雷雨》,人民文学出版社 2001 年版。

话剧成熟的标志。直至《雷雨》问世,"中国有自己的戏可以演了"。

《雷雨》是中国话剧史上第一部用"三一律"结构形式写成的多幕剧。"三一律"由文艺复兴时期意大利戏剧理论家最早提出,后成为欧洲古典主义戏剧结构的基本原则。它要求剧本创作必须遵守时间、地点和行动的一致,即要求单一的故事情节,戏剧行动发生在一天之内和一个地点。曹禺借用"三一律",以高度集中的情节谱写出一部震撼人心的悲剧。他运用"三一律"的结构方式,将具有普遍联系的社会生活现象,汇聚到在时间和空间上有一定限制的舞台画面里,并且在舞台上充分展开了矛盾冲突的发展过程,激情洋溢地"发泄着被压抑的愤懑",从而有力地揭露了旧家庭旧社会的罪恶。

本剧把周、鲁两个家庭前后30年的矛盾冲突集中在"一个初夏的上午"到"当夜两点钟光景"的一天之内展现,而且冲突基本上是在周家客厅里展开的。本剧在艺术上达到了很高水平,作者非常熟悉旧家庭生活,对塑造的人物有着深切的了解,人物性格的把握非常准确:周朴园的专横伪善,蘩漪的乖戾不驯,给我们留下挥之不去的印象。作者善于把性格各异的人物组织到统一的情节结构之中,营造出许多紧张、精彩的戏剧场面和强烈、集中的戏剧冲突。如鲁侍萍面对周朴园时的情感冲突。这一情感冲突的呈现不仅展示了主人公鲁侍萍的丰富性,还深刻地反映了社会背景下个体命运的无奈和抉择。此外,剧本还通过鲁侍萍忍住相认儿子周萍的场景,巧妙地反映了人性的复杂,使观众能够深入思考角色的内心挣扎和现实选择。

剧中周朴园与鲁侍萍几十年后在周公馆意外重逢片段,彼此言语试探、交锋的过程,作者运用巧妙的伏笔与暗示,关于家具、关窗习惯等细节描写,为两人的关系和过往埋下伏笔,使相遇情节的展开自然合理,又增添了意外感。鲁侍萍反复提及三十年前的往事,暗示了她与周朴园的特殊关系,也暗示了即将爆发的激烈冲突,为剧情发展营造了紧张氛围。剧本的潜台词非常丰富,如周朴园问"你——你贵姓"、"你好像有点无锡口音"等话语,表面平淡,实则暗藏试探和不安,鲁侍萍的回答也是话里有话,蕴含着复杂的情感。总之,该片段全方位地展现了《雷雨》的独特艺术魅力。

范文二

# 茶馆①（节选）

老　舍

〔乡妇、小妞走出去。李三随后端出两碗面去。

王利发　（过来）常四爷，您是积德行好，赏给她们面吃！可是，我告诉您：这路事儿太多了，太多了！谁也管不了！（对秦仲义）二爷，您看我说的对不对？

常四爷　（对松二爷）二爷，我看哪，大清国要完！

秦仲义　（老气横秋地）完不完，并不在乎有人给穷人们一碗面吃没有。小王，说真的，我真想收回这里的房子！

王利发　您别那么办哪，二爷！

秦仲义　我不但收回房子，而且把乡下的地，城里的买卖也都卖了！

王利发　那为什么呢？

秦仲义　把本钱拢在一块儿，开工厂！

王利发　开工厂？

秦仲义　嗯，顶大顶大的工厂！那才救得了穷人，那才能抵制外货，那才能救国！（对王利发说而眼看着常四爷）唉，我跟你说这些干什么，你不懂！

王利发　您就专为别人，把财产都出手，不顾自己了吗？

秦仲义　你不懂！只有那么办，国家才能富强！好啦，我该走啦。我亲眼看见了，你的生意不错，你甭再耍无赖，不长房钱！

王利发　您等等，我给您叫车去！

秦仲义　用不着，我愿意蹓跶蹓跶！

〔秦仲义往外走，王利发送。

---

① 老舍：《茶馆》，人民文学出版社 2001 年版，第 15 页。

以上文字选自三幕剧本《茶馆》中的第一幕，作者老舍。《茶馆》是老舍于1956年创作的经典剧本。他最初创作了《秦氏三兄弟》，经与曹禺、焦菊隐等艺术家讨论，以《秦氏三兄弟》中第一幕茶馆场景为基础，创作了《茶馆》，发表于《收获》杂志1957年7月创刊号。

《茶馆》写世间万物，是一部揭示社会变迁的经典剧本。剧本共三幕，分别描绘了不同历史时期(1898年戊戌变法失败后，民国初年军阀混战时期，抗战胜利后国民党统治时期)的社会风貌。片段选自《茶馆》第一幕，时间设定在1898年戊戌变法失败后。作者在这一幕里，向我们展示了中国封建社会的末日即将来临，是全剧最凝练最集中的一幕。这一幕没有中心故事，只有一些零星的事件，再用茶馆老板王利发将它们贯穿起来。开场时，旗人松二爷和常四爷来喝茶，常四爷因说了句"大清国要完"被特务宋恩子、吴祥子抓走。接着，以说媒拉纤、拐卖人口为生的刘麻子，在茶馆里向庞太监兜售乡下姑娘康顺子，庞太监用二百两银子买下。秦仲义也来到茶馆，打算收回房子，搞实业救国。茶馆掌柜王利发小心周旋于各类人物之间，努力维持着茶馆的生意。

剧本通过这些人物的活动和对话，展现了晚清社会的黑暗、腐朽和混乱，以及各阶层人物的生活状态和思想观念，反映了晚清社会的必然灭亡。首先，清末社会风气低下，以庞太监为代表的官僚们与其狗腿子(宋恩子，吴祥子)在民间作恶多端，贪赃枉法，使得百姓有口难言。其次，当时处于社会底层的人民物质生活疾苦，奴性守旧思想严重。而以松二爷为代表的八旗子弟长期不劳而获，无所事事，思想麻木不仁。最后，外来思想与洋物品大量涌入与中国古旧传统产生激烈碰撞，显见旧中国社会风气的积重难返，难以适应新思想的发展。

作者在第一幕中设置了多组矛盾冲突，如常四爷与特务的冲突、刘麻子与康六的冲突、秦仲义与王利发的冲突等，这些冲突相互交织，使剧情紧凑，吸引观众的注意力，为后续剧情的发展埋下了伏笔。至于最后一句台词"将！你完啦！"表面上是下棋时的用语，实际上具有深刻的多重含义，引人深思。

范文三

# 蒋公的面子①（存目）

温方伊

《蒋公的面子》讲述的是在 1943 年的重庆,蒋介石亲自担任国立中央大学校长,邀请了三位中文系知名教授共进年夜饭。这三位教授面临着一个难题:是否要给蒋公这个面子呢? 1967 年,南京。三位教授因这次邀请而遭受审查,他们各自对是否赴宴和是否接受邀请有着不同的回忆。想吃火腿烧豆腐却又因在课堂上不承认蒋介石当校长的夏小山,是一个中立的学者,醉心学问却也爱美食,在美食与面子间抉择,只好推说只要请柬署名,由校长改为蒋院长或蒋委员长,他就欣然赴宴,找台阶下。痛恨蒋残忍杀害自己的学生却又想请老蒋帮忙的右翼分子时任道,是一个站在政府对立面的激进派,痛恨蒋介石却又有求于他,因抗日导致珍贵藏书留在桂林,想借赴宴望老蒋协助。与体制合作又被两位教授同僚呵斥是谄媚之举的卞从周,是一个支持蒋政府的保守派,但也想拉人下水维持自己的“文人面子”。他不支持学生上街游行,又给国民党机关报《中央日报》撰稿,内心想去,可被两位教授同僚呵斥是谄媚之举,为了面子,就摆出不赴宴的姿态……

话剧采用时空交织的方法安排情节,设置了 1943 年的重庆和 1967 年的南京这两个时空,通过回忆、场景转换等手法,让观众在两个时空之间来回切换,感受时代变迁对人物命运的影响。剧本从“文革”时的牛棚开场,三位被打成“牛鬼蛇神”的教授,为洗刷自身历史问题,回忆起 1943 年时,三人在重庆茶馆讨论是否应赴蒋介石邀宴的情境。两个时空相互穿插、交织,形成巧妙的印证结构,以人物回忆为纽带,将两个不同时期的情境连接起来。一个时段是讨论是否给蒋公面子赴宴,另一个时段是表现 1967 年知识分子的状态,由此展现了在不同政治环境下知识分子面对的困境以及他们复杂的心态变化,具有丰富的

---

① 温方伊:《蒋公的面子》,南京大学出版社 2013 年版,第 3 页。

文化意味。

第六幕是《蒋公的面子》中非常重要的一幕,也是全剧矛盾冲突的一个小高潮。三位教授在这一幕中争吵不休,甚至大打出手,将他们之间关于是否给蒋公面子赴宴的矛盾彻底激化,让观众的情绪也随之被点燃,深刻地展现了知识分子在面对强权时的复杂心态和选择。剧本台词极富文化底蕴,人物在对话中引经据典,体现了三位教授的文人身份,同时也增加了作品的文化内涵,使剧本语言既具有文学性又贴合人物和剧情。有评论家认为,《蒋公的面子》"继承了'五四'以来启蒙戏剧的脉络,拥有开阔的表现空间,给当代戏剧的发展路径,提供了启示"[1]。

## 第三节　剧本写作练习

电影从业人员已经充分意识到:"没有好剧本,就不应该拍摄。"话剧同样如此,没有好的剧本,就不应该演出。因此,要重视剧本的写作,以诞生更多更好的可看可演的剧本佳作。

首先,重视戏剧教学,及早启蒙并激发写作主体的兴趣。即从基础教育开始,有意识地渗透戏剧知识、剧本阅读、剧本演出与剧本写作等活动,提高每一位写作主体对戏剧的初步兴趣。如部编版语文教材就做了很好的示范。该版四年级上册第 8 单元第 26 课《西门豹治邺》后,有一"选做题",显示了基础教育编写者对戏剧启蒙的重视。首先,编者解释了剧本的概念,即"主要依靠人物对话来推动情节,刻画人物"。然后建议让学生"在老师的指导下,试着根据'阅读链接'中剧本的开头改编课文,并演一演这个故事"。

---

[1]　傅谨:《文化中国关键词:回归戏剧传统》,《人民日报》,2013 年 1 月 18 日,第 24 版。

# 西门豹治邺①（节选）

时间：战国时期

地点：魏国邺县，漳河河边

人物：西门豹（邺县县令）

老巫（给河神娶亲的巫婆）

新娘（准备给河神做媳妇的姑娘）。

官绅、小巫（河神娶亲的参与者）

卫士、围观百姓若干

[这天是给河神送亲的日子，漳河边上站满了围观的老百姓。……

此外，北京师范大学版语文第9册的《负荆请罪》，第11册的拓展阅读《丑公主》，第23册的《甘罗十二为使臣》，都是适合中小学生学习的剧本。这些都显示了基础教育教材编写者对戏剧教学启蒙的重视。

其次，写作主体在实践中要养成剧本写作思维。写作思维指主体在写作时运用的思考方式与认知模式，主导内容构建与表达效果，包括逻辑思维、形象思维、发散思维、逆向思维、创新思维等。在剧本写作过程中，写作主体必须有剧本写作的独特思维，就像在电影剧本写作中拥有蒙太奇思维一样。剧本写作的独特思维，体现为舞台直观思维、冲突构建思维、人物行动思维、对话潜台词思维等。养成剧本写作的独特思维的前提，是要深刻地认识到剧本的文体主要特征，即表演性、集中性、综合性，尤其是表演性，因为，剧本的每一个字都是为了能够演出，能够更好地演出。剧本不同于小说、诗歌、散文，前者的表演性特征是后者不具备的。因此，对剧本文体主要特征的深刻体悟，养成剧本写作思维，是剧本写作主体的必备素质。

---

① 教育部组织编写：《义务教育教科书·语文四年级·上册》，人民教育出版社2024年版，第114页。

再次,写作主体要了解并掌握剧本写作的各种策略。(一)前期准备。1.确定主题与核心概念。明确剧本想要传达的核心思想或情感,确定故事的核心冲突或驱动力。2.人物设定。构思主要角色,包括他们的背景、性格、目标和动机,并设计角色之间的关系和互动,确保他们之间有足够的戏剧张力。3.故事背景。设定故事发生的时间、地点和社会环境,考虑背景对故事和角色的影响。(二)情节构建。1.开头设置。引入主要角色和背景,设定故事的初始状态,引发观众的兴趣。2.发展冲突。逐步展开主要冲突,增加故事的紧张感,通过角色之间的互动和事件的发展来推动故事前进。3.高潮与转折。设计故事的高潮部分,让冲突达到顶点。如果在高潮中引入转折,改变故事的走向,那么戏剧效果则更加强烈。4.结局。解决主要冲突,给角色和故事一个合理的结局。当然,这也要考虑结局对观众的情感影响。(三)写作技巧。1.对话设计。对话要自然、生动,符合角色的性格和情境。需要注意的是,对话要推动故事发展,避免无关紧要的闲聊。2.场景描述。场景描述要简洁明了,突出关键细节。考虑场景对角色和情节的作用,营造氛围。3.节奏控制。保持故事的节奏紧凑,避免冗长和拖沓。在适当的时候加入紧张感和悬念,吸引观众。4.视角选择。选择合适的叙述视角,如第一人称、第三人称等,尽量保持叙述视角的一致性,避免混淆。(四)修订与反馈。1.自我修改。完成初稿后,仔细修订,检查情节连贯性、角色一致性和对话质量,尤其要消除冗余和不必要的部分,使剧本更加精练。2.寻求反馈。将剧本分享给信任的朋友或同行,收集他们的意见和建议。根据反馈进行必要的修改和完善。3.多次迭代。剧本写作是一个不断迭代的过程,需要多次修订和改进,直到剧本达到满意的效果。

通过以上策略,写作主体可以更加有效地进行剧本写作,提高剧本的质量和吸引力,努力使得剧本成为能读能演的作品。

最后,写作主体要认识到剧本写作是一个不断修改完善的过程,剧本写作要与演出并进。写作学理论中流传这样一句话:"三分写作,七分修改。"这深刻地道出了修改在写作过程中的重要地位。剧本写作和其他文类写作一样,要在反复修改打磨中完善。诚然,精雕细琢,方出佳品,因此,我们要在剧本写作的各个环节做认真的修改。此外,剧本修改还有其特殊性,那就是要结合剧本表演进行修改。这是因为,剧本写作最终还得要由演出实践来检验。1942年,郭沫若的话剧《屈原》在重庆公演。在几次观看演出后,作者与扮演婵娟的张瑞芳在后台谈起婵娟斥责宋玉的一句台词"宋玉,我特别的恨你,你辜负了先生的教训,你是没有骨气的文人"。作者觉得这话在台下听起来不够味,想在"没有骨气"下边加上"无耻的"三个字。张瑞芳尝试表演后,觉得还是不大够味儿。这时,在一旁化妆的另一位演员张逸生插话说:"'你是'不如改成'你这','你这没有骨气的文人',那就够味了。"郭沫若听后,立即觉得这个字改得十分恰当。于是,他立即将句子改了过来,并尊称张逸生为"一字之师"。这就是一个在表演过程中进行剧本修改的经典例子。曹禺曾说:"我认为剧本跟小说不一样,小说可以定稿,剧本永远定不了稿,因为它的生命在于演出。剧作家的创作,仅是戏剧创作的一个重要的部分。此外,它还需要导演、演员、观众共同完成。剧本的修改,最靠得住的,是演出之后的修改。演员改、导演改、观众改,使它慢慢好起来。剧本是活东西,只要这个剧本还在演出,还有生命力,它就是不断创造,不断地改。"①因此,剧本写作和其他所有的文体写作一样,都是在字斟句酌的态度下趋于完美的。只有重视修改,以严谨的态度和耐心反复打磨,写作主体才能写出一部部优质剧本。

戏剧是一门很古老的艺术。曾经长期占据众多艺术门类的首位,甚至一度有"艺术的皇冠"之称,是一个国家或民族文化发展水平的标志。人类演戏与看戏的欲望,那种在"演"与"观"中进行精神交流与互动的人性的要求,是永远不会消失的。因此,人类离不开戏剧,除非地球上只剩下最后一个人。

当下,年轻人流行"剧本杀"游戏。这是一种基于剧本的角色扮演游戏。玩家通过扮演剧本中的角色,根据搜集"案发现场"的证据和与其他角色的沟通交流去探索完整的故事真相,并结合自己的故事背景演绎和推理破解"案件"过程,找出"真凶"或隐匿身份。根据中国文化娱乐行业协会与中国青少年研究中心共同发布的《青少年沉浸式娱乐及权益保护研究报告(2021)》显示,

① 王兴平、刘思久、陆文璧编:《曹禺研究专集(上册)》,海峡文艺出版社1985年版,第188页。

超六成青少年表示"喜欢""很喜欢"玩密室、"剧本杀"类沉浸式娱乐项目,且年龄越低喜欢的比例越高。显然,这种游戏暗合了人类演戏与看戏的原始欲望。无可否认,也有不少年轻人沉迷其中,从现实中割裂,无法回归正常生活。显然,这些年轻人没有很好地理解人与戏,戏剧与人生,理想与现实之间的关系。

我们知道,戏剧把人间的矛盾、冲突和斗争活生生地摆在观众面前,不是为了挑起仇杀,而是为了让观众接受精神的洗礼,净化人的灵魂,即使是展现了人类之"恶",也是为了劝善惩恶。因此,戏剧教育不仅仅局限于戏剧艺术本身,它在人的素质教育中起着无可替代的重要作用。它不仅能提高人的艺术鉴赏能力和审美情趣,而且能锻炼和加强人自我表达的能力、思维能力、宣讲动员能力、社会协调与人际交往能力。在世界发达国家的教育和教学体系中,戏剧艺术是一门不可或缺的课程。而文学史、戏剧史上的所谓戏剧经典名著,其实就是一个个剧本。如古希腊的悲喜剧大家、莎士比亚、易卜生、关汉卿、汤显祖等之所以被后人认识,都是因为他们的剧本被流传下来了。因此,我们一定要重视戏剧教育,更要重视剧本的写作、剧本的演出,以及剧本知识的普及。

**【延伸阅读】**

1. 曹禺:《曹禺经典戏剧选集》,新华出版社 2010 年版。

2. 董健、马俊山:《戏剧艺术十五讲》(修订版),北京大学出版社 2012 年版。

3. 温方伊:《蒋公的面子》,南京大学出版社 2013 年版。

4. 陈军:《专与钻:戏剧与文学论集》,中国戏剧出版社 2016 年版。

5. 刘立滨、杨占坤编著:《戏剧鉴赏》,北京大学出版社 2018 年版。

6. 谢柏梁主编:《中国戏曲文学史·古代近代卷》,高等教育出版社 2020 年版。

# 第十一章　新媒体写作

【学习目标】

1. 知识目标：了解新媒体创意写作的特点及创作要求。

2. 能力目标：掌握新媒体文学常见类型，如短视频文学、微博文学、微信推文的鉴赏与创作方法。

【学习重点】

掌握新媒体文学的鉴赏与创作方法。

【学习难点】

新媒体技术与创意写作技巧的融合。

新媒体创意写作，是随着互联网技术的飞速发展而兴起的一种新型写作形式。它以新媒体平台为载体，借助数字化的技术手段，结合传统写作艺术，致力于创造出适应新时代读者需求的高质量内容。这种写作形式不拘泥于传统文学的固有模式，而是利用新媒体的交互性、即时性和广泛性等特点，创作出具有鲜明个性和时代特色的作品。新媒体创意写作更加注重与读者的互动，更加注重语言表达的丰富多样。它借助于新媒体平台，为广大创作者提供了一个展示才华、传播思想的广阔舞台，也为读者带来了丰富多样的阅读体验。

# 第一节　新媒体写作特征

从宏观的视角来看,作为技术手段的传播媒介与整个社会的发展变迁、人类的生活状态以及历史文化特征是密切相关的,可以说媒介技术的不断发展是整个人类传播活动不断得到发展的基础前提。纵观人类历史发展长河,媒介历史大体经历了口语时代、书写时代、印刷时代、广播影视时代、网络与新媒体时代几个阶段。

进入 20 世纪中后期以后,以互联网为代表的计算机技术的迅速崛起使传播媒介发生了革命性变化。Internet(因特网)主要是通过电脑、光缆和现成的电话通信线路,将全世界多个国家和地区的数千万用户连接起来,形成一个全球范围的电脑互通网络。网络传播媒介是利用互联网等信息技术发展起来的传播媒介。网络可以分为局域网与广域网,局域网是指由少数的计算机所连接起来的小型网络。广域网就是我们所说的互联网,也就是我们俗称的网络。Internet 主要采用 TCP/IP 协议的计算机网络以及这个网络所包含的全世界范围内的巨大信息资源。它是一个国际性的计算机网络集合体,集现代化通信技术、现代计算机技术于一体,是一种计算机之间实现国际信息交流和共享的手段。

随着网络信息数字技术的不断创新,新型媒体形式不断涌现,如数字报纸、数字杂志、数字广播、数字电视、数字电影、移动电视、手机短信、网络、桌面视窗等。它们通过数字化交互性的固定或移动的多媒体终端向用户提供信息和服务的传播形态,人们称其为"新媒体"。1998 年 5 月,联合国秘书长在联合国新闻委员会年会上正式提出:互联网已经成为继报刊、广播、电视之后的第四媒体,互联网正式成为新兴大众传播媒介。

新媒体的"新"是相对传统大众媒介(报纸、广播、电视等)而言的,从技术上看,它基于网络技术和移动通信技术,从传播渠道上来说是通过互联网、宽带局域网、无线通信网、卫星,从输出层面上来说主要依靠电视、电脑、手机。

在互联网环境下,数据的输入、输出、存储、运算均以数字方式进行,信息的生产方式数字化,以比特的方式来呈现文字、图片、视频、音频信息。信息流的传输是以数字流为基础,以有限数"0"和"1"的组合和排列来表示。与传统介质相比,传统通信系统主要是基于模拟电路系统,信息的编码和解码主要借助光与声波等能量信号的组合变化进行,而网络与新媒体信息的编解码主要借助数字完成,数字流信号取代传统的能量模拟信号,在传播领域带来了一系列连锁反应,使得信息的传播组织、符号载体以及传播工具都发生了相应巨变。

首先,人类第一次可以利用极为简洁的"0"和"1"编码技术,来实现对一切声音、文字、图像和数据的编码、解码,由此产生的多媒体技术,能对多种载体(媒介)上的信息和多种存储体(媒介)上的信息进行处理。不同于以往媒介的单一线性符号传播,多媒体传播能够同时采集、处理、编辑、存储和展示两个或以上不同类型媒介的信息,包括文字、声音、图形、图像、动画和活动影像等。

其次,由于不同的传播载体使用一种语言:数字编码,从而使信息接收者能在电脑、手机、电视、DVD或游戏机等各种平台上无缝地共享各种内容,由此一种媒介大融合的趋势正在呈现。

再者,数字化文本可以被轻易复制且散播,无论是印刷媒体还是传统电子媒体,由于其信息复制需要相应的物质载体和流通渠道,因此其复制无论在成本、便捷度还是扩散规模上都远远不及新媒体,它所引发的传播社会参与是史无前例的。

在网络社会中,传统的时空概念被打破,社会成员的网络虚拟关系逐渐成形。虚拟关系是人们在网络空间内进行人际互动的形式,发生在网络个体之间的交往过程中。虚拟关系首先改变了交往中的社会个体。在传统的社会关系中,社会个体"我"的概念是在具体的社会环境中社会角色的扮演。而在虚拟关系中,传播的匿名性和自由性使得"我"得以在网络社会中实现多角色扮演,或者身份地位的再造。网络社会角色可能是现实社会角色的映射和延伸发展,也可能区别于现实社会角色,个体在不同的交流环境中扮演不同的角色并可任意切换。总之,由于技术介入社会公共生活,使得主体在进行实践行动时处于一种虚实结合、多重关系错综交织的场景之中。虚拟关系改变了交往的模式。

传统的交往基于血缘、地理、情感、生存等有形纽带,但是虚拟关系是在交往中寻找自己与虚拟社群的差异来获得"自我"和"群体"的认同,这比有形纽带或机械联系都更具吸引力。不仅如此,虚拟关系还改变了交往的内容和手段。大部分的网络沟通是自发的、非组织的,较少受到真实社会角色的影响,较少受交往情境和群体压力的制约,因此更富创造性、自主性、趣味性。在网络这个开放、易得的传播路径中,交往内容真正实现了人们一直追求的高度自由、自主的个体需求满足的"拼贴"状态。同时,基于专业性、功能性、"趣缘"基础上的网络社会关系,更容易发展为广阔的、支持性的互动,扩大了沟通的范围。当今社会,入网技术门槛低,信息作为社会资源很容易被获取,交流身份壁垒也很容易被打破,虚拟情景对话中人们意识的平等化等等,都是对传统传播权力机构的革命,传统社会中"有信息素养无信息资源"的中层力量在网络社会中大大增强,社会结构更加合理、稳固。

新媒体作为一种开放性媒介,包含新型的文本体验,如电子文本、超文本、多媒体文本、超媒体文本等;对现实与世界新的呈现方式,如虚拟现实中的沉浸感和交互性;交往主体与新技术之间的新型关系,如平等交互、虚实结合等;传统媒体与新媒体之间新的传承与互动等。这些新的媒体体验方式为我们概括了这种新媒体的特点,即它的数字化、交互性、超链接(多层次的文本链接)、分布式结构、虚拟现实的生存模式。接下来需要追问的是,新媒体的以上体验会生成什么样新的写作规律和要求?我们认为,新媒体创意写作除了具有创意性外,还具有鲜明的交互性、营销性、文本融合性等特点。

第一,交互性。新媒体创意写作给创作者和阅览者提供了一个广泛的交互平台,它突破了传统媒体单向度的线性传播模式,让受众以一种主人翁的姿态参与其中。这就要求写作要有平等分享意识。传统媒体写作,是站在读者之外,甚至是之上,所以它的写作是封闭式的,写作者想写什么就写什么,完全站在自我的立场,写自己认为能写、想写、要写的东西。而新媒体创意写作,主要考虑的是读者的需求,市场的需求,所以新媒体创意写作更具个性化,也更具针对性。它的写作模式不是说我写好了一篇文章交付于你,而是站在受众或者读者的立场上,先是了解他们的需求,再从他们的需求点出发,写出他们想看的内容、想了解的东西。它的写作不再是高高在上，而是要站在与读者、受众平等的地位，是与他们分享，通过分享形式，满足传播的需要。只有全面地了解受众的价值标准、情感趋向、利益需求，才能更有效地与受众进行沟通联系，增强沟通的内聚力。

第二，营销性。新媒体的使用群体中，或者出于真正的经济目的，或者为了推销自己的观点，或者为了提升自己身份与品牌效应，从具体叙事话语表达至综合选材与结构布置都具有强烈的营销思维。营销思维的实现路径常常通过两个方面来实现：一是情感营销，通过身份认同、阶层认同、经历认同、观点认同等方式来凝聚叙事主体与受众的共同情感契合点，并将这种情感的生成与表达并入叙事过程。比如 2015 年河南实验中学一名女教师辞职的事件，经新媒体传播后，其辞职理由"世界那么大，我想去看看"迅速成为新媒体的叙事标签，亦成为很多网友的个性签名。很多新媒体作品围绕该标签展开情感营销，工作压力大、向往自由生活、摆脱现实捆绑、勇于投入新生活、人生的多重选择等叙事阐释，将更多相同情感经历者迅速集结并形成讨论"社区"。二是效益营销，新媒体已经成为经济效益增长的新战场，品牌代理、直销商、生产商、供应商等从商者以微商的角色出现在新媒体使用者行列。这些创作主体在新媒体叙事过程中更加重视对营销商品的推介与吸引力塑造。

第三，感官融合性。审美体验的基本特性，是基于感官的。审美体验离不开人的感官，它作用于视、听、味、嗅、触五种感知能力。传统写作通过作品的语言文字、声音等来传达思想，受众仅仅只能通过视觉或听觉等单一感官去感知作品，对作品内涵的理解渠道比较窄。相较于单一感官，增加多感官刺激，如更多样化的色彩、声音、触觉等刺激，可以增加作品的吸引力，提升受众的注意力与参与度，进而更好地传达信息，使受众对作品有更好的认知效果。新媒体是多感官融合的媒介，它汇集了文字、图片、音频、视频、动画和其他动态元素，呈现出五彩缤纷且动静相宜的符号世界。这些表现符号，通过特定计算机语言整合在尺幅页面之中，呈现于手机和各种新媒体终端之上。目前新媒体创意写作虽然仍以文字为主体，但会添加上背景音乐、照片图画、符号等做点缀，再加上艺术的排版和构图，大大增强了新媒体作品的艺术感染力。读者的感官被全面调动起来,阅读成为一场视听盛宴、一种感官享受。受众在多种感官的刺激下,会对文本作品产生新的知觉体验。

人民日报"中央厨房""云平台"以新媒体作品替代了单纯的纸媒报道,涌现出一批传播广、点击多、口碑好的融媒体作品。2020年,《行走黄河滩·我的迁建故事》荣获第三十届中国新闻奖网络专题一等奖。该专题以多种形式呈现,有新闻、有通讯、有图片、有视频、有评论、有长卷,更有音乐的陪衬,立体展现齐鲁大地波澜壮阔的脱贫攻坚、建设美丽乡村的画卷,赢得了广大网友、迁建者、滩区村民和媒体同行们的普遍认可和点赞,成为全国脱贫攻坚主题报道的经典案例。

在文学创意写作领域,文学的跨媒介化传播在信息时代已成为一种常态。例如依靠声媒的文学传播新媒体"蜻蜓FM"等,电影、电视、网游、动漫等也都成了文学的新寄宿载体。这促使许多跨界作家加盟新媒体创作,同时也意味着融媒体文学传播已与各类媒体形成了共生共进的新关系。2020年《诗刊》社承办的"奋进新时代,礼赞奋斗者"音乐诗歌咏唱会,着力于诗歌的多形态转化、多领域互动、跨媒介传播,该音乐诗歌咏唱会采用了谱曲演唱、情景剧、配乐朗诵等多种方式,来丰富乃至转换诗歌文本的最终呈现形态。

创意写作是一种语言的艺术,写作者通过文字来创造世界。新媒体时代,科学技术被应用到文学创作当中,于是在文字之外,声音、图片、视频、动画、录像、数码摄影、影视剪辑等成了新的"语言",这极大丰富了语言艺术的表现手段。视觉与听觉的表达是直观、具体、形象、共时的,而文字的表达则是抽象、概括、历时的,视觉与听觉表现个别与真实,而文字表现普遍与抽象。图像、声音、文字等符号既可以自成体系,也可以相互配合,形成多模态语篇。文字模态关注文字文本的内部关系,关系相对比较单一。多模态的表意手段比较丰富,文本之间的关系也更加复杂多样。

图像、音乐、文字在媒介中呈现的状态具有互文性和转喻性。互文性简单来说就是指两个或多个文本间相互影响、参照和指涉的关系,即可以通过参照与原文本相关的其他文本的理解,而为原文本创造出新层次的意义和联想。转喻性是指通过部分事实表示事物整体的方式发挥作用。图像、音乐不单承载信息,同时也起到解释、渲染甚至是评价信息的作用。文字与视觉、听觉是一种相互补充、协调的关系。每一种媒体各司其职,各尽其责,以其独特的优势为文本的整体性叙述作出贡献,创造完整的叙事体验。

# 第二节　新媒体写作范文

## 一、微信创意推文范文及分析

范文:

# 中国最"咸"的城市,鲜味爆炸!（存目）

地道风物

微信推文《中国最"咸"的城市,鲜味爆炸!》以盐城的美食为主题,通过图文并茂的形式,生动展现了盐城的饮食文化和地域特色。这篇推文不仅是一次美食的推介,更是一次新媒体文学艺术的集中展示。具备以下几个方面的艺术特点:

1. 视觉化叙事:图文并茂的多感官体验

新媒体文学的一个重要特点是视觉化叙事,即通过图片、视频等视觉元素与文字相结合,增强读者的感官体验。这篇推文在文字描述的同时,穿插了大量精美的图片,如东台鱼汤面的奶白汤色、蛤蜊炒春韭的鲜嫩、鸡蛋饼的软糯等。这些图片不仅直观地呈现了盐城美食的色香味,还通过视觉冲击力激发了读者的食欲和好奇心。

2. 碎片化阅读:短段落与节奏感

新媒体文学的另一个显著特点是碎片化阅读,即通过短段落、小标题和简洁的语言,适应现代人快节奏的阅读习惯。这篇推文在结构上采用了分段式叙述,每一部分都围绕一个主题展开,如"盐城的海鲜与河鲜""盐城的八大碗"

"盐城的早茶文化"等。每个段落篇幅适中,语言简洁明了,便于读者快速获取信息。

3. 情感共鸣:地域文化的温情表达

新媒体文学注重与读者的情感连接,通过地域文化的温情表达,唤起读者的共鸣。这篇推文在介绍盐城美食的同时,也融入了对盐城地域文化的深情描绘。例如,文中提到盐城人喜欢汤汤水水的菜肴,如青菜烧牛肉、涨蛋糕等,这些家常菜不仅是盐城人的日常饮食,更是他们对家乡味道的情感寄托。

此外,文中还提到盐城的"八大碗"源于古代盐民的智慧,这种对历史文化的追溯,不仅让读者了解了盐城美食的渊源,也让人感受到盐城人对传统的尊重和传承。这种情感共鸣的营造,使得推文不仅仅是一篇美食介绍,更是一次文化的传递。

4. 互动性与参与感:语言风格与读者对话

新媒体文学的语言风格通常更加轻松活泼,注重与读者的互动。这篇推文在语言上采用了亲切、幽默的表达方式,如"吃一碗,想三年""鲜掉眉毛"等,这些口语化的表达拉近了与读者的距离,增强了文章的趣味性和可读性。

此外,推文还通过提问和引导的方式,激发读者的参与感。例如,文中提到"盐城人的早上,吃得到底有多鲜甜?"这种设问式的表达,不仅吸引了读者的注意力,还引导读者思考并参与到文章的内容中。

5. 文化符号的提炼与传播

新媒体文学善于提炼文化符号,并通过简洁的语言和视觉元素进行传播。这篇推文将盐城的美食提炼为一系列具有代表性的文化符号,如"东台鱼汤面""鸡蛋饼""八大碗"等。这些符号不仅是盐城美食的代表,也是盐城地域文化的象征。

通过将这些文化符号融入推文中,作者不仅向读者展示了盐城的美食,还传递了盐城的历史、地理和人文特色。这种文化符号的提炼与传播,使得推文在内容上更加丰富,在文化内涵上更加深刻。

6. 场景化叙事:代入感与沉浸感

新媒体文学注重场景化叙事,通过细腻的描写和场景的构建,让读者产生代入感。这篇推文在描述盐城美食时,常常通过具体的场景来增强读者的沉浸感。例如,文中提到"春日里,盐城人全家出动,拎着小桶去滩涂赶海找'菜花欢子'",这种场景化的描写,不仅让读者感受到盐城人的生活情趣,也让读者仿佛置身于盐城的滩涂之上,体验赶海的乐趣。

总之,《中国最"咸"的城市,鲜味爆炸!》这篇微信推文,通过视觉化叙事、碎片化阅读、情感共鸣、互动性语言、文化符号提炼和场景化叙事等新媒体文学的艺术特点,成功地将盐城的美食文化和地域特色呈现给读者。它不仅是一篇美食推介,更是一次新媒体文学艺术的精彩展示。通过这篇推文,我们不仅看到了盐城的鲜美滋味,也感受到了新媒体文学在传播地域文化中的独特魅力。

**二、短视频作品范文分析**

《后浪》是 B 站在 2020 年五四青年节前夕推出的青年宣言,一经推出便产生了极大的传播效应。2020 年 5 月 4 日 B 站播放量超过 1000 万,产生弹幕 17 万条,微信转发超过 10 万。它不仅在央视一套播出,而且登陆了《新闻联播》前的黄金时段。截至 2020 年 5 月 8 日,《后浪》占据全站日排行榜第一名,播放量高达 1545.5 万,点赞量 140 万,转发量 90.7 万。

短视频文学作为一种依托数字媒介的文学形态,具有互动性、碎片化、视觉化与跨媒介叙事等特征。B 站视频《后浪》作为现象级传播案例,其文本结构、话语策略及传播效果深刻体现了新媒体文学的特点。下面将从叙事逻辑、情感动员、媒介融合及争议性反思等维度展开分析。

1. 碎片化叙事与视觉修辞的融合

《后浪》的文案以短句、排比和对比句式构建节奏感,例如"自由学习一门语言、一门手艺""把传统的变成现代的,把经典的变成流行的",通过"变焦镜式"表达拉近与拉远视角,形成宏观时代背景与个体微观体验的张力。这种碎片化语言符合新媒体用户快速阅读的习惯,同时借助视觉修辞(如摩天大楼、VR 技术、传统文化符号的拼接)强化叙事感染力。视频中"外星探索""空中鸟瞰"等全景构图,将"后浪"塑造成高瞻远瞩的群体,遮蔽了城乡、阶层的分化现实,呈现一种"光鲜的现代性幻象"。

2.情感共鸣与代际对话的符号化

共情是认同他人的情绪与情感,并产生内心共鸣的心理现象,共情能够让一个人对另一个人产生同情心理,并做出利他主义的行动。而共情传播是指借助媒介平台,通过对他人、对事物的情绪感同身受,进行言语评论、转发、点赞等传播。《后浪》以长辈对后辈的认同、期望为主题,是长者献给青年人的一首诗。一级演员何冰站在上一代的角度来赞美下一代,通过其慷慨激昂的演讲引发了观看者的情感共振,拉近了两代人的心理距离。

为了提升情感共鸣的精准度,该短片精心选择了对青年的鼓励、青年的优越生活条件、科技产品、青年们读万卷书行万里路等日常生活场景。画面充满现实生活感受,更能使受众对内容产生情感共鸣。

3.跨媒介传播与商业意识形态的嵌套

作为 B 站"破圈"营销的一部分,《后浪》的署名页隐含媒体权力结构:传统主流媒体与新媒体平台共同背书,形成"话语网络"的共谋。其文案中"选择的权利""分享快乐的事业"等表述,表面上赞美青年文化,实则暗合商业逻辑——将"自由"定义为消费自由(如旅行、VR 体验),并将青年创造力纳入"网红经济"的流水线。这种去政治化的表述,正是新媒体文学与资本合谋的典型特征:以正能量包装商业目的,将个体价值与平台利益捆绑。

总之,《后浪》的成功与争议,揭示了新媒体文学的双重性:它既是技术赋能的叙事创新,也是权力与资本的话语工具。其通过情感化、视觉化的表达实现广泛传播,却因脱离现实语境陷入"悬浮"批评。未来新媒体文学若想真正承载公共价值,需在"破圈"的同时直面社会复杂性,而非沉溺于精致的乌托邦想象。正如《后浪》结尾所言,"不用活成我们想象中的样子"——或许,承认多元与矛盾,才是新媒体文学走向深度的起点。

# 第三节　新媒体写作练习

新媒体创意写作训练是一个综合性的过程,创作者需要具备敏锐的观察力、深入的思考能力、扎实的写作技巧、创新思维和网络信息技术应用能力等,并通过不断学习和实践,才可以提升创作水平。

## 一、短视频脚本写作

脚本创作是短视频的灵魂,也是让短视频活起来的关键要素,只有优质的脚本与镜头画面完整配合起来,短视频才有可能成为成功的作品。

### (一)什么是脚本

短视频脚本是短视频的拍摄大纲和整体布局,用来指导整个短视频的拍摄方向、故事主干以及后期剪辑的方向,是短视频拍摄的指导依据。它通常是以表格的形式分项呈现包含镜号、画面内容、镜头运动、景别、长度、台词、音乐、音效等内容,短视频最终呈现的内容,都是由脚本所决定,但在写作格式上也可灵活掌握,不必拘泥哪一种。

脚本好比是建造一座高楼的设计图纸,为什么需要这个设计图纸呢? 因为如果不建立脚本框架,你在拍摄视频的过程中,就会发现场景不对、某个镜头时长过长,然后再花大量的时间重新拍摄,或者是到拍摄时才发现道具没准备齐全、演员不知道说什么台词,拍完后剪辑师也不知道根据什么思路去剪辑。脚本的最大作用,就是提前统筹安排好每一个人每一步要做好的事情,让视频拍摄工作能达到事半功倍的效果。

脚本应该如何设计呢? 我们来看某位 Vlog 博主设计的一个旅行视频脚本:

| 镜号 | 场景地点 | 画面内容 | 运镜方式 | 时长 | 配音 |
|---|---|---|---|---|---|
| 1 | 阳光海岸植物园广场 | 人物缓缓出现在镜头中,向前走去 | 从上到下 | 5—7 秒 | 嗨,好久不见,我是你们的风光喵 |
| 2 | 阳光海岸植物园广场 | 人物在台阶上往下走 | 稳定器跟随人物 | 2—3 秒 | 前段时间 |
| 3 | 阳光海岸植物园广场 | 脚步特写往下走 | 稳定器跟随人物脚步特写 | 7—10 秒 | 趁着风和日丽,趁着春日尚好 |
| 4 | 阳光海岸植物园广场 | 切回中景正面拍摄人物下台阶 | 正面后退跟着 | 2—5 秒 | 我们去了一次阳光海岸 |
| 5 | 阳光海岸植物园广场 | 遮罩转场(用栏杆做遮罩) | 从下到上 | 1—2 秒 | |
| 6 | 阳光海岸植物园广场 | 人物从镜头右边往中间走 | 镜头靠向人物 | 3 秒 | 一个光听名字 |
| 7 | 阳光海岸植物园广场 | 人物走到广场中间站定 | 镜头开始环绕(后期剪辑做变速) | 5—7 秒 | 就足以浪漫心动的城市 |
| 8 | 阳光海岸植物园广场 | 人物不变,镜头环绕至前方 | 环绕至人物前方 | 3—5 秒 | 跟着我们的视角去看看这里的温柔故事吧 |

(二)脚本的要素

虽然每个脚本的风格和功能不尽相同,但是建立脚本的一些基本要素是共通的,下面介绍短视频脚本的基本要素。

1.拍摄主题。短视频的主题是什么,这在脚本写作之前必须确定,比如拍摄一个好物分享或者美食制作的视频。主题确定并不难,但是如何呈现这个主题呢?这就涉及拍摄思路。在进行创作时,我们可以参考以下思路:

第一,按照时间发展或对事物的认知深入的逻辑顺序进行情节设定。比如我们在生活中发现某一事件,认为这件事比较完整且具备关注点,那么我们对这类事件就不要进行大改动,只要根据自己的理解与积累对该事件进行充实、丰富即可。比如我们要拍一个关于大学生应不应该做兼职的视频,我们可以采访对这个问题有不同观点的同学,让他们谈论经历、发表看法、提出解决办法、做出呼吁,最后再根据自己的积累对大学生应不应该做兼职进行总结。

第二,将众多小情节糅合成主题。我们曾听到或见到许多不同时间、不同地点的人物和事件,但是这些小事件却又无法形成一个足够引人注目的情节点,那么我们就可以通过加工、改造,将它们综合成一个有机整体。比如想要拍摄一个最美青春校园的视频,为此在校园里录制了许多素材,有学习生活,有校园风景,有文娱活动等,这些生活点滴非常有意思,但是单独发布却不能成为一个亮眼的主题。此时就可以通过设定故事主题把相关的视频进行融合。比如拍摄同学在教室里互相关爱的一些暖心小举动,将这几个小视频融合起来,成为"最美校园生活"这个主题中的主要情节之一。

第三,善用真实生活场景来呈现和激发共情能量。如何通过短视频与广大群众形成情感联结？最好是这种短视频能够消解原有的私人空间与公共空间的清晰界限。

2.拍摄时长和地点。时长,是指镜头的时间长度,通常以秒为计算单位。地点,是指要确定拍摄的地点是室内还是室外,这需要根据具体的拍摄主题和内容制定。

3.细节要素。一般脚本表格中具备的细节要素:

镜号:每个镜头按顺序的编号。

景别:一般分为全景、中景、近景、特写和显微等。

技巧:包括镜头的运用,如推、拉、摇、移、跟等;镜头的组合,如淡出淡入、切换、叠化等。

画面:详细写出画面中场景的内容和变化,简单构图等。

解说:按照分镜头画面内容,以文案的解说为依据,把它进一步具体化、形象化。

音乐:使用什么音乐,并标明起始位置。

音响:也称为效果,以创造画面身临其境的真实感,如现场环境的各种声音:风声、雷声、雨声、鸡鸣狗吠声等。

(三)短视频脚本的创作步骤

短视频文学脚本的创作需要围绕主题、故事框架、视觉化描写、台词设计和节奏把控展开。

首先,确定主题与情感基调。主题可以从生活、经典文学或热门话题中提炼,例如"错过"、"重逢"或"坚持",而情感基调则决定了脚本的整体氛围,如温暖、治愈、悲伤或励志。明确这些元素后,创作者可以更好地构建故事的情感核心。

接下来,设计故事框架。短视频通常采用三段式结构:引入、冲突和升华。引入部分需要快速建立场景和人物关系,冲突部分制造情感张力,升华部分则通过情感爆发或反转打动观众。此外,微型故事也是一种常见形式,它聚焦于一个瞬间或细节,用极短的篇幅传递深刻的情感。

然后,设计台词。台词需要简短有力,避免长篇大论,同时通过潜台词传递更深层的情感。例如,"我没事"背后可能是强忍的泪水。此外,在结尾或高潮处加入金句可以强化情感表达,如"有些人,错过了就是一辈子"。

设计台词的同时还需要做好视觉化描写,即创作者需要用文字构建画面感,通过场景、动作和意象的描写让观众在脑海中形成清晰的视觉印象。例如,"雨滴打在玻璃上,模糊了她的视线"不仅描绘了场景,还传递了情感。动作描写则可以通过细微的变化传递情绪,如"他握紧拳头,又缓缓松开"暗示内心的挣扎。

最后,把控节奏。节奏决定了脚本的流畅性和吸引力。开头需要用悬念或强烈情感抓人,中间部分通过快速切换场景或台词推进故事,结尾则通过留白或金句给观众回味空间。例如,以"如果知道那是最后一次见面,我会不会抱紧你?"开场,中间通过紧凑的情节推进,结尾以"她转身离开,画面定格在空荡的街道"收尾,既完成了情感传递,又留给观众思考的空间。

(四)短视频文学脚本范例

标题:错过

场景1:校园树下(1—5秒)

画面:阳光透过树叶洒在地上,女孩低头看表,男孩匆匆跑来。

台词

女孩:"你迟到了。"

男孩:"对不起,我……"

音效:轻快的校园背景音乐。

场景 2:雨中街道(5—15 秒)

画面:女孩撑伞走在雨中,男孩在远处望着她的背影。

台词

男孩(内心独白):"如果当时我追上她,结局会不会不一样?"

音效:雨声渐强,音乐转为低沉。

场景 3:多年后的树下(15—30 秒)

画面:男孩站在树下,手中握着未送出的信。

台词

男孩:"有些人,错过了就是一辈子。"

音效:音乐高潮,画面渐暗。

## 二、微信写作与微博写作

新媒体时代的来临造就了微写作的产生。当今世界信息大爆炸,社会瞬息万变,人们的生活节奏骤然加快,微博、微信、微电影、微店、微云等微事物应运而生并且大行其道。发端于微博、微信的微写作开始以破竹之势迅速蔓延,随之微小说、微剧本、微诗歌、微新闻等微写作发展、繁衍,无论是如雷贯耳的文学名家、意见领袖还是初出茅庐的草根写手、莘莘学子纷纷介入这一领域。截至目前,微信月活跃用户量高达 12.8 亿,微博月活跃用户量达 5.73 亿。

2013 年,微信公众号服务正式上线。微信公众号是给个人、机构组织、企事业单位提供内容推送等业务方面的服务,以及管理平台内的粉丝用户的全能服务平台。它通常以文字、声音、图像、图片等多种媒介形态嵌入推送作为重要的表达方式。微信公众号主要有订阅号和服务号两种,订阅号每日可更新一次,服务号每周可更新一次。由于订阅号具有相对比较频繁的更新频次,也是众多用户首选的种类。微信公众号凭借其母体微信自身强大的社交属性,以及公众号本身无推文字数限制要求,在众多拥有自媒体功能的移动互联网应用中脱颖而出,成为当下自媒体用户首选的移动互联网应用之一。

现下存在的微信公众号众多,根据微信公众号运营机构的不同属性,可以将公众号分为以下几个类别:第一,各级政府职能部门开设的政务型公众号,主要以政务公开和服务大众为主要功能;第二,各级传统媒体和网络媒体建设的新媒体矩阵,这一类公众号的主要功能是媒体在微信上的信息传播渠道;第三,各类企业建立的以传播企业价值观、树立企业形象为主要目的公众平台;第四,各类社团、商会建立的内容公开平台;第五,始于个人创办并且以原创内容输出为主的公众号。微信公众号如何写出热门爆款文章?我们以"六神磊磊说金庸"为例进行分析。

(一)找好定位,高质量原创

运营微信公众号或微博的首要前提是找准定位。定位的标准是什么?对于初写者而言,最重要的是从自己出发。首先问问自己,我的个性是什么?兴趣点在哪里?优势在哪里?我可以为读者提供哪些有价值有意思的东西?其次,尽可能地生产原创作品。形形色色的微信公众号层出不穷,有些微信号关注人较多,而有些微信公众号则鲜有人关注,造成这种差异的主要原因是一些公众号发布的信息内容大多是转发的内容而非原创内容。iiMedia Research(艾媒咨询)调查数据显示,有 70.8% 的微信用户曾经取消关注微信公众号,其中,"广告、软文、虚假信息较多""原创作品太少,较多抄袭""推送频率过高"是主要原因。根据 2016 年 1 月中国微信 500 强月度报告显示,在 2016 年 1 月 TOP500 所发文章中,阅读量 10 万+的文章,原创率为 5.57%,但是阅读量 1000 万+的文章,原创率为 17.33%。可见,在自媒体时代,"原创内容为王"仍然占据重要地位。微信原创内容主要包括:微信主体所掌握的某些独有的具有公共性、经济性及传播价值的信息,相当于媒体的独家新闻;所拥有的具有观赏性或令人感兴趣的个人信息,能够满足某些人群的浅层心理需求及癖好;具有独特的实用价值、精神价值的知识点或专业知识;具有观点性、知识性的原创内容等。

(二)主题类型集中,媒介形式多样态

长期关注某一领域、具备核心价值的公众号和微博更容易被受众关注,这就需要文章的主题相对集中。如果你的微博昨天是一条新闻性文字,今天是读书的心得,明天又是如何搭配时装,这样的大杂烩很难在读者群中产生持久的吸引力。除非是名人、明星,否则网民很少会对主题杂乱的新媒体号产生较大的兴趣。

微信微博写作基本上都是多模态媒介形式,其写作媒介主要包括纯文本信息、图文结合信息、视频信息、语音信息四类。采用多媒体传播有助于丰富信息表达,提升用户新鲜度与参与感。例如,"冯站长之家"每天早上六点左右会推送"三分钟新闻早餐",采用文字、语音、视频相结合的方式,呈现出新闻的多样态表达。

(三)讲好故事,提升内容吸引力

爱听故事是人类的本性,爱讲故事也是人的本性。我们每一天遇到了什么人?发生了什么冲突?解决了什么问题?产生了什么感触?不论表达能力好坏,在尝试向亲友或网络听众描述时,都会无意识地、努力讲出最有趣、最有共鸣的一个版本,因为这是人类理解世界的方法。

好的故事具备哪些特质?

第一,好故事要能引发人们的情感共鸣。好的故事,往往是"随风潜入夜,润物细无声"。与大众生活息息相关的人与故事,更能引发共鸣和共情。情感叙事较为突出的美学特征是日常性与体验性,就正面宣传而言,内容贴近现实,情感互动才会深入生活,情感传播才能达到效果。

2013 年 6 月,张嘉佳在其个人微博上设立"睡前故事"话题,以长微博的形式发布以爱情、亲情、友情为题材的短篇小说。这些被他自称为"一部分连短篇都算不上,充其量是随笔,甚至信手写的涂鸦"的文字却迅速吸引了大量读者,在网上疯狂流传,半年内达到 150 万次转发,超过 4 亿次点击阅读。他的故事或温情或治愈,都是生活中关乎青春、爱情的琐碎小事,却深得读者青睐。张嘉佳被称为"微博上最会讲故事的人",收获了 1020 万粉丝的关注。

"睡前故事"之所以能够吸引百万读者,究其根本,还是在于小说对当下生活现实的关注、对普通人情感的描摹、对都市人内心欢欣与苦痛的表达,在题材和内容的选择上,《从你的全世界路过》中的 33 篇短篇小说都关乎亲情、友情和爱情,皆从身边人、身边事讲起,使人极容易产生代入感。大多数情节带有强烈的戏剧性,跌宕起伏地诉说着人生的聚散离合。

第二,好的故事要有符合大众心理的人物角色。所谓角色不仅仅是登场人物,同时还包含了人物的外貌、性格、行为举止、衣着打扮,以及其他特征等。角色是传达信息的关键,也是故事的主体,所以角色需要特征性分明的设定。同时,为了让故事能够更加贴近一般人的生活,人物形象大多是普通民众。例如2013年,人民微博首届微小说大赛获奖作品《烤红薯》,用寥寥几笔就塑造了善良、淳朴的小摊主"她",打动了广大读者。全文如下:

> 烤红薯!一天也没卖出去几个,但她还是想再等等。不一会,一个脏兮兮的小男孩走到她面前,她拿起一小块烤红薯递给他,小男孩满意地走了。看着小男孩瘦弱的背影,她心里说不出的酸楚,虽然她也很艰辛,但似乎有一种力量支撑着她,每天无论走多远都要到这个固定的地方给这个流浪小男孩一个烤红薯。

第三,好的故事要有冲突。从古至今,故事都是关于难题和冲突的。美国文学研究者歌德夏称,故事的一个最主要配方即"故事＝人物+困境+尝试的解脱"。所有故事讲述的都是主人公为了满足其欲求而付出的努力。故事本质上就是关于真实或虚构的人物如何克服困难的。冲突就是故事中妨碍主人公实现需要或者目标的事情。冲突往往来源于外在的或内在的矛盾,外在的矛盾就是阻碍主人公达到目的的外在要素,内在矛盾指的是主人公内在心理的挣扎。

随着电子媒介的普及,讲故事焕发出前所未有的吸引力。有人指出,经过多年的摸索,商业化网文现已形成了"升级打怪"的固定叙事模式。"升级"指的是男女主人公的成长过程,"打怪"指的是克服成长过程中遇到的各种困难,而"换地图"则指的是成长环境的变化。主人公的成长一般可以通过财富、身份地位、技能等方式来实现。优秀的网络故事是完全符合故事的"难题结构"的。主人公对生存、财富、权势和爱情的渴望也是最普遍的人性的反映。

(四)适应新媒体载体的形式要求

新媒体是利用数字技术,通过计算机网络、无线通信网、卫星等渠道,以及电脑、手机、数字电视机等终端,向用户提供信息和服务的传播形态。受新媒体传播形式的影响,用户群体获取信息的效率大幅提升,主要是利用碎片化的时间进行阅读,因此对微博、微信等新媒体写作也提出了不同于以往其他形式的新要求,表现为内容上的时效性和直观性:前者既能让用户了解到当下的热点新闻、热点消息、热梗,又能为作者带来阅读量,提高影响力;后者能够让用户在短时间内从海量信息中获取更多有价值的信息,让内容一目了然。

1. 文章标题

标题是对文章的概括,好的标题能够让读者有阅读正文的欲望。如果把标题比作门,门里面是内容,门外关着的是读者,读者看到门破破烂烂的,就不愿打开门,看到里边精彩的内容,即使内容写得再好,也无法让人有点开去阅读的冲动。

网络新闻标题拟定的基本标准有两点:其一是题文相符,其二是突出重点。具体而言,有以下拟定技巧:

(1)与读者建立关联

让读者从文章标题就能发现其与自己生活、工作的关联,找到文章对于自身的价值,能够提升其阅读兴趣。为此,一些标题常用"你"字,比如"你的微信头像,暴露了你的性格""你的语气,决定你的运气"等。这类标题将内容视角转到读者身上,让读者觉得这篇文章与自己密切相关,容易激发读者的阅读兴趣。另外,还有一些标题强化了"身份标签",比如"考研人的一年到底经历了什么""00后生活方式报告,信息量很大"等,这类标题指向特定目标群体,聚焦特定群体的需求,容易引起他们的关注。

(2)强调实用性

读者习惯于从媒体上获取有用的信息,因此能帮读者解决实际问题的文章标题更能激起他们的点击欲望,如"假期出游拍照的10大技巧""30条很扎心的'潜规则'""关于离婚50问",通过使用数字将信息明确下来,激起人们进一步了解的欲望。另外,还有一些标题采用问句的形式来引起读者的注意,比如"100大卡食物,到底长啥样""30天不吃糖,身体会发生什么"等。这些标题注重实用的同时,还能激起大家好奇心。

(3)强调对比

当标题以对比的方式呈现时，读者就会好奇比较对象之间的具体差异，以及造成差异的原因等相关信息，从而激发阅读欲望，比如"学渣和学霸考试的区别，太形象了""工资 3000 与 30000 的区别！看完这些，让你醍醐灌顶！""女神 vs 女神经，你是哪种风格"。

（4）强调感受

可以运用一些表达感受的词语调动读者的情绪，也可以运用表达提醒的词语引起注意，如"注意！寒潮蓝色预警再次拉响""危险！这个行为要重视"。

（5）引起好奇心

人们总是对新鲜的、没见过的东西好奇，这是人之常情，我们可以抓住读者的此种心理去给文章拟一个吸引人的标题，比如"多个首次！创纪录"。

（6）紧追热点

利用热词吸引读者的注意，比如"乘风破浪的姐姐：真正的女人只会死，不会老"。为了吸引更多读者，需要精心拟定文章的标题，但切不可为了点击率而成为标题党，新媒体文案的标题拟定也有禁忌，除了要真实反映文章内容外，还要尽量避免绝对化、煽动性表达，如不用"史上最……""赶紧……"等类似表达。

2. 正文架构

（1）总分总结构

文章开头阐明主题表明主要论点，中间部分阐述分论点，结尾总结并升华主题。文章的重心在分论点如何写出亮点，如何运用事例和理论创新性地论证自己的观点，该部分的分论点设置可以是并列关系、层层递进关系和正反对比关系。在论证每一个分论点时，都可以采用"事例+观点"的结构，事例的选择要具有多样性，可以覆盖国际国内热点事件、电影书籍中的人物、身边同事和朋友、自己等多方面的主体。

（2）总分结构

为一个核心观点加上多个子观点的结构。在文章开头我们可以通过故事或场景让读者进入，然后再拆解核心观点，并对其进行有逻辑有顺序的论证。

（3）条列式结构

这类结构方式主要用于列举性内容的文章，比如"130 款文章工具""413 款免费商用字体""被生活治愈的 15 个瞬间"，一一罗列即可。

（4）对照式结构

是将文章分为两个部分，从正、反两个方面来诠释观点的一种篇章布局方法。通常给出一个故事，先从正面对其进行诠释，然后再从反面诠释，最后得出结论。

3. 行文技巧

（1）语言简洁，内容平实

为了适应人们碎片化阅读的特点，新媒体文案一般要求语言表达简洁明快，要少用过长的复杂句式。语言风格上，宜用最简单、准确的文字告知信息即可，要避免大段大段地抒情和议论，语言要通俗平实，忌用抒情和诗化的语言。在段落安排上，由于读者一般是跳跃式的快速阅读，因而要避免段落过长，最好一个段落表达一个完整的意思，对于不同内容的段落，要用小标题分开，便于用户选择和定位其想要的信息。在每一段中，要将最重要的内容置于段首，可用不同粗细或字体标明，遵循重要信息优先的原则。

（2）背景信息翔实

当文本所写的事件具有连续性或者复杂性时，可以对其背景事件进行拓展性介绍，有助于读者更全面、更深入地了解事情的全貌。背景事件在文本中的使用主要有以下几种方式：在文本中直接写出来，穿插在导语、主体和结尾中；通过相关词语设置超链接，比如文本中出现电影《让子弹飞》，那么可以对"让子弹飞"几个字设置超链接，用户点开后可以看到关于该电影的具体介绍；通过文本后的"相关新闻"超链接来实现；设置新闻背景信息模块，将有关的各类背景标题一一罗列，由用户选择点击。

（3）运用全媒体手段

读者的碎片化阅读主要以休闲为目的，因而在写作方式上不宜过于严肃，可以适度运用轻松化甚至幽默化的表达方式，综合运用图片、表情、说明性文字等多种信息表达手段，增加读者阅读的趣味性。比如文章的标题可以运用"图片+标题+摘要"的形式，在正文中，也可以根据内容需要插入表情包、语音、短视频等元素,使内容量更丰富、传达更直观、元素更多样。

(4)提炼金句

金句是总结全文的点睛之笔,一般为短小精悍的一两句话,表达文章的核心观点,或者启发读者进行思考,比如"站在风口猪都能飞""如果信仰有颜色,那一定是中国红"。金句可以从名著、电影、电视剧、热门表达或名人语录中挑选借用而来,也可以由作者根据文章内容自创得来,首先通读一遍文章,把能瞬间抓住眼球的、有启发感的、有共鸣的句子都挑出来,然后换位思考,想象面对十万百万用户,挑出那些覆盖面更广的句子进行精心打磨。

总之,互联网用户的阅读需求是在短时间内获取更多有价值的信息,因而其文案在保证信息量、可读性和趣味性的同时,要尽量做到短小精悍,内容直观,图文并茂,视听融合,切忌冗长。

【创意训练】

课后练习

1.以"镜头下的青春校园"为主题,创作 1 个短视频文学脚本,要求内容健康且具有创新性,时长 3—5 分钟。

2.从故乡的特色美食、名胜古迹、民俗风情中,选取 1—2 个你感兴趣的点,创作一篇网络微博推文,要求融合文字、图像、声音等多媒介元素。

【延伸阅读】

1.陈倩倩主编:《新媒体文案写作与编辑》,中国人民大学出版社 2019 年版。

2.叶小鱼、勾俊伟编著:《新媒体文案创作与传播》,人民邮电出版社 2017年版。

3.唐东堰、雷奕、陈彩林主编:《网络与新媒体文学》,北京大学出版社 2018年版。

4.黄海燕主编:《写作与沟通》,高等教育出版社 2021 年版。

# 第十二章　非虚构写作

【学习目标】

1. 知识目标:理解非虚构写作的概念、文学特征、社会特性、类型及写作技巧;熟知非虚构写作典范文本的特点;掌握非虚构写作的流程与方法。

2. 能力目标:能够运用非虚构写作技巧,筛选真实事件、搭建叙事结构、选择恰当视角等进行创作;学会通过访谈、观察获取素材,整理分析并构建故事;提升运用不同叙述策略和结构组织故事的能力。

3. 价值目标:培养对现实生活的关注与思考,增强社会责任感;激发文化归属感与自豪感,传承地域文化;引导学生树立正确的写作伦理观,培养严谨的治学态度。

【学习重点】

非虚构写作的文学特征、社会特性、类型区分;非虚构写作的选题、访谈、素材筛选、叙述策略及结构组织方法;分析典范文本的写作特色并学习借鉴。

【学习难点】

把握非虚构写作中真实性与文学性的平衡;在非虚构写作中,从个人经历挖掘具有社会意义的主题,展现家乡独特风貌;灵活运用多种写作技巧,创作出高质量的非虚构作品。

非虚构写作是一种以现实世界中的真实事件和人物为基础的文学创作形式。它不限于单一的文体,而是涵盖了新闻报道、报告文学、纪实文学、社会调查、人类学田野笔记、深度报道、个人叙事和历史写作等多种类型。非虚构写作的核心在于对现实的再现,这种再现通过作者的视角和文学技巧,对事件和人物进行深入挖掘和艺术性的表达,旨在追求最大程度的真实性。

非虚构写作不仅追求文学性,也强调真实性,通过文学化的手段和社会学的视野,对事件和人物进行合情合理的描述和阐释。这种写作形式不拘泥于固定的格式或套路,可以是结构严谨的调查报告,也可以是文学化的描写;可以是历史与文化考据,也可以是游记或个人化的口述。非虚构写作追求文笔好、准确性、严谨性和反思性,要求作者在保持事实准确性的同时,也要注重作品的文学性和艺术表现力。其目的不仅是传递信息,更是通过真实的故事和情感,引发读者的共鸣和思考,实现文学与社会的互动。

# 第一节　非虚构写作特征

## 一、非虚构写作的文学特征

### (一)材料的非虚构性

非虚构写作是一种文学创作实践,它基于现实世界中发生的事件和存在的人物,追求最大程度的真实性,故而,非虚构写作的文学特征之一,在于其材料的非虚构性。这意味着非虚构写作的素材来源于现实生活中的真实人物和事件,而不是作者的想象或创造。坚守写作对象的真实性和客观性是非虚构写作的核心原则,它要求作者在创作过程中必须忠实于事实,不能随意编造或歪曲人物、事件和情节。这一特性是非虚构写作的核心,也是其与虚构文学最显著的区别。

在非虚构写作中,作者通过对现实生活的观察、体验和思考,选取真实的人物和事件作为写作素材。这些素材可能来源于作者的个人经历、历史文献、新闻报道、访谈记录等,它们构成了非虚构作品的事实基础。例如,传记、报告文学、纪实性散文等文体的作品,都是基于真实人物和事件创作的。作者的角色更像是一个观察者、记录者和传达者，而不是创造者。他们通过深入调查、采访和研究所选主题，以确保作品中所呈现的内容尽可能真实、准确。这种真实性不仅体现在事件的真实上（即社会事实本身），还体现在文本的真实上（即作者如何讲述这些事实）。文本的真实性与作者的真实性立场、故事叙述能力、表达策略和写作伦理紧密相关。

同时，非虚构作品不仅是对现实的简单记录，还是对现实深层次的思考和解读。非虚构写作也追求本质的真实，即探索社会事实背后隐藏的真相或真理。这种对真理的追求保证了文本的人文关怀和社会意义。非虚构写作的目的不仅是传递信息，更是通过真实的故事和情感，引发读者的共鸣和思考，从而实现文学与社会的互动。

（二）写作者的个人身份

非虚构写作的另一个文学特征，便是写作者的个人身份，指的是作者在写作过程中体现出的个人特质和主观视角。这种个人身份不仅仅体现在作者的个人经历、情感和观点上，更重要的是，它为写作对象提供了一种社会化的理解和阐释。在非虚构写作中，作者不再是一个置身事外的旁观者，而是一个积极参与、深入体验的主体。他们通过自己的视角、感受和思考，为读者呈现了一个更加立体、真实、丰富的世界。

首先，非虚构写作强调对个人经验的深入挖掘和真实呈现。在非虚构作品当中，作者通常聚焦于个人的真实经历和感受，这些经历和感受被视为客观事件的一部分。只有当作者能够明确意识到并描述这些事件时，它们才转化为可被捕捉和表达的经验。这些经验构成了非虚构文本的核心，而作者的个人视角和情感色彩则贯穿整个文本。例如，在新闻特稿中，作者通过对真实事件的深入调查和记录，将个人视角与客观事实相结合，揭示事件背后的深层含义。口述实录通常涉及对个人的访谈，作者的个人身份体现在选择访谈对象、提出问题以及如何呈现和解读访谈内容上。而回忆录则更是作者个人经历的记录了，它强烈地反映了作者的个人身份和观点，还包括作者对事件的个人记忆和情感体验。这些特征不仅使得非虚构作品具有强烈的个人色彩，也使其具有更广泛的社会意义和人文价值。

其次,非虚构写作强调"个人化真实"的表达。与新闻或传统报告文学中常见的权威视角和宏大叙事不同,非虚构作者更多地以个人身份和民间立场处理真实材料。非虚构写作通常源于作者对某些事情的迫切关注,但并不预设主题,还需抛弃先入为主的"成见",重视写作者的"在场"经验。这种写作方式追求的是写作者个人的"眼见"真实和"现场"真实,强调个人对事件的主观体验、感受,以及对个人意义和价值的展现。故而写作行为相对而言都较为独立,并不回避写作者个人的真切感受,承认写作的主观化视角,其所呈现出来的真实是一种"个人化的真实"。

(三)文体的越界性

非虚构写作的核心在于真实性与事实性。然而,在创作过程中,作者往往需要跨越传统文体的界限,以更生动、更具吸引力的方式呈现事实。这种文体的越界性,指的是非虚构写作中作者在保持事实真实性的前提下,借鉴或融合其他文体(如小说、诗歌、戏剧等)的写作技巧和表现手法,以增强文本的表现力和阅读体验,使得非虚构文学在文体上呈现出"骑墙"和越界的特征。非虚构写作通过真实的故事和情感打动读者,同时也采用文学创作的方法和策略,但这些方法和策略最终是为了更好地表达真实。

非虚构写作既有文学写作的特点,又遵循特殊的真实性品格。"这种写作在模糊了文学(小说)与历史、纪实之间界限的意义上,生成了一种具有'中间性'的新的叙事方式。"[1]这种特征使得非虚构作品的真实性和文学性得到了有益的结合,能够在保持文学性的同时,又不失对真实性的追求,不仅增强了非虚构作品的艺术魅力,也使得作品在传达真实故事时更具吸引力和感染力。"写非虚构故事,可以运用小说、散文、诗歌、电影、新闻中的各种手法,如独白、对话、戏剧性、典型化、细节描写、心理分析、联想、想象、蒙太奇、分类、伏笔,等等。"[2]所以,我们看到很多非虚构作品成功借鉴和吸收了小说、散文、诗歌、电

---

[1] 张文东:《"非虚构"写作:新的文学可能性?——从〈人民文学〉的"非虚构"说起》,《文艺争鸣》,2011年第3期。

[2] 许道军、冯现冬:《创意写作十五堂课》,上海大学出版社2019年版,第197页。

影剧本和新闻等多种文体的叙事技巧和修辞手法,使得文本在表现力上更为丰富,能够提供更加引人入胜的阅读体验,也使得非虚构作品不再局限于单一的叙事模式,挑战和拓展了传统文学的边界。对于从事非虚构写作的作者而言,越界的文体特征要求他们具备更广泛的写作技巧和更深入的思考能力。例如,郑小琼在《女工记》中运用诗歌来描绘人物和事件,同时结合散文进行详细说明。

此外,非虚构写作还与跨学科领域有着紧密的联系。例如,社会学和人类学的研究方法往往被用于非虚构写作中,特别是在进行田野调查时。这种高度介入式的研究,携带着研究者的情感和态度,与非虚构写作的社会性、参与性主体精神相一致。例如,费孝通的《乡土中国》便是建立在田野调查基础上的社会学、人类学著作,它们同样具有非虚构的色彩。

（四）故事化的叙事方式

所谓"故事化的叙事方式",是指在非虚构文学作品中,作者通过叙事技巧来构建和讲述真实发生过的事件,使其具有故事性,从而增强作品的吸引力和可读性。

非虚构写作强调故事性,这是因为故事是吸引读者注意力、传递信息和情感的有效方式。非虚构作品通常围绕一个或多个核心故事展开。这些故事基于真实的事件,但真实事件本身可能是零散的、平淡的,通过故事化的叙事方式,作者可以对事件进行重新梳理和挖掘,展现出事件背后的人性、社会问题、历史规律等,使原本可能被忽视的真实事件变得更有意义和价值,引发读者的思考和共鸣。

但值得注意的是,在非虚构写作中,故事的叙述不仅仅是对事件的简单记录,而是涉及对事件的选择、组织,以及艺术性的表达。这种写作方式强调了对真实事件的挖掘、发现和构建,要求作者从纷繁复杂的信息中筛选出有意义的线索和关键人物,从而构建出一个具有吸引力的故事。非虚构写作的核心在于"真实故事的书写和叙述",重点在于故事的发现和构建。在故事化叙事过程中,必须确保所讲述的故事、人物和事件都是真实发生的,不能为了追求故事的精彩而虚构或夸大事实,要保持对真实的敬畏之心,让故事在真实的基础上展现其魅力。

此外,非虚构写作在故事叙述方式上的自由度很大。与虚构写作在写作技巧上并非不同,在叙述手段上二者可以共享许多技巧。写作者可以将这些写作技巧,运用在结构设计、视角选择、场景再现、重构对白等各个方面,使得真实事件通过文学化的处理,转化为具有强烈吸引力和深刻内涵的故事。

总之,非虚构写作中的故事化叙事方式需要在保证真实性、客观性的基础上,运用多种技巧精心构建故事,同时要注重挖掘故事的深度和价值,避免出现过度渲染、主观偏见等问题,这样才能创作出优秀的非虚构作品。

## 二、非虚构写作的社会特性

在当今的文学与社会文化景观中,非虚构写作凭借与现实生活的深度交融,在社会的知识传播、文化塑造、问题揭示与解决等多个层面都有着不可替代的独特地位和作用。非虚构写作自身的包容性、开放性、自由性和公共性相互交织、相互作用,共同构成了非虚构写作独特的魅力和价值,使其在当代文学和社会文化领域中占据着重要的地位。

### (一)包容性

非虚构写作的包容性体现在其能够涵盖广泛的题材、容纳多元视角、融合多种文体,这种包容性不仅使得非虚构写作能够触及社会的边缘议题和被忽视的群体,还使得非虚构写作能够吸收不同文体的优势,形成独特的叙事风格和表现力。

非虚构写作的写作题材包罗万象,并不局限于某一特定领域或主题,无论是宏大的历史叙事还是微观的个人故事,无论是严肃的社会问题探讨还是轻松的生活趣事分享,都可以成为非虚构写作的素材。包括但不限于历史事件、人物传记、社会热点、文化现象、科学探索、个人经历等,涵盖了从改变历史的重大事件到个体对乡村社会的观察,再到人生自述或回忆录等多种形式,几乎涉及社会生活的方方面面。非虚构作品能够接纳各种声音和故事,无论是个人的、社会的还是历史的,都能够在这里找到表达的空间。

非虚构写作允许并鼓励从不同的角度、立场和身份来观察和讲述同一事件或现象。不同的视角人物由于自身背景、经历、价值观的不同,会对同一事物有不同的理解和解读,非虚构写作能够容纳这些多元的视角,为读者呈现出丰富多样的观点和认识,避免了单一视角的局限性,体现了对不同观点和声音的包容。

前文提到过,非虚构写作在技巧上也展现出包容性,它接纳了多种写作技巧,如小说叙述技巧、抒情、评议、蒙太奇、意识流等,这些技巧的融合使得非虚构写作的表达方式多样化。同时,它还可以融合多种文体的特点和写作手法,例如传统的报告文学、传记、文学回忆录、口述实录文学、纪实性散文和游记,这种包容性使得非虚构写作能够吸收不同文体的优势,形成独特的叙事风格和表现力。故而,它既可以有新闻报道的客观性和时效性,又可以有文学作品的叙事性和感染力;既可以借鉴学术论文的严谨性和深度,又可以运用散文的自由性和抒情性等。这种对多种文体的融合和包容,使得非虚构写作能够根据不同的内容和表达需要,灵活运用各种写作方式,创造出独特而丰富的文本形式。

(二) 开放性

非虚构写作的开放性指其对新写作现象和形式的接纳。随着信息技术的发展,非虚构写作通过网络平台获得了更广泛的传播和参与,使得更多的普通人能够参与到写作中来,形成了"全民写作"的新机制。这种开放性促进了非虚构写作的繁荣和多样性。

非虚构写作的创作主体没有严格的限制,任何人都可以进行非虚构写作。无论是专业作家、记者、学者,还是普通大众,只要有真实的经历、独特的见解和表达的欲望,都可以参与到非虚构写作中来。它打破了传统写作中专业门槛的限制,为广大创作者提供了一个开放的平台,使更多的人有机会将自己的故事、观察和思考以文字的形式呈现给读者,丰富了非虚构写作的创作源泉。尤其随着现代大众传媒的普及和互联网的出现,越来越多的人能够通过非虚构写作表达自己的经验和观点。

在非虚构写作的创作过程中,作者通常需要与外界进行广泛的互动和交流。他们可能需要深入采访不同的人物,收集各种资料和信息,与读者、同行或专家进行讨论和反馈等。这种开放性的创作过程,不仅使得作者能够不断获取新的素材和灵感,完善自己的写作思路和内容,同时也促进了作者与社会的互动和连接,使得非虚构写作能够不断地适应社会变化,其作品更能反映社会的真实需求和关注点。

（三）自由性

非虚构写作的自由性体现在作者在创作过程中的自主性。与传统的新闻报道相比，非虚构写作允许作者以个人的视角和风格来叙述故事，展现个人的理解和感受。这种自由性使得非虚构作品更具有个性和深度。

非虚构写作在风格上也呈现出自由多样的特点。作者可以采用严谨的学术风格，对某一问题进行深入的研究和分析；也可以运用幽默风趣的语言，以轻松的方式讲述一个故事或现象；还可以采用抒情的散文风格，表达自己对某一事物的情感和感悟等。作者可以根据自己的个性和表达需要，自由地选择和创造适合自己的写作风格，不受固定风格模式的限制。

在叙事方式上，非虚构写作同样具有很大的自由性。作者可以采用线性叙事，按照时间顺序或事件发展的逻辑依次讲述；也可以运用倒叙、插叙等多种叙事手法，打破常规的叙事顺序，增加故事的趣味性和吸引力；还可以采用多视角叙事、对话体叙事等创新的叙事方式，使作品更加生动立体。作者可以根据故事的内容和自己的创作意图，自由灵活地选择和运用各种叙事方式。这种自由性使得非虚构作品不仅是对事件的记录，更能体现写作者对事件背后深层动因的探究和反思。

（四）公共性

非虚构写作的公共性体现在对社会议题和公共事件的关注等方面。非虚构作品往往聚焦于具有公共意义的问题，通过深入的调查和叙述，揭示事件的真相和社会问题的根源，促进公众对社会现实的关注和讨论。这种公共性使得非虚构写作成为一种重要的社会文化现象，它不仅记录了时代的历史，也参与了社会现实的构建，对公众意识和社会变革有着深远的影响。

非虚构写作往往聚焦于社会公共话题，如社会公平正义、环境保护、公共卫生、教育改革等。这些话题与广大民众的利益息息相关，通过对这些公共话题的深入探讨和报道，非虚构写作能够引起社会的广泛关注和讨论，促进公众对社会问题的认识和思考，推动社会的进步和发展。

非虚构写作具有引发公共讨论的强大功能。一部优秀的非虚构作品往往能够在读者中引起强烈的反响和共鸣,激发读者之间的讨论和交流。读者会就作品中提出的问题、观点和事件发表自己的看法和意见,形成广泛的公共讨论。这种公共讨论不仅可以加深公众对相关问题的理解和认识,还可以促使社会各界采取行动,解决实际问题。

非虚构写作在传播公共知识方面发挥着重要作用。它可以将专业领域的知识、历史文化知识、社会科学知识等以通俗易懂的方式传播给广大公众,提高公众的知识水平和文化素养。同时,非虚构写作也可以通过对不同地区、不同文化的介绍和展示,促进公众对多元文化的了解和尊重,增强社会的文化凝聚力和包容性。

### 三、非虚构写作的类型

非虚构写作大致分为两种类型:一类是由专业人士完成的深度报道、社会学调查的社会性写作,另一类是偏个人经验描述的个人性写作。社会性写作和个人性写作虽然在侧重点和表现形式上有所不同,但都以真实为基础。前者是对社会事件的反思,是一种公共写作。后者看似是个体性的表达,也具有公共性。

(一)社会性写作

社会性写作大多紧密围绕当下社会中具有话题度的群体性事件、社会现象或时代性问题而展开,具有很强的现实针对性和时代感。这类写作属于公共写作。

这种类型的作品强调社会责任感和时代使命感,关注群体性事件、有话题度的事件和时代性的事件,以社会事实为写作内容,却不仅仅停留在对事件的表面描述,而是通过深入的调查和分析,意在发现深层的社会问题或探寻一个时代的本质真相。此类型的作品由于涉及的是大众普遍关心的社会问题,作品往往能够在社会上引起读者广泛的共鸣和讨论,对推动社会进步和解决社会问题可能产生一定的积极影响。

社会性写作所涉及的非虚构作品类型广泛,有报告文学、深度报道、新闻特稿、纪实文学、社会调查、田野调查等形式。写作者往往通过对真实事件的深入挖掘和叙述,揭示社会问题,引发公众讨论,揭示社会现象背后的深层次原因。

例如梁鸿的"梁庄系列"作品,通过具体的村庄和人物故事,反映了中国农村在现代化进程中的复杂变化。这些作品不仅记录了个体的生活经历,还揭示了社会结构和文化冲突,是社会性写作的典型代表。

南京大学新闻传播学院学生迟秋怡的本科毕业作品《漫长的爆炸》,则是以 1987 年 3 月 15 日哈尔滨亚麻厂大爆炸为题,讲述了事故幸存者们 30 余年来的生存状态,再现出他们漫长而艰难的人生重建历程,也展现了社会性写作在记录和反思社会事件中的重要作用。该作品获得 2021 年真实故事计划举办的第三届非虚构写作大赛短篇组一等奖。

(二)个人性写作

个人性写作侧重于以个体的经历和真实的经验为写作资源。

这种写作类型强调作者的主观体验和个人视角,以自身的经历、感受、思考和情感为核心内容。通过个人故事来反映更广泛的社会和文化现象,展现个人对世界的认知和理解,具有强烈的主观性和自传性色彩。而正是由于基于真实的个人经验,此类型作品的情感表达往往更加真挚、细腻和深入,能够让读者直接感受到作者内心的喜怒哀乐,产生强烈的共鸣。

个人性写作通常涉及自传、回忆录、家族史、游记、日记等形式,作者通过讲述自己或他人的故事,揭示个体经历背后的普遍意义。

例如张小满的《我的母亲做保洁》就是一部感人至深的非虚构作品,作者通过细腻的笔触描绘了自己母亲在深圳做保洁员的日常生活和内心世界,引发了读者对于普通劳动者尊严和价值的关注。虽然讲述的是个体的故事,但触及的是社会对底层劳动者的态度和认知,同样具有强烈的公共性。

再例如《我是范雨素》,作者范雨素以自传体的形式,描述了她作为底层人物的艰辛生活,并将其置于城乡差距的框架中予以解读。这篇文章于 2017 年在微信公众号上发表,迅速成为现象级的网络热文,展示了个人性写作的强大影响力和引发了社会共鸣。

## 四、非虚构作品的写作技巧

非虚构作品的写作技巧与虚构作品之间并非隔着不可逾越的鸿沟,实际上两者在很多方面是相通的,许多写作技巧在两者之间是可以通用和共享的。不过,非虚构写作品的独特"个性",决定了它有其特别的要求和考量。

（一）确定写作立场

在非虚构写作中,确立写作立场是整个创作过程的基石与核心指引。非虚构写作要求作者有一个清晰的写作立场,这个立场通常基于对真实性的理解和尊重。作者需要从自己的观察和思考中确定写作内容,确保文本的真实性。

写作立场紧密扎根于对真实性多层次的深刻理解。从事件真实层面而言,作者必须坚守所写内容是客观存在、确凿发生过的事实,这是不容丝毫动摇的底线。文本真实层面要求作者在叙事过程中,凭借自身严谨的写作态度、高超的故事叙述能力以及恰当的表达策略,将事件真实且生动地呈现给读者。本质真实层面则体现了作者对事件背后深层意义的不懈追求,旨在揭示社会现象蕴含的规律、人性的本质特点或历史发展的趋势。

总之,清晰且坚定的写作立场能够使非虚构作品在真实性和思想性上达到较高的水平,成为连接作者、文本与读者的重要桥梁,在传递信息、引发思考和推动社会进步等方面发挥积极且重要的作用。

（二）筛选真实事件

非虚构写作是关于"真实故事"的书写。作者需要从真实发生的事件中筛选出有意义的部分,构建一个具有逻辑性和吸引力的故事结构。

在众多真实发生的事件中,首先要确定作品的主题和想要传达的核心价值。这有助于筛选出与主题相关、能够体现核心价值的事件,使作品具有深度和意义。故而要求写作者保持对生活的敏锐观察,善于发现那些能引起共鸣、具有代表性或独特性的事件。同时,还要能做到不局限于事件的表面,尝试挖掘背后的原因、影响和深层意义。当然,写作者们还应明确,尽管非虚构写作基于真实,但并非所有真实事件都值得写进作品。要筛选出具有一定情节和张力的事件,才能避免内容过于平淡和琐碎。

写作者确定写作内容的过程是一个严谨且充满思考的筛选过程。这一过程起始于作者对周围世界的敏锐观察,凭借自身独特的视角捕捉到那些具有写作价值的事件和人物。在积累了一定的观察素材后,作者需要运用批判性思维对这些素材进行深入分析和筛选。对于不同来源的信息,要进行交叉验证和甄别,去除那些可能存在偏差或不实的部分。在思考过程中,写作者要不断追问事件发生的原因、背景和可能产生的影响,结合自身的知识储备和社会经验,判断这些素材是否能够支撑起一个有深度、有价值的非虚构作品。

(三)建立叙事结构

非虚构写作需要讲述一个完整的故事,故而构建一个具有逻辑性和吸引力的叙事结构是至关重要的。这要求写作者从大量事实中提炼出核心情节,构建起有吸引力的叙事框架。

在建立叙事结构之前,写作者需要确定一个清晰的主题或中心思想,这将成为整个故事的指导原则。所有的故事元素,包括事件、人物和细节,都应与核心主题紧密相关,以确保故事的统一性和深度。

在非虚构作品中,常见的叙事结构有线性叙事和非线性叙事。线性叙事,即按照事件发生的时间先后顺序依次叙述。这种结构清晰明了,能让读者轻松跟随作者的思路了解事情的全貌,使读者对人物经历或事件发生顺序有连贯的认知。非线性叙事,如倒叙,可以先抛出事件的结果或高潮部分,引发读者的好奇心,再回溯事件的起因和发展过程;插叙则是在主线叙事中穿插相关的回忆、背景等内容,丰富故事层次,使文章更加生动立体。但无论是线性叙事还是非线性叙事,都需要有清晰的故事时间线。

在某些情况下,还可以设置多条故事线,使故事更加丰富和复杂,但要注意把握好每条故事线的节奏和关联,以及各个部分之间的衔接与过渡。同时,还需根据事件的特点和想要表达的主题,灵活运用不同的结构方式和叙事技巧,构建出一个具有逻辑性和吸引力的故事,让读者能够沉浸其中,感受到非虚构作品的魅力。

(四)搭建故事场景

还原现实场景是非虚构叙事的核心技巧之一。杰克·哈特在《故事技巧——叙事性非虚构文学写作指南》中提到:"当你着手创作一篇非虚构故事时,不妨将自己想象为剧作家。你必须搭建舞台,因为只有在舞台上,故事才能展开;因为只有拥有了故事空间,你才能让人物去呼吸,去走动,去表演。"①通过细致描绘环境来营造氛围,增强故事的感染力和吸引力,使读者身临其境。场景的搭建要与事件和人物紧密结合,不同的场景可以烘托出人物的不同心境和行为动机,

一个好的场景应当能够自然地引发下一个场景,与后续情节形成紧密的因果联系,同时要紧密围绕主要人物的需求和欲望展开,推动人物在场景中行动和发展。通过场景的设置,能够深入探索人物为解决困境所采取的策略,展现人物在不同情境下的变化,使整个故事更加生动、连贯且富有逻辑性。通过构建戏剧化的场景,将读者带入故事中,使情节更加生动和紧张。这种场景的构建有助于推动情节发展,增强故事的吸引力。

(五)选择恰当视角

在非虚构写作中,视角指的是叙述者讲述故事时所站的位置或角度,它影响故事的呈现和读者的感知。不同的视角会给读者带来不同的阅读体验,还会影响读者的亲近度和信任感,从而影响故事的说服力和影响力。故而视角是连接作者、故事和读者的桥梁,选择恰当的视角能够有效地传达故事,也能增强读者的沉浸感和参与感。

使用第一人称视角(我)可以让作者以亲历者的身份讲述故事,增加故事的真实感和紧迫感。这种视角允许作者分享个人的感受和思考,为读者提供独特的个人视角。第三人称视角(他/她/他们)允许更广阔的叙述范围,可以描述不同人物的思想和行为,提供更全面的故事背景。通过第三人称,作者可以从多个角色的视角叙述故事,展现事件的多面性。第二人称视角(你)直接与读者对话,创造出一种互动感,使读者感觉自己是故事的一部分。采用第二人称视角叙事的情况在非虚构作品中比较少见,使用时需要谨慎,以免显得突兀或不自然。

视角的选择应该能够服务于故事的主题,强化故事想要传达的核心信息。

---

① [美]杰克·哈特:《故事技巧——叙事性非虚构文学写作指南》,叶青、曾轶峰译,中国人民大学出版社 2012 年版,第 91 页。

在叙述过程中保持视角的一致性,避免频繁切换视角导致读者混淆。如果故事需要从不同角色的视角叙述,应明确标记转换视角,确保读者能够顺畅地跟随故事情节发展。无论选择哪种视角,都应该深入挖掘其潜力,通过细节和情感的描写来丰富叙述。

此外,写作者还需注意恰当使用多元化视角。非虚构写作常常采用多个视角来叙述同一个事件,从不同人物的视角出发进行叙述,不同人物的观点可能相互补充、相互印证,也可能相互矛盾、相互消解。正是这种多元性和冲突性,最终呈现出时代或事件的真实面貌,使读者能够更加全面、深入地理解作品所反映的社会现实。通过呈现不同人物的声音和观点,非虚构作品能够构建起一个多声部的叙事结构,有助于展现事件的多面性和复杂性,增加故事的丰富性和深度。

(六)注重细节描写

细节描写是提升非虚构作品文学性的关键因素。细节描写能够构建非虚构写作中的真实感。精确而具体的细节能够让读者相信故事的真实性,从而建立起信任感。通过对细节的精确描写,作者能够展现人物的内心世界和社会环境,使读者能够更深入地理解和感受故事。

在非虚构写作中,写作者需要敏锐地捕捉那些具有代表性的细节,可能是一个微小的动作,一件不起眼的物品,或一个独特的表情……它们或与故事线紧密相关,或能够揭示人物性格,或能够反映社会背景。通过对这些细节的精心雕琢,能够以小见大地反映更大主题或情境,推动情节发展,揭示事件本质。由于非虚构写作强调"真实性"的原因,在进行描写之时,要确保细节的准确性,对于涉及事实的数据、历史背景等细节应进行核实。对于引用的他人描述或转述的细节,要确保来源的可靠性,避免传播错误信息。

此外,值得注意的是,在进行细节描写之时,要避免抽象和笼统的叙述,而应该提供具体、明确的信息,也可以适当使用比喻、拟人等修辞手法,使细节更加生动和形象,增强语言的表现力。同时,使用细节描写时也应节制,避免过度堆砌,以免造成读者的阅读负担。

(七)记录人物对话

非虚构写作中的对话记录是还原人物声音和性格的重要手段,它能够最大限度地还原故事的原始状态,让人物鲜活地展现自我。对话的形式丰富多样,直接引用人物的语言,能够更真实地展现人物的情感和思想;内心独白则可以深入揭示人物的内心世界,为情节发展提供内在动力和背景解释;而重构对白则能精准地呈现人物在关键事件中的所思所想,增强故事的紧张感和真实感。通过充分运用对话,非虚构作品能够更接近小说的叙事效果,提升故事的吸引力和感染力。

在写作时,应注意人物对话要符合其身份、性格和所处的情境,在必要时,可以通过对话展现人物之间的关系和冲突。记录人物对话还要注重真实性和自然性,避免过于生硬和做作,同时可以适当加入一些对话中的语气词、停顿、重复等元素,增强对话的真实感和现场感,使读者仿佛能够亲耳听到人物之间的交流。

(八)遵守写作伦理

非虚构作品作为一种可信、有温度、有态度的文学作品形式,应对社会和读者负责。故而在非虚构写作中,遵守写作道德伦理绝非空洞的口号,而是确保作品真实性、公正性和责任感的基础。

坚持真实性乃首要准则。这意味着作者必须对笔下的事实怀有敬畏之心,无论是人物经历、事件细节还是环境背景,都要通过严谨的调查、核实来呈现。每一个数据、每一段对话、每一个场景描述都应有可靠的来源,不容许丝毫的虚构、夸大或歪曲。

其次,尊重与保护隐私是不可逾越的红线。尊重当事人的隐私和意愿,在涉及个人隐私和敏感信息时,要获得当事人的明确授权,对于一些不愿意公开某些细节的当事人,要进行妥善的处理,避免对其造成不必要的伤害和困扰。这种尊重不仅仅是法律的要求,更是人性关怀在写作中的体现。

秉持客观公正的立场也至关重要。作者不能因个人偏见、情感倾向或利益关联而偏袒某一方或歪曲事实全貌。应秉持客观公正的态度,避免在作品中过度渲染个人情感而扭曲事实。在呈现复杂的社会现象、争议话题时,要全面地呈现各方观点和证据,让读者能够根据事实做出自己的判断,而不是引导读者走向片面的结论,从而维护非虚构写作的真实性、公正性和严肃性。这要求写作者具备高度的自律与自省能力，不断审视自身的立场与动机，克服潜意识中的偏见，以中立的视角去挖掘和讲述故事。

此外，非虚构写作中的道德伦理还体现在对社会影响的考量上。作品应传递积极、正面的价值观，避免宣扬暴力、歧视、仇恨等不良思想，通过真实故事激发读者的同理心、社会责任感与对美好生活的向往，为社会的进步与和谐贡献一份力量，从而实现非虚构写作在记录时代的同时引领时代精神风向标的使命担当。

总之，深入探究非虚构写作技巧，不仅是实现非虚构作品从素材到文本转化的有效手段，更是在真实性原则下优化叙事结构、增强表达效果、提升作品传播力与影响力的核心要素。有助于写作者将生活的原始材料转化为具有感染力与思想深度的文本，更好地满足社会文化传播与个体表达的需求。以上这些写作技巧是基于对现阶段国内当代非虚构作品的观察、分析和总结得出的。它们代表了非虚构写作实践中的一些关键要素，但并不意味着这是一份全面无遗的技巧清单。每个写作者在实践中都可能发展出自己独特的技巧和方法。

## 第二节　非虚构写作范文

范文一

# 迷失①（存目）

梁　鸿

本文选自梁鸿的非虚构作品《中国在梁庄》。作品巧妙地选定了一个新颖的叙述角度来展开故事，即"归乡者"视角。作为从梁庄走出又回归的知识分子，"我"带着对故乡的深厚情感与儿时记忆归来，这种情感纽带使"我"能够深

---

① 　梁鸿：《中国在梁庄》，中信出版社 2014 年版，第 6—9 页。

入到梁庄的微观生活层面。"我"可以与乡亲们亲切交谈,细致观察他们的日常起居、劳作方式、家庭琐事等,获取最真实、最鲜活的一手资料,这些构成了微观叙事的丰富素材。作者有意识地突破传统先验认知的束缚,摒弃刻板印象与固有模式,以全新视角和独立思考呈现乡村变迁的复杂多面性与真实原生态。它绝不是简单的乡村生活记录,而是对中国农村深层社会问题的有力批判与深刻反思。字里行间也充满了对故乡梁庄的赤诚眷恋与深沉热爱,且这种情感表达并非孤立地抒情,而是紧密缠绕于乡村现实问题的揭示与剖析之中,使读者深切体悟到作者对故乡命运的深切忧虑与殷切期望。

范文二

# 荒野来客[①]（存目）

李　娟

《羊道·春牧场》聚焦哈萨克族牧民这一群体,通过叙述一个个普通牧民家庭的故事,展现了哈萨克族牧民的生活方式、风俗习惯、宗教信仰以及他们与大自然相处的独特模式,让读者从个体的生活片段中了解到一个民族的文化内涵和精神世界。作者没有运用华丽的辞藻和复杂的句式,而是用通俗易懂、直白质朴的语言去记录所见所闻。比如描写草原上的景色,就是用最直观的感受去呈现,描述人物对话也是原汁原味,让读者仿佛就在那片草原上,听着牧民们聊天,拉近了作品与读者之间的距离,便于读者理解和接受其中传达的内容。作品里既有连贯的生活故事线,像跟着牧民家庭随着季节变化一次次转场的过程,充满了各种意外、趣事和困难解决的情节;同时又有着散文般的随性与灵动,章节之间并非紧密的逻辑连贯,而是可以单独成篇,每一篇都像是一篇优美的散文,记录着那一时那一刻草原上的人和事、景和情。这种融合让读者既能沉浸于完整的生活故事,又能随时在单篇阅读中感受草原生活的点滴美好。

---

① 李娟:《羊道·春牧场》,上海文艺出版社 2012 版,第 1—18 页。

范文三

# 竹青[1]（存目）

郑小琼

《女工记》主要围绕众多工厂女工的生活、工作、情感等方面展开叙述，呈现出一幅鲜活且复杂的女工群体生活画卷，成功地塑造了丰富的女工形象，记录了一段特殊群体的生活史。书中刻画了众多性格各异、经历不同的女工形象。作者通过对她们的言行、心理等多方面细致入微的描写，使这些女工形象跃然纸上，成为一个个鲜活立体的个体，而不是抽象的群体符号。作者在叙述女工故事时，并没有过多地主观评判或者刻意渲染情感，而是以相对客观冷静的态度去展现她们的生活轨迹。例如在描述女工遭遇工伤、薪资纠纷等问题时，只是如实记录事件的经过、当事人的反应以及后续的处理情况等，让读者依据呈现的事实去形成自己的看法和感受。《女工记》不同于一般纯散文式或者平铺直叙的纪实作品的写法，它巧妙地融入了诗歌元素。这些诗歌或是对女工们具体生活场景的艺术化提炼，或是对她们内心情感的升华表达，与散文式的具体故事叙述相互配合，从个体女工的具体经历入手，进而延伸到对整个女工群体在时代浪潮中的命运、社会身份认同以及劳动权益保障等诸多共同面临问题的关注与思考。

## 第三节　非虚构写作练习

对于大学生而言，家乡是其成长的摇篮，自幼积累的丰富记忆与深切情感构成了天然且取之不尽的写作素材源泉。从熟悉的乡村田野到热闹的城镇街巷，从邻里乡亲的质朴面容到地方传统的独特风情，皆可成为创作的灵感触发

---

[1]　郑小琼:《女工记》,花城出版社 2012 年版,第 7—11 页。

点,使得写作易于入手且内容充实。同时,家乡蕴含着深厚的地域文化与历史底蕴,是地域特色与民族精神传承的关键载体。它承载着先辈们的奋斗历程、民俗文化的世代延续以及地方发展的时代变迁,这些元素汇聚成一部生动鲜活的地方史志,对其进行书写,能有效激发大学生内心深处的文化归属感与自豪感,成为强大的写作驱动力。

"书写家乡"契合大学生非虚构写作课程的实训要求。大学生在学习生涯中接受了多学科知识的系统培育,具备跨学科的分析视野与思维能力,能够运用社会学、历史学、文学等多学科知识深入剖析家乡的社会结构、历史演进与文化内涵,从而提升作品的学术深度与文化厚度。并且,大学阶段是大学生探索社会、塑造价值观的关键时期,书写家乡促使他们走出校园的理论象牙塔,投身于社会田野调查,锻炼访谈调研、资料搜集、素材整合以及文字创作等实践技能,可有效弥补课堂理论教学与社会实践之间的脱节短板,全方位增强其综合素养与实践能力,为未来从事新闻、文化、社科等领域工作打下基础,培养出适应时代需求、兼具深厚文化底蕴与出色实践能力的高素质人才。

## 一、选题准备

引导写作者从自身经历出发,回忆在家乡的成长岁月中印象深刻的瞬间,如儿时在田野间的嬉戏,传统节日的独特庆祝方式、家乡的独特地貌或建筑等。也可关注家乡的热点话题,像家乡因某种特色产业而声名远扬,或者是家乡在文化传承、生态保护方面的突出举措等,从中挖掘潜在的写作主题。鼓励大学生积极与家人、朋友交流家乡的故事,浏览家乡的地方网站、论坛或社交媒体群组,收集相关信息和素材,拓宽灵感来源渠道。

在众多灵感来源中,筛选出一个既具有独特性又能引发读者共鸣的主题。例如,若家乡有古老的手工艺传承,且面临现代工业化的冲击,可将"家乡传统手工艺在时代变迁中的坚守与创新"定为主题;或者家乡近年来大力发展生态旅游,主题可定为"家乡生态旅游的兴起与乡村振兴之路"。主题要明确且有一定的深度和广度,为后续的写作提供清晰的方向。在确定主题后,建议写作者进行简单的主题调研,了解同类主题的其他作品,分析其优势与不足,进一步明确自己的写作切入点和独特视角。

同时,还要明确写作目的。思考撰写这篇关于家乡的文章是为了记录家乡的历史文化、展现家乡的发展变化、唤起游子的思乡之情,还是为了引起社会对家乡某一问题的关注等。明确的写作目的有助于在写作过程中把握重点和情感基调,可以通过制定写作提纲的方式,初步规划文章的结构和重点内容,确保写作目的能够贯穿全文。

## 二、访谈和观察

首先确定访谈对象。家乡的长辈如祖父母、外祖父母可以列为重点访谈对象。他们经历了家乡较长时间的变迁,能详细讲述家乡过去的地理风貌、传统习俗的起源与演变等。曾经在当地任职的村干部也可以进行访谈,他们熟悉家乡各个发展阶段的政策实施情况,以及这些政策对家乡经济、社会结构带来的影响。还有长期经营本地店铺的店主,他们或许能从商业角度反映家乡的消费变化、人口流动对本地经济的作用,以及邻里之间的经济往来故事。同时,返乡创业的年轻人也是不容忽视的群体,他们可以分享现代科技、新思维与家乡传统产业或文化的融合过程。此外,还可以考虑访谈家乡的教师、医生等,他们了解家乡在教育、医疗等方面的发展历程。而针对一些有特色文化传承的家乡,如民间艺术之乡,当地的民间艺人、文化工作者也是不可或缺的访谈对象,他们能深入讲解文化艺术的精髓和传承现状。

确定访谈对象以后,可以选择在充满家乡记忆的场所进行访谈,能让受访者们自然而然地打开话匣子。访谈开场时,写作者要以热情、谦逊且饱含对家乡深情的态度与访谈对象交流。可以先提及一些共同的回忆,迅速拉近与访谈对象的距离,营造轻松愉快的氛围。在多人访谈时,鼓励大家自由发言、相互补充。写作者则要像敏锐的社会学家一样,仔细观察访谈对象的神态、语气、肢体语言的变化,捕捉那些不经意间流露的情感和关键信息。

在访谈过程中,受访者可能会回忆起家乡曾经的劳作生活,也可能谈及当下的新变化、新问题、新烦恼,写作者在记录这些内容时,要留意受访者讲述时眼神中的怀念与感慨,这可能体现了家乡人对过往生活的眷恋和对时代变迁的

的灵魂所在。

在组织故事结构的过程中,要确保各部分过渡自然流畅,逻辑连贯紧密,无论是哪种结构形式,都要以最佳的方式呈现家乡的特色与魅力,引领读者深入感受家乡的独特韵味。

## 六、修改与定稿

在完成关于家乡的初稿后,首先要进行间隔反思。建议间隔一到两周的时间,在这段时间里,让自己从初稿创作的思维定式中脱离出来,以全新的视角重新审视作品。可以阅读一些经典的描写地域文化或家乡的优秀作品,分析他们在展现地方特色、情感表达和结构布局方面的长处,对比自己的初稿,寻找差距与不足。在反思过程中,可以制作一个问题清单,将发现的问题逐一列出,以便在修改时针对性地解决。

接下来进行多维度修改。在结构与节奏方面,需要检查文章整体结构是否清晰合理,节奏上是否详略得当,应根据主题表达的重点,合理分配篇幅;在主题聚焦方面,审视文章是否始终围绕家乡这一核心主题,是否存在偏离主题的段落或语句。确保每一个细节、每一个故事都紧密服务于展现家乡的风貌、变迁与精神内核,使主题贯穿全文,鲜明突出。在语言与细节打磨方面,要仔细斟酌语言表达,看是否准确、生动且富有地域特色。对于家乡的方言、俗语使用是否恰当,是否能准确传达家乡的文化韵味。同时,检查细节描写是否精致到位,让读者身临其境,但也要注意避免细节过于琐碎而影响文章的整体流畅性。

经过多次反复修改,直至文章在结构、内容、语言和情感表达等方面都达到满意的效果,方可定稿,完成一篇高质量的关于家乡的非虚构作品。

**【创意训练】**

课堂练习:

1.分析讨论:给出一篇简短的非虚构作品片段,让学生分组讨论其体现的文学特征、社会特性,分析运用了哪些写作技巧。各小组代表发言后教师进行总结。

2.技巧训练:设定一个简单的主题,如"校园一角的故事",让学生进行10—15分钟的写作,要求运用故事化叙事方式,设置简单场景并进行细节描写。并运用多种感官描写,增强场景的真实感和感染力。同桌之间互相交流,提出意见和建议;教师选取部分作品进行展示,并进行指导。

3.素材筛选练习:教师提供一组关于家乡的素材(如访谈记录、照片、新闻报道等),要求学生分组筛选出与主题相关的素材,并说明筛选理由。同时制订写作提纲,每小组派代表分享提纲,其他小组提出意见和建议。

课后练习:

1.阅读一部非虚构写作的经典作品,写一篇不少于 800 字的读书笔记,分析作品的主题、写作特色和对社会现实的反映,以及自己从中获得的启示。

2.按照以下步骤,完成一篇与自己家乡有关的非虚构作品。

(1)回到家乡,用访谈和观察的方式获得写作素材。

(2)整理资料,并绘制作品的结构思维导图。

(3)为家乡的重要事件寻找内在联系,策划非虚构故事。

(4)选择恰当的叙述策略来讲述家乡的故事。

(5)可以参考经典作品案例,和工坊小组伙伴一起,先讨论内容与布局,再优化细节。

(6)修改、定稿。请家乡受访对象阅读。

**【延伸阅读】**

1.[美]陈冲:《猫鱼》,上海三联书店 2024 年版。

2.纪红建:《大兴安岭深处》,湖南人民出版社 2024 年版。

3.刘大先:《去北川》,上海文艺出版社 2024 年版。

4.刘亮程:《大地上的家乡》,译林出版社 2024 年版。

5.宋明蔚:《比山更高:自由攀登者的悲情与荣耀》,上海文艺出版社 2024 年。

6.薛舒:《当父亲把我忘记:隐秘的告别》,上海文艺出版社 2024 年版。

# 第十三章　网络文学写作

【学习目标】

1. 知识目标:掌握网络文学的基本概念、类型和文体特征与写作要点。

2. 能力目标:通过学习使学生掌握网络文学的基本概念特点和写作技巧,提高学生的网络文学创作能力;能够运用所学知识独立完成一篇有思想、有深度、有文采、语言流畅的网络文学作品。

3. 价值目标:树立正确的价值观,抵制低俗、庸俗、媚俗的网络文学作品,并且能够写出健康向上的网络文化。

【学习重点】

通过分析典范文本,掌握网络文学的语言风格、叙事节奏和表现手法等写作要点。

【学习难点】

结合典范文本,分析、修改自己的网络文学习作,理解网络文学的文体特征与写作技巧。

　　网络文学是一种新型的文学样式,有广义和狭义之分,广义的网络文学是指在互联网上首发的作品,包括那些经过编辑,登载于各类文学网站、门户网站读书频道、网络艺术刊物(电子报刊)上的作品,在网络论坛(BBS)发表的文学作品,以及在博客、微博、微信公众号和百度贴吧等自媒体平台上发表的文学作品;狭义的网络文学是指在互联网上首发,与网络读者互动,并以此获得收入的文学作品。

我国的网络文学起步于 20 世纪 90 年代,但是发展迅速,据中国音像与数字出版协会在第七届中国"网络文学+"大会上发布的《2023 年度中国网络文学发展报告》,截至 2023 年底,我国网络文学平台驻站作者总数约为 2929. 43 万人。在 20 世纪 90 年代没有互联网之前,文学已面临着失去读者的困境,早在 1988 年,阳雨(王蒙)的一篇题为《文学:失却轰动效应以后》的文章描述了纯文学失去读者的情形,互联网为失去轰动效应的文学找回了读者。这部分读者不只是纯文学的读者,还包括 20 世纪 80 年代以来通俗文学的读者。更重要的是,在 2003 年起点中文网成功实施 VIP 收费阅读以后,中国网络文学形成了中国特色的网络文学生产方式,网络文学形成了特有的商业机制,在读者、市场、经济资本的推动下,网络文学进入快速发展的历史车道。网络文学 VIP 收费机制的成功解决了作者的收入问题,使网络作家成为一种独立的职业。

## 第一节　网络文学特征

对比传统文学较固化与单调的分类,网络文学的分类比较多元化,网络文学的大众化特质和产业化发展趋势,促使网络小说成为网络文学的主体,也是网络文学最主要的样式。基于网络文学商业化运作需求,多元化、层次化、菜单式成为网络小说分类的基本特质。浏览主要中文文学网站,会发现网络文学的分类最终服务于读者个性化的选择需求。在每个文学网站的菜单上,有纵向的一级类别和二级标签,也有横向的,如原创性、性向、视角、时代、风格、类型、标签等组合选项,以便读者在最短时间内迅速找到符合自己审美偏好的文学作品。每个网站的类别,区分的是小说作品的基本设定。网络小说的类别主要有玄幻、奇幻、武侠、仙侠、科幻、历史、军事、悬疑灵异、游戏、都市、青春、言情、同人等,既有传统文学类型的延续,也有推陈出新的新兴类型。

网络文学从写作内容到艺术形式体现出有别于传统文学的文体特征,概括而言主要表现为网络文学的网络性,语言风格的多样性、开放性等。

### 一、网络文学的"网络性"

网络文学最显著的特点体现在"网络性"。欧阳友权认为,网络文学是借助计算机网络形成的一种新的文学形态,网络文学应该是在互联网上首次发表的,网络文学应该是为网络受众即广大网民创作的,读者需要在网上浏览或欣赏。[①] 从这个网络文学的定义中可以看出网络文学在创作平台、创作方式、接受群体等方面都具有鲜明的"网络性"特征。从写作及传播接受的过程来看,网络文学的"网络性"体现在写作、发表、阅读和评论机制与传统文学完全不同。

1. 互动性

网络文学的互动性是其区别于传统文学的重要特征之一。读者可以通过评论、点赞、打赏等方式与作者进行实时互动。这种互动不仅增强了读者的参与感,还使作者能够根据读者的反馈及时调整情节和角色命运。例如,在一些网络文学平台上,读者可以在每章结束后发表评论,作者会根据这些评论进行回应或调整后续内容。

2. 开放性

网络文学平台的开放性降低了文学创作的门槛,任何人都可以注册成为作者并上传作品。这种开放性使得网络文学的创作者群体更加广泛,新人更容易脱颖而出。同时,网络文学的内容和形式也更加多样化,涵盖了各种文学体裁和题材。

3. 实时性

网络文学的创作和传播具有很强的实时性。作品可以随时随地通过互联网发布和更新,读者可以在第一时间获取最新的内容。这种实时性使得网络文学能够快速响应读者的需求和市场变化。

4. 多样性

网络文学的形式和内容极为丰富,涵盖了小说、散文、诗歌、漫画等多种文学体裁。题材方面,玄幻、言情、悬疑、历史、科幻等各类题材应有尽有,满足了

---

① 　欧阳友权主编:《网络文学概论》,北京大学出版社 2008 年版,第 4 页。

不同读者的多样化需求。

5. 超文本性

网络文学的超文本性体现在其非线性叙事和多媒体融合的特点上。读者在阅读过程中可以通过链接跳转到其他相关内容，如评论、相关作品等。此外，网络文学还常常融入声音、图像、视频等多媒体元素，增强了阅读的趣味性和互动性。

6. 社交性

网络文学的社交性体现在读者和作者之间形成的"类社会互动"关系。读者不仅消费小说内容，还在阅读过程中建立强烈的社交关系，获得情感寄托和认同感。这种社交性使得网络文学的传播和接受更加广泛。

7. 跨媒体传播

网络文学具有很强的跨媒体传播能力，其 IP 可以改编为影视剧、动漫、游戏等多种形式。这种跨媒体传播不仅扩大了作品的影响力，还为网络文学带来了更多的商业机会。

8. 游戏化向度

网络文学的"游戏化"向度也是其"网络性"的重要体现。这种游戏化体现在其"模组化"和"数据库"式的创作模式上，类似于电子游戏中的任务系统和角色升级。这种模式不仅增强了作品的趣味性，还为读者提供了类似游戏的沉浸式体验。

这些特征共同构成了网络文学独特的"网络性"，使其成为一种与传统文学截然不同的文学形态。

## 二、语言风格的独特性

文学是语言的艺术，黑格尔说："语言的艺术在内容上和在表现形式上比起其他艺术都远较广阔……"文学作品中故事情节的展开、人物形象的塑造、心理活动的刻画等，都离不开语言的运用。网络文学是在网络平台上创作的、满足大众审美趣味的、适合"读屏"时代阅读习惯的一种文学创作形式，网络文学语言与传统文学语言有着鲜明的差别，具体表现为网络文学语言广泛吸收各种语言资源,表达风格多样,以随意性、灵活性、通俗化、口语化、幽默性、时尚性等为特征的语言居多,但也不乏古雅、诗化的语言。其语言特点具体如下:

1. 自由随性,浅显直白,通俗易懂

网络文学语言多以对话或口语为主,语言浅显易懂、生动形象,这样的语言表达颇具煽动性和感染力,更易打动读者,将读者瞬间带入故事中去。从网络文学作者的网名、作品的书名、作品中具体的内容来看,网络文学整体上呈现出浅显通俗、随意自由的语言表达风格。如网络文学作者唐家三少、天蚕土豆、我吃西红柿、猫腻、无罪、步行天下、我想吃肉、酒徒、爱心果冻、善良的蜜蜂、流浪的蛤蟆、横扫天涯等人的网名就非常通俗、大众化。《邪王追妻:废材逆天小姐》《快穿之打脸狂魔》《庶女攻略》《无限恐怖》《鬼吹灯》《黄金瞳》等网络作品的名字通俗易懂、简单明了,一反纯文学追求诗化韵味或深度意蕴的"高雅""文艺"风格。

2. 文辞优美,古雅诗意

网络小说按照读者风格类型分为大众文和小众文,小众文也被称为文青文,与通俗浅显的大众文相比,小众文讲究遣词造句,从作品的标题、人物的名字、语言的运用等方面显示出较强的文学色彩。《知否? 知否? 应是绿肥红瘦》《寂寞空庭春欲晚》等作品的名字直接取自古典文学作品,《何以笙箫默》作品的名字及人物赵默笙的名字出自诗歌,《天庭出版集团》《红楼之宠妃》等同人小说中角色的名字如"黄竹""女娲""太乙真人""广寒仙子""林黛玉"等直接引自古典文学作品或故事传说。中国古典小说中有诗为证,《红楼梦》中以诗词写人物命运的手法被网络小说广为采用,这都极大地增加了小说的古典韵味和文学性。

> ……盛老太太似有些累,靠在软榻的靠背上,微阖眼睛,声音渐渐弱下去,屋角檀木几上摆着一盏紫铜麒麟香炉,静静地吐着云纹般的香烟。
>
> (《知否? 知否? 应是绿肥红瘦》卷一:故园今日海棠开,只有名花苦幽独第1回)

3. 句式简单,短句运用频繁

网络小说多用简单句,每个句子的结构主要是主谓宾,少有复杂搭配,句式与人们平时讲话习惯相似,给人一种生活化、自然、随意的阅读体验。因读者阅读的时间大多为零碎时间,短句子更方便读者随时阅读,这样自由、随意的句式表达,契合了读者的阅读习惯和阅读心理。

"喝他喝过的酒,受他受过的伤。"墨香铜臭《魔道祖师》

"我辈修士,何惜一战。"耳根《仙逆》

"我想活着,但是在无可选择的时候,我并不畏惧死亡。"烟雨江南的《狩魔手记》

"他们的名字,就是一场盛世。"蝴蝶蓝《全职高手》

"用你左手的锤,守护你右手的草。"唐家三少《斗罗大陆》

4. 符号化、数字化、网络化

网络文学在互联网上产生,积极吸收网络语言,形成了一套自身的网络语言。如斑竹(版主)、东东(东西)、GG(哥哥,男性网民)、CU(see you!)等。其他如萌、梗、丧、污、安利、吐槽等网络用语等广泛被网络小说吸收运用,因此还形成了网络语体,如甄嬛体、红楼体、火星文、脑残体、后宫体、知音体等。

# 第二节 网络文学范文

自 1998 年痞子蔡在 BBS 上连载《第一次亲密接触》并在大陆中文网络迅速传播以来,网络文学经历了迅猛的发展。根据最新的搜索结果,截至 2023 年年底,中国网络文学的用户规模已累计达到 5.5 亿人。这一数字较上年增长了 5200 万人,增幅为 10.44%,显示出网络文学在用户中的普及度和受欢迎程度持续上升。网络文学领域虽然作品众多,质量参差不齐,但其中确实不乏经典性的作品。这些作品往往以其独特的艺术魅力、深刻的思想内涵和广泛的社会影响力脱颖而出,成为网络文学中的佼佼者。它们不仅丰富了文学的表现形式,也推动了网络文学的发展和进步。

范文一

# 斗破苍穹[①]（存目）

天蚕土豆

　　《斗破苍穹》是天蚕土豆创作的一部玄幻小说，于 2009 年 4 月在起点中文网开始连载，2011 年 7 月完结。小说讲述了天才少年萧炎在斗气大陆上的成长故事。作者将故事背景设定在一个以斗气修炼为主导的奇幻世界，人们通过修炼斗气来提升实力，斗气的高低决定了一个人的地位。斗气修炼体系分为斗之气、斗者、斗师、大斗师、斗灵、斗王、斗皇、斗宗、斗尊、斗圣、斗帝等阶段。萧炎在经历家族的背叛和未婚妻纳兰嫣然的退婚后，凭借药老的帮助，重新崛起。他通过收集异火、炼制丹药、挑战强敌等方式，不断提升自己的实力。在修炼过程中，萧炎结识了众多伙伴，如小医仙、云芝等，一同面对斗气大陆上的种种挑战。最终，萧炎突破重重困难，成为斗帝，还斗气大陆和平。

　　《斗破苍穹》被广泛认为是网络爽文的巅峰之作。小说通过经典的"废柴流""退婚流""金手指流"等套路，让主角萧炎在修炼过程中不断逆袭，一路"打脸"，满足了读者的爽感。这种写作以其简单痛快的情节和直接的冲突解决方式满足了读者追求快速阅读和情感释放的需求，不仅抓住了读者的眼球，还引领了后续网络小说的爽文潮流。《斗破苍穹》的故事和人物塑造激励了无数年轻人，给予他们勇气和动力去抵抗困难和挫折，不断追求成功。

---

　　①　天蚕土豆：《斗破苍穹》，起点中文网，https://www.qidian.com/book/1209977/。

范文二

# 我们生活在南京①（存目）

天瑞说符

《我们生活在南京》以南京为背景,对南京的地标、方言、文化等进行了高度还原,展现了浓厚的地域特色,讲述了生活在 2019 年南京市的高三男生白杨,通过无线电台偶然联系上了一个生活在 2040 年同一地理位置的女生半夏,二人共同面对末日天灾并展开救援的故事。小说以南京为背景,构建了两个截然不同的时空:2019 年的南京是充满烟火气的现代城市,而 2040 年的南京则是一片被外星生物"刀客"毁灭后的废墟。通过跨越时空的对话,白杨和半夏以及身边的长辈们展开了一场拯救世界的行动。小说中不仅有硬核的科技描写,还对南京地理环境、方言特色和地方文化进行了高度还原,展现了中国科幻的本土情怀。小说不仅是一部科幻作品,还蕴含了对现实的深刻反思。通过对未来世界的描绘,作者探讨了人类与自然的关系、科技对社会的影响等现实问题。这种现实主义的写作手法,让作品具有了更广泛的社会意义。《我们生活在南京》以其独特的设定、严谨的科学逻辑和温情的叙事风格获得了广泛赞誉,曾获得第十四届华语科幻星云奖长篇小说金奖,并入选 2022 年度中国网络文学影响力榜。

---

① 天瑞说符:《我们生活在南京》,起点中文网:https://www.qidian.com/book/1025325277/。

范文三

# 致我们终将逝去的青春[①]（存目）

辛夷坞

　　《致我们终将逝去的青春》是辛夷坞创作的长篇都市言情小说,首次出版于2007年7月。作品讲述了性格开朗,热情似火,对爱情充满憧憬的女主角郑微为追寻初恋对象林静而步入林静所在的大学,后又在大学里邂逅了新的爱情,并在为爱情付出代价的过程中收获成长的故事。作品通过讲述青年学子学业、事业和爱情的人生故事,以"暖伤青春"的面目立于青春文学之中,展现了"80后"一代人的青春故事,他们的爱情行动力、性观念以及面对功利化社会的妥协,表达了事业进退与爱情得失都是人生必修课、青春必经路的主题。这种对青春成长过程的深刻探讨,是这一代人融入社会的真实写照,契合了青年读者的阅读需求,也使得小说具有了更深层次的文学价值。小说不仅在文学领域产生了影响,还被改编成电影和电视剧,进一步扩大了其文化影响力。此外,小说还入选了"庆祝新中国成立70周年"主题网络文学作品暨2019年优秀网络文学原创作品名单,显示了其在当代文学中的重要地位。

# 第三节　网络文学写作练习

## 一、网络文学虚拟时空的构建

　　网络文学常常构建一个与现实世界截然不同的背景设定,如魔法世界、超能力社会、异世界、未来科技文明等,这些设定允许故事在现实世界不可能发生的条件下展开。网络文学通过虚拟时空的构建,将现实与虚拟相结合,创造出

---

① 辛夷坞:《致我们终将逝去的青春》,起点中文网:https://www.qidian.com/book/1001615663/。

新的"世界"。网络文学作家们通过非凡的想象力,创建了诸如"云荒大陆""九州""西川大陆""天舞大陆""天元大陆""斗罗大陆""空桑""叶城""海国""云浮城""泽之国""砂之国"等新的文学地域空间,这些地域不仅包括陆地、领海、领空,还扩展到了地下空间,甚至涉及生死轮回、涅槃修真等新时空,极大地拓展了网络文学的想象空间。

### (一)网络文学虚拟时空的历史架构

打造一个充满神秘气息的历史架构,是构建引人入胜的世界观的关键。构建一个详尽的、具有神秘色彩的历史背景,包括重大事件、战争、王朝更迭、英雄传说等。这些历史元素为世界观增添深度,也为角色的行为和动机提供合理性。如猫腻的《庆余年》,小说设定于一个高度文明的时代遭遇冰封期后,人类文明火种再次点燃的时代,但其中不少地方与历史息息相关。小说中北齐(前身北魏)与南庆形成的南北长期对峙格局,与中国历史上的南北朝有相似之处。小说通过范闲的成长明线与叶轻眉的一生暗线双轨并行,把几十年的家国风雨尽揽其中。

精心编织一个错综复杂、历史悠久的背景故事,让每个角落都充满了传说与秘密。从远古的神话时代到近代的变革,每个时期都承载着独特的历史印记。通过虚拟时空的构建,将现实与虚拟相结合,厘清历史脉络,创造出新的"世界",可以构建一系列王朝的兴衰史,设计一系列影响深远的重大事件,如天启般的灾难、改变世界格局的发现或是决定性的战役。在此过程中要注意对历史教训与启示的挖掘和探究,通过历史事件展示教训和启示,这些教训不仅对角色有指导意义,也能引发读者的深思。通过这些精心设计的元素,一个神秘而深邃的历史背景便能为读者提供一个充满探索和发现的空间,让每个角色的行为和动机都显得合情合理,同时为整个故事增添无限的魅力和深度。例如,洪荒流小说中对传统神话人物进行了再创造,赋予他们新的身份和故事,如将盘古、鸿钧等神话人物融入小说的世界观中。如七月新番的《春秋我为王》,小说以春秋时期的政治格局为特征,展现了各诸侯国之间的纷争和割据局面。小说中融入了春秋时期的多个重大历史事件,如葵丘之盟、城濮之战、晋楚邲之战、秦霸西戎、弭兵会盟和吴越争霸等。春秋礼崩乐坏的历史背景,诸侯士卿错综复杂的关系,军事贵族日益地崛起,各国间的军事对抗等,都勾勒得非常好,历史变迁的必然性跃然纸上。

(二)网络文学虚拟时空的地理构造

网络小说,尤其是玄幻、仙侠和历史小说,常常构建出架空世界或平行宇宙的地理版图。这些世界与现实世界不同,有着独特的地理特征和规则体系。许多网络小说可以绘制出一幅详细的地理版图,例如,《斗罗大陆》拥有广阔的大陆版图,斗罗大陆东西最长距离8800多千米,南北最长距离5000多千米(不包括极北之地和极东群岛),展现了一个辽阔的地理版图。作者在作品中还设计了复杂的地形地势、丰富的气候类型、多样的植被分布等等独特的地理风貌,为小说中的冒险和故事发展提供了丰富的背景。

网络小说中的地理构造常常包含幻想元素,如村庄建在悬崖边上,小镇悬在树上,或者巨型建筑是用龙的骨架建造的,当地的泉水有着超自然的力量等。这些设定提醒读者他们身处在一个梦幻的世界,使得设定更加与众不同。如我吃西红柿的《盘龙》就构建了一个独特的地理环境:"在玉兰大陆的东方,有一片被称为'龙血草原'的广袤土地,这里的草叶都带有淡淡的红色,传说是因为龙血浇灌而成,每当夜幕降临,草原上便会有龙吟之声回荡。"

精心设计世界的地形地貌,包括山脉、河流、森林、平原等自然景观,以及城市、村庄、古迹等人造地标。这些地理特征不仅为故事提供背景,还能影响居民的生活方式和文化发展。在此过程中,可以充分考虑网络空间在视觉、听觉、嗅觉、触觉等方面的体验,这些细节可以帮助读者更好地沉浸在作者所构造的网络文学世界中。例如《绝世武神》中描述盘龙山脉:"盘龙山脉位于盘龙武院东北方向,相距大约十几里。这条山脉拥有六条主脉和无数支脉,六条主脉如同六条巨大的蛟龙,盘旋向着山脉最深处汇聚,形成一条高耸入云的巨大山脉,因此得名'盘龙山脉'。"

(三)网络文学虚拟时空的文化和社会建构

在虚拟时空中构建的生物、种族、文化和社会结构,包括外貌、能力、语言、社会角色、宗教、政治体系、经济模式、社会阶层等要素。这些社会结构影响着居民的行为方式和世界观的形成。通过展现不同地区和种族独特的文化特征,能够显著增加故事的真实感和吸引力。例如,盗墓小说的起源根植于中国传统的丧葬文化,丧葬文化以土葬形式为主,惧死求生的文化特性让丧葬文化增加了陪葬内容,以求死后荣华富贵。在陪葬品的诱惑下,盗墓者足以打破伦理纲常侵犯亡灵。同时,小说中融入了符咒、阴阳五行等元素,反映了中国古代对神秘学与超自然力量的传承和崇尚。盗墓流小说独特的文化元素迎合了现代社会对神秘、惊悚、探险等元素的需求,提供了一种逃避现实、寻求刺激的阅读体验。它们去除了传统文学的教化责任,更多地提供了娱乐性和刺激性。

要构思出优秀的网络文学作品,离不开创造力、想象力以及对现有知识和文化的理解。首先,可以阅读和研究不同类型的网络文学,了解它们是如何构建虚拟世界的。在架构新的网络文学虚拟时空时,不要害怕尝试新的想法,并且愿意修改和改进你的设计,构建一个虚拟空间是一个创造性的过程,需要不断地实验和迭代。同时,可以与他人分享你的虚拟空间的概念,获取他们的反馈,这可以帮助你发现潜在的问题,并从不同的角度看待你的世界。还有一个关键因素在于需要学习不同的学科知识,如历史、地理、社会学、心理学等,这些知识可以为虚拟空间提供更丰富的细节和深度。与此同时,网络文学的写作方式受到媒介经验的影响,如网络小说的结构设计中体现的虚拟景观与现实的对照二重性。网络小说的外部结构,即设定,遵循预先约定的游戏逻辑,而内部结构强调情感促成情节的合理性。这种媒介经验给网络文学写法带来的影响表现在结构、情节、人物设定、叙事节奏等方方面面。技术发展对网络文学也有着极大的影响,5G 和 AI 技术的发展为网络文学提供了更广阔的生存场域,深化了融合传播的内涵,并与图像、视频深度结合,使其成为公共虚拟文化空间的重要一环。这种技术进步不仅改变了文学的创作和传播,还将进一步改变消费场景和需求体验。

## 二、网络文学爽感机制的生成

### (一) 主角人物的设定

网络文学涵盖了各种题材,包括玄幻、武侠、言情、都市、穿越、科幻、悬疑、历史等。题材的多样性满足了不同读者的兴趣爱好,几乎每个人都能找到自己喜欢的类型。网络文学通过模糊主角的身体特征、设置相似的背景等方式,让读者更容易代入主角的角色,为读者提供了一种"白日梦"的方式,满足了他们对权力、财富、爱情、成功等的幻想。网络文学中的主角往往具有强大的能力和正义感,能够战胜邪恶,赢得尊重。这种情节让读者在现实生活中感受到挫折和不公后得以得到心理上的补偿。故此,在主角人物的设定上可以作如下设计:

1. 低微的身世与逆袭的人生

给主角设计一个出身平凡甚至低微的身份,或者是受人排挤、打击等险境、困境,为接下来的逆袭提供背景基础。主角最终能够逆袭成功,战胜曾经的对手,获得地位、财富和尊重。读者可以通过主角的逆袭和成功,在虚构的世界中实现自己在现实世界中无法达成的愿望从而获得爽感。例如,《赘婿》中,主角宁毅本是一个普通的赘婿,却凭借自己的智慧和能力,一步步成为商业巨头。

2. 超常的天赋和"金手指"的加持

在网络小说中,主人公的超常天赋和"金手指"的加持是推动故事发展的重要元素。给主角设计超乎常人的天赋、能力和智慧,为其逆袭的技能。例如:在玄幻小说中,主角可能天生就拥有特殊的体质或血脉,能够快速修炼。在都市小说中,主角可能拥有超强的商业头脑或特殊技能。在宫斗小说中,主角通常具有高智商、高智谋,能够通过智慧解决问题。在《甄嬛传》中,甄嬛的智慧和谋略是她能够在后宫中立足的关键。她不仅善于洞察人心、深谋远虑,还能在复杂的局势中保持冷静,做出最明智的决策。她的智慧不仅帮助她自己生存下来,还保护了她所爱的人。

3. 正义善良的品质和爆棚的魅力

主角通常具有强烈的正义感,会主动帮助他人、惩恶扬善。例如,在《斗罗大陆》中,主角唐三不仅努力提升自己,还帮助伙伴们成长,共同对抗邪恶势力。主角往往具有善良的性格,不会因为自己的强大而欺负弱小。这种善良的性格能够让读者对主角产生好感。

主角通常具有很强的魅力,能够吸引众多配角的支持和爱慕。例如,在《校花的贴身高手》中,主角林逸不仅实力强大,还吸引了众多美女的青睐。在故事中主人公往往拥有很高的人气,无论是朋友、伙伴还是粉丝,都会围绕在主角身边。这种人气能够让主角在面对困难时获得更多的支持。除此之外,主人公还可以具备领袖气质,能够带领团队或伙伴们共同成长和战斗。例如,在《莽荒纪》中,主角纪宁不仅自身强大,还带领伙伴们在莽荒世界中闯荡。

(二) 升级打怪模式的情节设计

1. 设定小说背景。升级打怪模式作为一种经典且极具吸引力的情节架构,在仙侠、武侠、玄幻小说中早已司空见惯,其魅力也悄然蔓延至宫斗小说、现代职场小说、重生小说等诸多领域,成为这些不同类型小说中一道独特的风景线,显现出一脉相承却又各具特色的升级打怪情节套路。例如,《重生之最强剑神》设定在一个虚拟的网游世界中,玩家通过完成任务、打怪升级来提升自己的等级和实力。游戏中的世界是一个充满奇幻色彩的大陆,有各种种族和势力,如人类、精灵、矮人等,玩家可以在这个世界中自由探索和冒险。

2. 设定清晰的目标。这个目标可以分为终极目标和阶段性目标两个部分。终极目标可以是打败一个强大的敌人,获得一个重要的宝物,拯救世界或者是完成一个重要任务等等。例如,在《龙珠》中,悟空的终极目标是成为宇宙最强的战士。然后将终极目标分解为多个阶段性目标,每个阶段设计相应的困难和阻碍,完成每个阶段目标都面临一个小的挑战。这可以让情节更加紧凑,也让读者有持续的期待感。

3. 设计明确、合理的升级系统。在升级打怪情节中,升级机制是推动故事发展的核心动力。仙侠、玄幻、武侠、职场等小说中的升级机制通常围绕着经验、资源、试炼等方面展开。经验积累式机制,主人公通过完成各种任务、战胜对手或克服困难,获得相应的经验值。当经验值积累到一定程度后,就能达到升级的条件,从而实现自身能力的提升。例如《我可以挂机修行》中,升级机制主要围绕着挂机杀怪获取经验值来实现角色的成长和提升。主角陆歌在深渊第七层挂机,每月可以获得 184—256 经验值。随着层数的提升,挂机收益也会增加。在《杜拉拉升职记》中,杜拉拉凭借着自己的努力和智慧,从一个普通的行政助理开始,成功晋升为行政部经理,再到人力资源部经理,最终成为人力资源总监。在这个过程中,她不仅要应对各种复杂的工作任务,还要处理好与同事、领导和客户之间的关系，通过不断学习和提升自己的专业技能，赢得了领导的信任和机会，实现了职位上的不断升级。

4.设置反转和悬念。在情节中设置一些意外的反转，让主人公的升级之路充满变数。例如，主人公以为自己已经战胜了最终的 BOSS，却发现 BOSS 还有更强大的势力或者形态。例如，在《琅琊榜》中，梅长苏的真实身份是赤焰军少帅林殊。这个反转不仅让观众对梅长苏的动机和行为有了新的理解，也增加了剧情的神秘感。身份反转是一种非常有效的手段，可以让观众重新审视角色的行为和动机。通过这种反转，角色的背景和故事变得更加丰富，同时也为后续的剧情发展提供了更多可能性。

5.构建丰富敌对体系。在故事中设计不同等级的敌人，从弱小的杂兵到强大的精英怪，再到最终的 BOSS。敌人的等级和能力应该与主人公的成长曲线相匹配，让主人公在面对更强大的对手时有挑战感。同时，为每个敌人设计独特的特点和技能，注意为敌人设计背景故事和动机，让敌人不仅仅是简单的"坏人"，这样可以让人物形象更加饱满。

网络文学不仅构建了丰富多彩的新文学世界，而且在某种程度上，映射了技术革新、社会发展和文化演进在网络时代的深刻变迁。这一过程不仅展现了创作者对于虚拟与现实交织的独到见解，也揭示了网络时代人类行为模式、交流方式和价值观念的转变。网络文学作为一种文化现象，其影响力和意义远远超出了文学本身，它成为我们理解和探索当代社会的一个重要窗口。因此，我们应该更加深入地关注和研究网络文学的发展趋势，理解其背后的社会文化动因，以及它对现代社会价值观和生活方式的影响。同时，我们也应该鼓励创新和多样性，支持网络文学作者探索新的叙事手法和主题，以促进网络文学的繁荣发展。此外，通过教育和公共讨论，我们可以引导网络文学向更加积极健康的方向发展，使其成为促进社会进步和文化多样性的有力工具。网络文学不仅是娱乐的源泉，也是社会变迁的一个缩影，值得我们投入更多的关注和思考。

**【创意训练】**

课堂练习:

1. 分享自己最喜欢的一篇网络文学作品,阐述其内容及文学特征。

2. 尝试在 10 分钟内构思出一个故事的基本框架。锻炼快速构思的能力。

课后练习:

题目:《逆光飞翔:青春的翅膀》

背景设定:在一个普通的高中,一群性格迥异的青少年因为一个偶然的机会被召集在一起,组成了一个名为"逆光飞翔"的社团。这个社团的成员们都有着自己的梦想和追求,他们希望通过自己的努力,让青春不留遗憾。

写作提示:探讨青春的迷茫与探索,以及在成长过程中的自我发现。描述青春期的友情和爱情,以及这些关系如何影响人物的成长。展现不同背景和性格的青少年如何面对和解决生活中的问题。通过人物的故事,传达积极向上的青春精神和追梦的勇气。

**【延伸阅读】**

1. 王祥:《网络文学创作原理》,中国人民大学出版社 2015 年版。

2. 吴长青:《网络文学创作与研究概论》,河海大学出版社 2017 年版。

3. 邵燕君、李强主编:《中国网络文学编年简史》,北京大学出版社 2023 年版。

4. 欧阳友权主编:《中国网络文学二十年》,江苏凤凰文艺出版社 2018 年版。

# 第十四章　文学评论写作

【学习目标】

1. 知识目标:掌握文学评论的文体特征与写作要点。

2. 能力目标:通过发现与组织真实生活经验,借助模仿、练习的方法,学会文学评论写作的基本方法,并且能够写出达到发表水平和有一定创新性的文学评论作品。

3. 价值目标:通过学习与练习,具备鉴赏评价文学作品的能力素质。

【学习重点】

通过分析典范文学评论文本,领会文学评论的文体特征及写作方法。

【学习难点】

在分析、修改自己的文学评论习作过程中,理解文学评论文体特征与写作技巧的关系。

文学评论也就是文学批评,文学批评可以分为广义文学批评和狭义文学批评。广义文学批评指的是对作家、作品、文学现象、文学流派等进行批评。《辞海》(第七版)这样界定:"文艺批评指在一定的文化背景下,运用一定的观点,对文艺作品、文艺家、文艺思潮、文艺运动所作的探讨和评价。"狭义文学批评指的是对文学作品的研究,韦勒克将"文学批评"界定为"指对具体文学作品的研究,重点是在对它们的评价上"①。综合广义和狭义两种文学批评的界定,是对文学评论较优选择。童庆炳主编的《文学理论教程》就将文学批评界定为"对以文学作品为中心兼及一切文学活动和文学现象的理性分析、评价和判断"②。这一界定一方面承认了作品的中心地位,但同时把与作品密切相关的文学活动、现象囊括在内,更加符合文学评论的实践。

# 第一节　文学评论特征

## 一、文学评论的性质

文学评论的性质,是指文学评论作为一门学科所应具有的内在规定性,是文学评论区别于文学理论和文学史而成为一门独立学科的根本之所在,也是文学评论不同于文学鉴赏、文学创作而成为一门独立学科的关键之处。

（一）文学评论是对文艺现象的科学的理性认识

文学评论首先是对文学创作现象的理性把握。所谓理性的把握,就是指文学评论一方面要以逻辑化、有序化的方式剖析、阐明文学现象,把形象世界分解为诸多构成因素;另一方面,评论者还要通过自己对感性形象的直接感受而达到深入地理解文学形象的社会内涵和现实意义。一般的艺术欣赏虽然与文学评论有密切联系,但两者在性质上又有显著区别,艺术欣赏是对文学作品的审美感,文学评论则是对评论对象进行逻辑分析的理性认知,它的目的和成果主要不是单纯体验和欣赏。文学评论对文艺现象的理性把握又必须是科学的。评论的科学性包涵了多方面的要求,如树立正确的文艺观、批评观作为评论的指导思想和基本尺度,选择合理的哲学思想、社会理论作为评价文学现象的意识背景,寻求科学的方法作为解剖认识对象的研究手段等等。在这诸多要求

---

① ［美］R.韦勒克:《批评的诸种概念》,丁泓、余徽译,四川文艺出版社 1988 年版,第 43 页。

② 童庆炳:《文学理论教程》,高等教育出版社 2004 年版,第 355 页。

中,正确的批评观的建立,对于科学地进行评论活动,有着更为切近的关系。文学评论应当从研究对象的实际出发,客观地、实事求是地阐释其含义、特征,评价得失,总结规律。

(二)文学评论是对文学实践的严肃的价值评判

一部作品,它的主题、艺术形象的内涵是什么,作者运用了何种方法、技巧来完成艺术表达,它在结构上有何特点,等等,这些对该文的阐释性工作,当然是必要的,是评论的有机构成。但是,与自然科学不同,作为社会科学的文学评论,又不仅仅是现象的分解、说明,它还负有对所研究的文学现象作出价值评判的责任,它既要解决"是什么"的问题,又要回答"怎么样"。普希金在谈到文艺评论时指出:"批评是揭示文学艺术作品的美和缺点的科学。"[①]揭示文学中"美"和"缺点"就是一个价值问题。德国著名的评论家麦克林堡在他的《文学评价》一书中指出:"评价问题对文学评论来说,是一个相当原则的问题。无视这一问题,文学研究中的任何一个派别都难以行得通。对评价的理解涉及评论的最基本和最深刻的原理,它决定着评论的地位,职能和任务。"[②]文学评论必须对作家、艺术家创作实践的成败得失,对作品的美学效果和社会效果作出切实的、鲜明的判断,表现出自己的倾向性。唯有如此,文学评论对于创作、欣赏的促进、指导功能才能充分地发挥。

(三)文学评论对评论对象的深入的审美体验

文学评论必须把文学形象所引起的具体感受作为起点,评论者在切实理解文学作品之前,应经历一个以体味和感受为主的欣赏过程。有无这个过程,能否获得真切的审美体验,对于评论的质量来说是至关紧要的。首先,审美体验是文学评论科学的理论概括和严肃的价值评判的重要基础。中国古典文学批评理论十分重视对作品的"入"的问题,认为能"入乎其内"者,方能"出乎其外"。所谓"出",即在冷静的观照中理性地把握、评价审美对象;而所谓"入",

---

①　古典文艺理论译丛编辑委员会编,《古典文艺理论译丛》第二册,人民文学出版社 1961 年版,第 153 页。

②　[比]J. M. 布洛克曼:《结构主义:莫斯科——布拉格——巴黎》,李幼蒸译,商务印书馆 1980 年版,第 41 页。

即指审美体验,欣赏者将全副身心投入艺术意境之中。在审美体验的"出""入"之间,文学作品的艺术美和情感内容才能有真正的领略。其次,文学欣赏激起的真切的感受、强烈的情绪感染,是对进一步地理性探究的有力驱动。文学评论写作动机的产生,可以有多种原因,但对文学作品的欣赏而触发的"情感性动机",却应该是最为自然,最为基本的动力因素。对于评论者来说,"情感性动机"会促使他以理性的眼光"反复细看",以丰富的审美经验和深厚的理论素养,到"字里行间"去寻找文本的内蕴。因此,文学评论虽要以欣赏为基础动力,但并不同于单纯的欣赏体验活动,它需要评论者获得高于一般读者的深入审美体验,如审美体验的能动性、审美体验的完整性,等等。

## 二、文学评论的特点及功能

文学评论的特征是指能显示特定文学评论实质的个别标志,文学评论在当代具有以下特征:

1. 对象性

文学评论总是要针对具体对象作出评论分析。艾略特指出:"我说的批评,意思当然指的是用文字所表达的对于艺术作品的评价和解释。"①评论是对文艺作品以及文艺问题的理性思考,文学评论的对象可以是最新发表的作品,也可以是文学史上的名篇旧作,前者是"新作时评",注重及时、快速作出反应,后者是"名作重读",讲究新思路、新看法。文学评论对象的选择要契合评论主体的阅读趣味,要有感而发方能出新。评论写作还要极为注重情理,意在发现规律,注重审美判断,偏重情感,注重艺术形象。同时对于这个对象性,又尤为重视它的文学性,因此评论要讲究辞采,要具有可读性。

2. 科学性

文学评论是揭示文学艺术作品的美和缺点的科学,它以充分理解艺术家或作家在自己的作品中所遵循的规则,深刻研究典范的作用和积极观察当代的突出现象为基础的。英国著名文学批评家兰塞姆曾说:"批评一定要更加科学,

①  伍蠡甫等编:《现代西方文论选》,上海译文出版社 1983 年版,第 278 页。

或者说要更加精确,更加系统化,这就是说,文艺批评一定通过学问渊博的人坚持不渝的共同努力发展起来……"①真正的批评家并不是从自己的艺术见解来推演出法则,而是根据事物本身所要求的法则来构成自己的艺术见解。文学评论的科学性主要是指其解释的合理性,是对文学理论规律探讨的必要性。从根本上说,文学评论是一种人文科学的解释,无所谓绝对的科学正确,只有阐释合理与否的问题。

3. 修辞实践性

所有的文学评论文章都是一种带有个体特性的想象性解释,这种解释必然带有特定的历史性和偶然性。在一定的意义上,读者对作品的阅读总是一种"误读",正因为这种想象阐释的普遍存在,文学评论才是一种能充分发挥个性、展示个人才情的空间,这也是文学评论的魅力所在。但这是从社会功能来看的,文学评论总是通过文本的修辞性细读而关怀社会问题,寻求社会矛盾的解决。这表明,文学评论常常就是一种修辞实践,即以修辞阐释方式呈现的某种社会干预。

4. 意义开放性

文学评论不仅跨越理论与批评之间的界限,而且经常与语言、历史、心理、哲学、政治、伦理等其他学科话语紧密缠绕,形成文学评论中的跨学科交响。而且,文学评论具有质疑任何常识、陈规以及自我反思品格,追求文本意义的不确定性和读者对于文本意义的参与性,由此文本可能展示出丰富而复杂的社会意义来。因此强调文学评论的科学性,并不意味着作出唯一正确的解释。文学评论的科学认识,有其相对性,对同一现象可能存在各种不同的理解和看法。同样,任何一次成功的评论,不会是认识的终结,而只能是一种相对正确的认识。如对于赵树理的短篇小说《小二黑结婚记》中的人物三仙姑,有的认为其好逸恶劳、作风不正,也有的认为其具有敢于抗争、大胆追求爱情,等等,这就是人物评判具有开放性的体现。

---

①　[英]戴维·洛奇编:《二十世纪文学评论(上册)》,葛林等译,上海译文出版社 1987 年版,第 387 页。

文学评论对文学现象、规律的科学阐释和总结，对文学创作的严肃的价值评判，以及它独到、深切的审美体验，为读者正确欣赏和理解作品，为作家们了解创作得失和更好地认识文学创作规律，提供了多方面的帮助：

一是对文学欣赏的积极指导。文学评论的功能之一，是通过对文学现象的阐释、分析和审美评判，来帮助读者、观众提高接受水平。读者需要评论，首先是因为文学作品反映客观世界、表现主观情感的特殊方式，多少给一般欣赏者带来理解的困难。在作品中，作家经常运用象征、比拟、暗示、反讽等等含蓄曲折的艺术手法，如果仅仅就语言文字的表层含义去把握，难免造成审美的谬误。还有，文艺作品的社会功利性也是不易为一般欣赏者发现的理性内容，这样一些思想意识落后乃至错误反动倾向的作品，就可能带来消极影响，因此需要对一部分欣赏者予以在审美趣味上进行提高和指导。

二是对文艺创作的有力促进。文艺评论对创作的促进作用，一方面在推动创作的健康发展方面发挥作用，包括积极扶植鼓励进步的、优秀的文艺创作，以及批评帮助不健康、有失误的文学作品；它应当善于发现并充分肯定体现着社会理想和艺术进步趋向的成果，也要本着实事求是的态度，通过科学的剖析，纠正作家、作品的缺陷及不良倾向，把创作引向健康发展的轨道。另一方面提高创作的自觉程度。文学创作常表现出某种"自动性"的直觉性。但是这种直觉体验的心理特点使得作家具有超乎常人的艺术敏感和"灵感"状态，同时也造成了他们对创作成果的"不自觉"。作者并不是总能够清醒地意识到所塑造形象的意义，洞悉艺术表现上的成功或失误之处。因此评论者细致地剖析出作家在作品中不自觉地表现出来的生活认识和艺术倾向，有助于他们把自己的创作经验上升到理性认识。

另外，文学评论还能从具体的文学现象的评述、分析、概括中提取具有普遍意义的结论，总结出文学发展的客观规律，推动文学理论的深入发展以及文学史写作的发展。

### 三、文学评论的主体与客体

文学评论终归是一种实践问题，依赖于评论者面对具体文学现象的实际批评工作。要从事文学评论实践，需要做好评论者主体和写作两方面的准备。

（一）文学评论主体

文学评论实践当然依赖于评论主体的作用。文学评论的主体是指文学活动中的评论者或评论家角色。文学评论者的主体性集中体现在，评论者具有独立于被评论对象之外的自主品格，通过具体的文学评论行为展现出独特的人格魅力。要实现这种主体性，评论者需要具备以下主体条件：

第一，审美感受力。评论者需要具备一定的、经过训练的审美感受力。如何通过对作品关于美的赏析和评价，建立高尚的审美理想，提高审美趣味等等，这些都是评论者应予极大关注的问题和肩负的重要使命。评论者应该努力培养多样化的审美趣味，刘勰说"凡操千曲而后晓声，观千剑而后识器。故圆照之象，务先博观"。"博观"体现在文学评论上就是要广泛地接触各种风格的作家、作品，通过多方开拓审美视野来达到趣味的多样化，从而能够尽可能多地适应不同美学风貌的文学现象。除了审美趣味的多样化之外，评论者还应努力使自己的审美趣味具有更高的格调，成为一定时代的审美理想的体现。这就要求他从优秀的评论作品中汲取养料，将集纳典范性文学作品的欣赏实践的审美经验化为己有，不断积累起最生动的艺术体验。

第二，理性分析能力。米尔盖·杜夫海纳曾说，"批评家的使命有三种：说明、解释和判断"。评论者需要具备理性的眼光和洞见以及学理把握的能力，要从具体的文学作品和文学现象的评述、分析、概括中提取具有普遍意义的结论，总结出文学发展的客观规律，推动文学生产的发展。20世纪以来出现了结构主义、符号学、接受美学、精神分析、政治批评、后现代主义等系列西方文艺理论，许多学者依据新理论做了具体的论证，如兰塞姆的"新批评"、弗莱的"原型批评"、布鲁克斯的"文本细读"。这些工作虽属一家之言，但无疑体现了评论者卓越的理性分析素质与独创能力。

第三，文学史眼光。评论者应具有建立在宽厚的文学史知识基础上的艺术见识。法国文学评论家蒂博代指出："理想的职业批评家应该进驻到文学的内部……，从里面认识文学，就是要感受文学的潮流，分辨它们，追踪它们，对它们进行分类，观察作家们采取什么方式创造和支持这些潮流，采取什么方式使之改变方向和改变内容；也就是要和这种文学生命的延续一道前进，相信它的有机的存在……"①蒂博代所谈到的"感受""分辨""追踪""分类""观察"等诸种能力,堪称评论家的文学史眼光的集中体现。评论者要具备了这些素质,他对于每个被评论对象都能以自身宽广文学史知识去做系统而全面的透视。

第四,社会关怀意识。评论家首先应关注文学本身,对文学现象展开分析和评论,但是,这种关注应或明或暗地渗透着批评家的社会责任感和历史情怀。新的生活和社会环境极大地改变了人们的生存、生活方式,也对文学生产、文学评论提出了新的要求。如新媒介在给人的生存带来极大便利的同时,也或隐或显地使人们面临许多挑战和困境,这些与人的现实存在、未来命运密切相关的问题都需要借文学及其评论得到观照。为此文学评论在注重"审美性批评"的同时,还要对文学作品与现实中人的实际生存困境、未来命运之间的关系予以特别的关注,以自觉引导、营造"人的问题关切"的理论和思想氛围,使文学生产能更有效地对人的现实生活、未来走向产生积极影响。

(二)文学评论的客体对象

所谓文学评论的对象,就是指文学评论要针对具体的目标进行批评实践,以便解决那些艺术问题。文学评论的基本对象包括文本、作者、文学思潮、文学运动、文学现象、文学社团、文学流派、文学史、读者等。由于这些对象之间存在着外延上的相互交叉或重叠。因此选择了几个基本的,也是最为常见的评论对象进行分析和探讨,以便大家了解这些对象的内在特质,更好地理解文学评论的目标和任务。

1. 文本

文本是指作品可见可感的表层结构,它可以是一个简单独立的语句,也可以是由一系列语句串联而成的连贯序列,并具有某个相对封闭自足的完整系统。在通常情况下,人们都是将文本直接视为作品。但是,结构主义代表人物巴特认为,文本与作品之间其实存在着一些微妙的差异,"它主张文本是复数的,具有无法缩减的意义多重性"②。在罗兰·巴特看来,用"文本"这一概念来

---

① [法]蒂博代:《六说文学批评》,赵坚译,生活·读书·新知三联书店2002年版,第108页。

② 汪民安主编:《文化研究关键词》,江苏人民出版社2019年版,第392页。

取代"作品",可以有效地撇开作者的潜在规约,使作品赢得一种独立自治的意义空间。它能够使批评主体在对文本进行解析和评判时,不必过多地去关注作者的主观意图,而只需从文本的实际出发,将文本视为一个独立的、自足的艺术整体。既然文本是一个相对自足的艺术整体,那么文学评论在对待具体的文本时,必须清楚地认识和把握文本的基本特征,如文本作为一个有机整体的整体观、不同体裁的文本审美特点、文本创新的价值和意义、文本的文学史价值评判以及文本的多义性特点等。

2. 作者

从某种意义上说,一切与文学有关的作者个人创作史和生活史,都是文学评论自觉关注的领域。文学评论对作者的评述和研究,当然不仅仅局限于作者个体的范畴,还广泛地涉及作者与作者的比较及对作者群体的综合性考察,以及对作者与社会历史之间关系的内在梳理等。这种横向的带有比较和整合特征的批评,同样也是文学评论最为常见的方式。它的优势在于,评论主体可以将对象置于一个相对宽泛的文学语境之中,从"点"到"面",进行更为系统和科学的评析与判断,使评论不至于陷入就事论事的单薄状态。因此评论主体在面对作者及其创作的时候,应该潜心梳理作者内在的个性气质、精神向度及其文化成因。深入把握作者的审美理想与艺术实践之间的复杂关系,有效总结作者的艺术实绩及其文学史意义上的地位,等等,而这些考察既涉及对作者创作发展脉络的纵向追踪,又涉及有效的群体整合和比较等横向考察,具有纵横双向的动态性思维特征。

3. 思潮

对文学思潮所进行的批评活动是一种综合性的文学评论,文学思潮是指在特定历史时期和特定地域内所形成的,与社会发展变化和人们的精神需求相呼应的,具有广泛影响的文学思想和文学创作的潮流。如评论家雷达认为文学思潮不同于文学现象,它对文学的影响是整体性和深层次的,也涵盖了某些文学现象。文学思潮之所以是文学批评的重要对象,关键在于,它并不是一种游离于具体创作实践之外的文化现象,而是从主体精神和审美形态上,深刻地规定或改变了某个时段文学实践的审美质地和精神品格,甚至会潜在地影响文学的历史进程和发展走向。文学评论在面对文学思潮进行评析时,它要求评论主体既要对文学思潮本身的背景、特点、功能和作用有着清醒的认识,对文学思潮的发展过程有着清晰的把握,还要广泛地联系文学之外的社会文化思潮,紧密地跟踪文学内部的创作主体和文本实践,才能对某种文学思潮进行全面和科学的评述,因此英国文学评论家阿诺德就指出:"批评的任务"就是"创造出一个纯正和新鲜的思想的潮流"①。

## 第二节　文学评论范文

范文一

### 心灵的挣扎②(存目)
——《废都》辨析
雷达

　　雷达是当代著名的文学评论家,在长达 40 年的文学批评工作中,雷达始终保持着敏锐而精准的判断力,活跃在文学现场。这篇关于贾平凹《废都》的评论分析了作品的整体精神特征、悲剧意识、世情描绘、人物性格,认为该小说具有民族特有的美学风格,展现了知识分子的生存困境和精神危机,而且还批评作家与"人物缺乏必要的距离""感性乃至感官的泛溢",以致削弱了作品的批判力量和悲剧力量,阻滞作品的人文精神的深化。该评论感觉敏锐、捕捉敏捷,表达审美体验的文字颇富有诗意,其中所含的逻辑与思想富有引力,将读者由美的感悟引入心灵的顿悟。

---

① 伍蠡甫等编:《西方文论选》,上海译文出版社 1978 年版,第 81 页。
② 雷达:《心灵的挣扎——〈废都〉辨析》,《当代作家评论》,1993 年第 6 期。

范文二

# 拷问灵魂之作①（存目）

## ——评张炜的长篇新作《柏慧》

吴义勤

　　吴义勤是当代"60后"重要的文学批评家,他对文本的分析极为重视,对文学现场的高度关注,对当代文学经典化的开拓以及对新生代文学的深度解剖等,使他成为中国当代文学的跟踪者和阐释者。吴义勤这篇关于张炜小说《柏慧》的文学评论,从探讨文本的意义出发,又从小说的内容、个体生存的历史和现实、逝去家园的景象等方面探讨,由此得出长篇小说《柏慧》是"一部为我们病态的文化时代和生存灵魂号脉的杰出的精神文本和文化文本,它是对我们溃败的世纪末文化的严厉诘问和最深刻馈赠"的鲜明论断,批评家精准而犀利、优雅而澄澈的批评实践显示出卓越的艺术感觉和精深的理论修养。

范文三

# 革命历史书写的生动与机趣

## ——评刘华的长篇小说《会生长的桥》②

李洪华

　　当前,革命历史题材创作在文学、戏剧、影视等各文艺领域取得了重要成就,涌现出大批精品力作,形成了十分繁荣的创作局面。然而,

---

　　① 吴义勤:《拷问灵魂之作——评张炜的长篇新作〈柏慧〉》,《小说评论》,1996年第1期。
　　② 李洪华:《革命历史书写的生动与机趣——评刘华的长篇小说〈会生长的桥〉》,《光明日报》,2023年2月8日。

在新的时代语境和历史方位,文学艺术工作者如何坚持守正创新,用情用力讲好中国故事,用跟上时代的精品力作开拓革命历史书写的新境界,向世界展现可信、可爱、可敬的中国形象,无疑是值得深入探讨的问题。

长期以来,刘华始终扎根于红土地,在对历史记忆和革命传统怀抱敬畏的同时,也对民间大地和日常生活有着深刻的理解和共情。无论是叙写"铁路传奇"的《车头爹车厢娘》,还是演绎"红军秘史"的《红罪》,抑或是重构"乡愁记忆"的《大地耳目》,刘华始终以清醒的文化自觉、深挚的情感体验和丰富的诗意想象为我们呈现历史深处的生存状貌,召唤久被遮蔽的精神领地,拓展生活世界的叙事空间。在新近出版的长篇新作《会生长的桥》中,刘华又一次把目光投向革命历史的深处,主要叙写了孙庄村民伐林筑桥支援民族解放事业和修复林地重建家园的感人故事,小说以全新的视角和生动的叙述,在一定程度上拓展了革命历史书写的新领域。

《会生长的桥》的故事主要取材于解放战争时期淮海战役的历史时段,作者在开篇的"序章"便以充满敬畏和诗意的笔墨描绘了孙庄人为子弟参军壮行的场景:在宗祠门前广场,人们簇拥着戴红花的青壮汉子,祭祖,诵告,鸣炮,喝酒,"七十二条壮汉,七十二只酒碗",壮士们一饮而尽,列车呼啸而去,"一旦上了战场,孙家子弟都是英雄好汉"。然而,在接下来的主体叙述部分,《会生长的桥》却走向了革命历史书写的另一路向,作者并没有顺延"序章"叙写正面战场的革命斗争和历史风云,而是将笔触伸向战争后方,讲述一个村庄、一群民众和一片"林"、一座"桥"的情感故事。小说中,"明宗敬祖"的孙庄人把祖林家庙视为根脉和圣地。然而,为了支援前线抢修铁路,他们却甘愿砍伐祖林,修路筑桥,为民族解放的家国大义做出巨大牺牲。在刘华看来,战场上的流血牺牲固然壮烈,而像孙庄人"这样的牺牲,这样的事件,绝不能被忽略,更不能被忘记"。因而,为了揭示蕴藏其间的"丰富的可以观照现实的精神价值",刘华没有正面描写宏大的战争场面,讲述习以为常的英雄故事,而是试图"以小见大",通过塑造一群"在山东大地上并不罕见"的普通人物群像,讲述他们看似平凡却感人至深的革命故事,由此"反映当年山东人民支援解放战争的壮阔历史"。

众所周知,作为中华优秀传统文化精神腹地的齐鲁大地,自古以来便以崇文重教和刚健自强而著称。在《会生长的桥》中,长期深耕于传统文化和民间文艺的刘华以鲜明的文化自觉走入民间大地,致敬革命传统,以孙一锤、"白头翁"、孙添雨等孙庄人敬祖护林、支前伐林、重建植林为主线,把孙庄人"明宗敬祖"的家族传统和"图报天下"的爱国精神融汇交织,展开跌宕起伏的叙述。《会生长的桥》的故事是从一个偶然事件开始的,添雨爬树弄坏雀巢,"愤怒的喜鹊"不依不饶地搅扰祖林,爷爷孙一锤和大伯"白头翁"为了息事宁人一道跪大殿,向老祖宗请罪,由此引出祖林古柏的故事和白毛驴救火护林的传奇。诚然,"扰林"、"护林"的民间叙述仍然只是一种铺垫,小说的高潮是随着"伐林"而到来的,作者浓墨重彩地描述了孙庄人在传统伦理和革命大义之间的艰难抉择和感人场景:"跪,像泪水,更像汹涌的潮水,以狂浪的力量拍打心灵的堤岸。"从百岁长者到懵懂少年,孙庄人用集体下跪的方式来表达他们对传统的敬畏和为革命的牺牲。杜威说,艺术作品的感染力产生于人对过去记忆与对将来期望相融合而构成的"完整的经验",这种完整的经验所带来的美好时期便构成了理想的美。刘华讲述的孙庄故事并不只是对过去的驻留,而且还有对将来的期望。曾经为家国大义不惜伐林修桥的孙庄人很快投入再造祖林重建家园的集体行动中,孙庄人捐献祖林和重修祖林的故事感动了四面八方的人们,来自各地的树苗"像纷至沓来的战斗捷报,不断抵达春天的孙庄"。小说的结尾,作者动情地描绘了祖林修复后,孙庄所呈现出的"林鸟有声应吊古,汀花无语自含情"的生活诗意,生动诠释了"会生长的桥"的深刻蕴涵,不断生长的树既是连通先祖和后世的桥,也是连通军民鱼水情的桥,更是连通过去和未来的桥。

值得注意的是,《会生长的桥》在以护林、伐林和植林为主线展开孙庄民间叙事的同时,还以孙长龙、梁红霞、添旺娘、孙长虎、韩秀丽等的战争经历为辅线建构了孙庄革命叙事,尤其是添雨父母孙长龙和梁红霞夫妇的故事自始至终在小说中隐现。抗战时期,孙长龙和梁红霞夫妇抛家弃子,投身革命,率队炸桥,英勇牺牲。然而,耐人寻味的是,作者并没有正面叙述他们的革命故事,甚至一直隐藏他们牺牲的真相,并通过孙庄人的想象和讲述不断赋予其传奇色彩。显然,刘华无意在《会生长的桥》的非典型革命叙事中塑造典型的英雄形象,而是将民间传统融入革命叙事,绘写了孙一锤、"白头翁"、孙长龙、孙长虎、孙添雨、葆公、开明公等一群识大体、顾大局、勇奉献、敢担当的孙庄人物群像。

革命历史书写常常因其题材的特殊性而在文体上走向庄重的叙述,然而,《会生长的桥》却以别开生面的视角和举重若轻的叙述表现出难得的生动和机趣。小说中,"愤怒的喜鹊"、"先祖是皇"、"调虎离山"、"故事树"、"白毛驴"、"栽种一座桥"、"火车趴了窝"、"奇幻树苗"、"祖林如画"等章节,主要以生动谐趣的话语方式展开叙述,添雨既是小说人物,见证和参与了孙庄故事,也是叙述的承担者,赋予儿童视角下革命书写的合理性。当然,《会生长的桥》并不是一部纯粹意义上的儿童文学叙事作品,在"被热泪淋湿的跪"、"血泡很无奈"、"鸟雀流离失所"、"雪冢"、"第六百号古柏"、"林鸟有声应吊古"等章节中,全知全能的叙述者总是在儿童视角之外制造出不同的叙述声音,从而为小说生发出更丰富更深刻的意蕴。总之,无论是以民间传统拓展革命书写的空间,还是从儿童视角丰富革命叙事的机趣,《会生长的桥》为拓展新时代革命历史书写进行了新的尝试和努力。

评论家李洪华长期关注当代江西文坛,他既对江西文学发展历史作科学的概括,也对江西作家进行微观的分析评论,在几十年的沉潜从容的批评实践中成为江西当代文学事业的一位参与者、建设者、思想者。在这篇文学评论中,李洪华敏锐地捕捉到江西作家刘华的长篇小说新作《会生长的桥》，并从小说的故事内容、小说意蕴、叙事结构、人物形象进行探讨，由此探讨得出小说的价值与意义。批评家严谨科学批评实践，氤氲着主体与现实的浓郁对话，贯彻了批评家一直所追寻的"有态度的文艺评论"的追求理念。

# 第三节　文学评论写作练习

"评论写作"首先属于议论写作，它需要遵守议论写作所强调的选材、立意、构思、表达方式、语言技巧等写作规范，体现论述文的基本特点。其次，"评论写作"应该是围绕"文学评论"展开，所以它还要遵循文学评论的规律，因而文学评论的写作就是将一般写作的规范和文学评论的特殊性有机地统一起来。选用不同评论思想与评论方法的文学评论写作，往往会体现不同的风格特征；文学评论写作中也会因为评论家的个性、所选择的理论方法的相异而有不同的特色，但一般而言，文学评论写作大体有如下步骤：

## 一、阅读和感受

阅读是文学评论的基础，只有经过认真地阅读，评论者才能对所评论的文本有基本的理解感知，才有进一步评论的可能性。阅读时要尽力抛开已有观念的束缚，在阅读时尽可能既不心存敬意，也不有意贬低，做到"平理若衡，照辞如镜"。文学批评的阅读不仅要对所评论的作品进行认真阅读，还应认真收集相关的材料并进行细致的研读。对于评论者来说，对作品相关的创作背景了解得越多对作品的评价定位就可能越公正。

美国作家纳博科夫说："一个优秀读者，一个成熟的读者，一个思路活泼、追求新意的读者只能是一个'反复读者'。"[①]在反复阅读的过程中，艺术上粗浅

---

① ［美］弗拉基米尔·纳博科夫：《文学讲稿》，申慧辉译，上海三联书店2005年版，第3页。

的作品往往失去最初的艺术魅力,会被评论者过滤掉。许多文学作品都需要长久的阅读,初读一篇获得的往往是对作品的整体印象,经过第二遍、第三遍乃至多遍的阅读才可能让关注的目标集中在内容细节上、作品的深层含义上,才能对作品的艺术手法进行深入的品味与体会。如文学作品分为语言层、现象层、意蕴层,评论者对于文本的阅读是由语言层逐渐深入文本的深层内涵的,阅读时还应对文本进行深层的分析。

## 二、选题与立意

文学评论写作的选题很重要,题目的价值决定着论文的价值。论题的选择或发前人所未发,或阐前人所已发,更或纠前人所已发,等等。有无发现,发现了什么问题,将是写好作家评论的关键,它将在很大程度上决定着评论价值的有无大小和高低。文学评论选题中,最主要的是对作家、作品的评论,选取什么样的作家、作品作为评论对象,一般来说可以从多方面选择论题,但具体要遵循以下几个基本原则:

一是论题是否必要。首先可以分别从现实和历史的角度着眼。论题必须切合现实的需要,必须密切联系文学创作和研究的实际来选择。文学创作和研究的现状,随时都有许多新成果、新经验、新问题、新趋向需要文艺评论作出积极的反应,需要给以理论的概括与总结。这方面的论题有其紧迫的现实性,意义是不小的。

二是论题是否有新意。评论者如果能以新出现的新事物、新实践为评论对象,去发现新的问题,探索新的规律,作出新的概括,新的解释,这类论题虽有较大难度,却是最富有创造性和科学价值;还有一类论题旨在指出前人的不足,对老问题提出修正或补充,或提供新的材料,使它在理论上更加严密和完备,这也有创造性,也是一种出新。此外,新的论证角度,新的研究方法的运用,也是创造性的表现,这方面的论题给文艺评论的写作带来新机遇,它拓展了思维空间,产生许多富有启发性的创见。

三是论题是否可行。这是依据评论者自身所具备的条件对论题的考察。文学评论的写作是一种个人的实践活动,不考察主观方面是否可行,写作计划就很难说是否能顺利完成。一个对别人非常合适的论题,不一定就同样适合于自己。涉及论题选择的主观条件,重要的有这样一些:比如个人的理论水平和研究能力是否能适应,是否有强烈的兴趣爱好,是否做过必要的准备,是否能发挥个人的优势等等。在论题选择之时,以上种种具体条件的可行性考虑是不可忽略的,论题的大小难易,最后还得根据这些条件来决定。

### 三、写作论文

在对评论对象有较成熟的看法之后,就可以开始写作了。面对文本的艺术形象,评论者不仅要有强烈的审美感受,而且要有深刻的理性思维,既要进行比较、综合、评析,真正深入到形象世界,如此这般"才能够一眼就分清虚假的灵感和真正的灵感,雕琢的堆砌和真实感情的流露,墨守成规的形式之作和充满美学生命的结实之作"。[①] 在正文中要有自己的鲜明观点,同时要通过运用科学的符合逻辑推理论证展开,是用归纳法,还是用演绎法,或者是类比法,应深思熟虑。在写作时要注意文章的逻辑结构,常见的结构有总分式、并列式、递进式等,还应有适当的过渡、照应。开头一般要"开门见山""起句切题",结尾通常有"卒章显志""留有余地""戛然而止""余音袅袅"等写法。除此之外,批评写作属于理论研究活动,它要选择一定的理论思想作为自己的基础,没有理论思想的评论写作,往往是单薄的,因此评论者往往需要掌握一定的理论知识。文学创作需要独创性,评论写作同样需要独创性,这种独创性就包括特别的材料、新颖的立意、独到的方法、独特的论点,等等,这些就需要在写作中尤加注意,以显示出一篇评论写作的价值。在具体的评论写作中,复述、描述、分析是三类重要方法,它们是相辅相成的,应根据批评对象的实际情况灵活机动地运用。

### 四、修改论文

评论文章写好初稿之后,还应进行修改。评论文章的修改是一件需要耐心

---

①　[俄]别林斯基:《别林斯基选集(第一卷)》,满涛译,人民文学出版社 1964 年版,第 224 页。

的工作,要有精益求精的态度。修改文章可以用"冷处理"的方式,即可以在写好后,过一段时间再重新对文稿进行冷静、认真地阅读、推敲;也可以将评论文章送给师友指正,以便发现写作的不足;还可以将稿子放在一边,继续就相关的问题进一步读书,提升和拓展看法,回头再修改稿子。文学评论的修改既可以有内容上的修改,也可以在语言、结构、布局谋篇等方面修改。尤其要注意,全文的观点是否正确,思路是否清晰,结构是否明晰,语言是否流畅、生动。修改过程中注意论点是否鲜明,要用确凿的材料的阐析去支持观点,引证的材料首先要来自作品本身,当然还可旁征博引,材料分析和观点要始终保持一致。文学评论的论据,主要应从作品的人物、情节和艺术描写中去找,也就是说,要对作品的人物形象、故事情节、艺术描写和语言运用等方面进行深入细致的具体的分析。这些论据一定要准确可靠,不能想当然也不可曲解,甚至断章取义。

今天随着时代的发展,文学也在不断地发生变化——从审美内涵、表现形式到传播载体,都开始挣脱由启蒙运动以来所形成的、高度自律的价值谱系和审美规范,日益走向了多元、多维的审美空间。面对这种情形,文学评论当然也不能恪守既定的理论规范和思维模式,而必须顺应文学的发展态势进行不断的更新和整合,以更为开放和灵活的姿态来丰富和发展自身。只有这样,文学评论才能够在真正的意义上贴近文学实践之中,并有效地介入人类精神生活的塑造。当下时代,各种文化思潮都在以这样或那样的方式渗透到文学评论的实践中,这已成为一个不可阻挡的发展趋势。这种发展态势,使文学评论在文化阐释的层面上,打开了无限丰富的精神视域,为文学评论的进一步拓展提供了新的契机,也对评论主体提出了新的要求和挑战。要适应这一新的语境,寻求文学评论的科学发展,评论主体就需要不断提高自身的文化素质和理论修养,充实并丰富自己的知识结构。

【创意训练】

课堂练习:

1.请你结合老师展示的诗歌或小说、散文片段,运用文学评论语言,尝试体会这些文本带给你的感受,分享给同学们,并对同学们的写作做出评价。

2.结合自己感受,花一定时间修改,写出 1000 字,再与身旁的同学交换习作。

课后练习:

依据文学评论的一般步骤,运用某一文学理论或某一视角,对你感受深刻的作品进行评论,分享给大家。要求语言通畅、言之成理;字数在 5000 字左右。

【延伸阅读】

1.郭绍虞:《中国文学批评史》,商务印书馆 2010 年版。

2.温儒敏:《中国现代文学批评史》,北京大学出版社 1993 年版。

3.王先霈、范明华:《文学评论教程(修订本)》,华中理工大学出版社 1995 年版。

4.王一川:《文学批评教程》,高等教育出版社 2009 年版。

5.朱立元、李钧主编:《二十世纪西方文论选(上卷)》,高等教育出版社 2002 年版。

6.雷达、李建军主编:《百年经典文学评论》,长江文艺出版社 2004 年版。

7.[美]勒内·韦勒克:《批评的诸种概念》,王馨钵、杨德友译,上海人民出版社 2015 年版。

# 参考文献

1. 舒新城《中国近代教育史资料》，人民教育出版社 1981 年版。

2. 钱理群等《中国现代文学三十年》，北京大学出版社 1998 年版。

3. 王光祖、杨荫浒主编《写作》，华东师范大学出版社 1999 年版。

4. 洪子诚《中国当代文学史》，北京大学出版社 1999 年版。

5. 骆玉明《简明中国文学史》，复旦大学出版社 2004 年版。

6. 童庆炳《文学理论教程》，高等教育出版社 2004 年版。

7. 雷达、李建军主编《百年文学评论经典》，长江文艺出版社 2004 年版

8. 王铁仙、王文英主编《二十世纪中国社会科学·文学学卷》，上海人民出版社 2005 年版。

9. 周姬昌主编《写作学高级教程》，武汉大学出版社 2009 年版。

10. 王彬彬主编《中国现代大学与中国现代文学》，上海人民出版社 2011 年版。

11. 周振甫《文心雕龙今译:附词语简释》，中华书局 2013 年版。

12. 郑学诗《走出写作障碍》，山西教育出版社 2014 年版。

13. 习近平《在文艺工作座谈会上的讲话》，人民出版社 2015 年版。

14. 傅修延《中国叙事学》，北京大学出版社 2015 年版。

15. 葛红兵、许道军主编《创意写作教程》，高等教育出版社 2017 年版。

16. 陈倩倩主编《新媒体文案写作与编辑》，中国人民大学出版社 2018 年

版。

17. 方长安、萧映、宋时磊主编《当代写作学 40 年（1980—2020）》，社会科学文献出版社 2021 年版。

18. 刘海涛编著《文学创意写作》，高等教育出版社 2021 年版。

19. 雷勇《创意写作的创意理论研究》，上海大学出版社 2021 年版。

20. 丁伯慧、李孟《创意写作》，高等教育出版社 2022 年版。

21. 邵燕君、李强主编《中国网络文学编年简史》，北京大学出版社 2023 年版。

22. 热拉尔·热奈特，王文融译《叙事话语 新叙事话语》，中国社会科学出版社 1990 年版。

23. E. M. 福斯特，冯涛译《小说面面观》，人民文学出版社 2009 年版。

24. 多萝西娅·布兰德，刁克利译《成为作家》，中国人民大学出版社 2011 年版。

25. 雪莉·艾利斯，刁克利译《开始写吧！——非虚构文学创作》，中国人民大学出版社 2011 年版。

26. 杰里·克利弗，王著定译《小说写作教程——虚构文学速成全攻略》，中国人民大学出版社 2011 年版。

27. 杰夫·格尔克，曾轶峰、韩学敏译《情节与人物：找到伟大小说的平衡点》，中国人民大学出版社 2014 年版。

28. 乔伊斯·卡罗尔·欧茨，刘玉红译《作家的信念——生活、技巧、艺术》，人民文学出版社 2021 年版。

29. D. G. 迈尔斯，高尔雅译《美国创意写作史》，上海大学出版社 2022 年版。

# 后记

　　"文章合为时而著,歌诗合为事而作。"自古以来,有感而发、因时而著的写作就是面向大众的,只不过由于作为白丁的底层民众没有识字的能力,从而不得已失去了写作的机会。近现代以来,"大学不培养作家"或者"中文系不培养作家",一度成为大学校园里习焉不察的痼弊和执念。言下之意是,写作需要天赋,后天的努力是成不了作家的。然而,近年来,随着创意写作的兴起,越来越多的大学,尤其是中文系,都争先恐后地开办起写作专业,"人人写作""成为作家"的口号一时间甚嚣尘上。古人云:"中庸之为德也,其至矣乎。"执中守正是中华民族的生存智慧,为人也好,处事也罢,都讲究折中调和,不过分也无不及,写作之事同样如此。传统写作教材或注重理论知识传授,忽视写作能力训练;或强调创意写作能力培养,忽视学科专业知识的学理性建构。其结果是,前者让学生感到枯燥乏味,失去兴趣;后者让老师感到茫然无措,难以施教。毋庸讳言,这必然会导致写作教学的失败。

　　一年前,受百花洲文艺出版社陈波社长之邀,我们开始筹划创意写作教材的编写,约请了江西省主要高校从事文学研究和写作教学的老师,前后召开了五次会议,确定了教材编写的宗旨特色、提纲结构、人员分工和进度安排。百花洲文艺出版社十分重视教材的编写工作,每次编写会议陈波社长、张越总编辑等都全程参与,并提出诸多重要建议。我们编写这部《创意写作教程》的初衷是提供一本适合创意写作教学的教材,我们的编写理念是这部教材必须守正创新,既要有一定的理论知识,又要有能力训练,注重知识性、审美性与趣味性的融通。在本书撰写过程中,全体编委会成员共同商定了主旨思路、提纲结构和修订意见,各章节撰写情况如下:绪论和后记(李洪华)、第一章(王磊光)、第二章(龚奎林)、第三章(吴敏)、第四章(肖春香)、第五章(陈立)、第六章(刘展)、第七章(肖星晨)、第八章(朱洁、谢雨新)、第九章(王海峰)、第十章(吴凑春)、第十一章(唐东堰)、第十二章(徐凌)、第十三章(张广才、李丽)、第十四章(温江斌)。虽然我们集结了一批术业有专攻,又长期从事创作与教学实践的老师,努力进行了一些新的尝试,但心有余力不逮,难免错漏,不到处敬请方家教正。

李洪华

2025 年 2 月 5 日